刘笑玲

——著

国家在场与地域文化

歌师唐德海及其传人研究

社会科学文献出版社

SOCIAL SCIENCES ACADEMIC PRESS (CHINA)

序

本书作者刘笑玲，是 2009 年进入华中师范大学文学院民间文学专业攻读博士学位的一位贵州籍的女学人，获得博士学位后又回到母校贵州民族大学任教，并将这篇获得好评的学位论文进一步修改充实、交付出版，我作为导师之一再读这本意趣丰厚、特色鲜明的学术论著，自然倍觉欣喜。

贵州是中华多民族民间文学的富矿区，而黔东南苗族的民间文学又以蕴含深厚、璀璨夺目而引人注目，本书选取了早在 20 世纪 50 年代就誉满全国的苗族歌师唐德海为研究对象，而且运用田野调查的科学方法进行细致深入的探索，在距他于 1980 年 2 月离世已有 40 多年的今天，再次于神州大地树立起他作为中华民间文化杰出传承人的光彩形象，不能不深感欣慰。

唐德海生前是作为苗族著名的民间歌师而为人称道的。经过多年来中国和世界的学术发展，人们已开始运用新的文化视角来看待这类人物，把他们归入文化传承人来审视其成绩与文化价值。中国于 2004 年被批准加入联合国教科文组织制定的《保护非物质文化遗产公约》后，在全国大力实施非物质文化遗产保护这一巨大文化工程，国务院发布了一则重要通知，即调查认定和命名中国民间文化杰出传承人：

> 当代杰出的民间文化传承人，是我国各族民间文化的活宝库，他们身上承载着祖先创造的文化精华，具有天才的创造力。他们有的是民间歌手，有的是民间故事家，有的是民间画师，有时是民间乐师，有的是民间舞蹈家。中国民间文化遗产就存活在这些杰出传承人的记忆和技术里，代代相传是文明传承最重要的渠道，传承人是民间文化一代代薪火相传的关键，天才的杰出的民间文化传承人往往还把一个民族和时代的文化推向历史的高峰。①

中国在近 20 年大力施行非遗保护工程的理论探索与丰富实践中，以各类民间文化杰出传承人为中心课题，已积累了丰富成果，由此我便想到，这本关于唐德海的专著，似应从"民间歌师"向"民间文化杰出传承人"的视角拓展其内容更贴近实际，更切合其社会文明价值。

我是 20 世纪 50 年代投身于中国民间文艺学研究的，侧重于民间故事学科体系建构，那时就关注到贵州从事民间文学搜集整理的唐德海、唐春芳及编著《苗族文学史》的田兵等人，90 年代也曾到黔东南千户苗寨旅游和参与凯里学院举办的学术研讨会，对苗族民间文学有生动而亲切的印象，从笑玲博士的论文中，获得了更深切的认识。唐德海的基本身份虽属苗族歌师，却有着一系列与众不同的鲜明个性，他除会唱酒歌、情歌等普通民歌，而且是会唱苗族古歌，是主持苗族隆重的"鼓藏节"的德高望重的大歌师之外，还是会唱理词、善于调解诸多民事纠纷的理老，又是具有"驱鬼祛邪"神秘法术的大巫师。巫词、巫术虽以迷信遭人诟病，但其神秘内核仍有待学人进行科学阐释，以正视听，不宜简单否定。至于理老的社会法治功能就更为现代社会所肯定了。在这里应特

---

① 中国民间文艺家协会编印《中国民间文化杰出传承人调查认定命名工作手册》，2005，第 11 页。

别指出，唐德海完整演唱的从《开天辟地》《枫木歌》到《洪水滔天》《跋山涉水》，尤其值得我们珍视。正如潘定智早就评说的："它是古代苗族文学的第一个高峰，是苗族文学开始成熟的标志。"20世纪80年代初，于湖北神农架采录的大歌《黑暗传》，曾被学人誉为中华汉民歌的首部神话史诗而震撼学术界，后作为广义神话史诗列入国家级非物质文化遗产代表性项目名录而在海峡两岸出版问世。将《黑暗传》和《苗族古歌》相比较，我认为《苗族古歌》中的苗族先民以运金运银，铸造出日月来开天辟地的神奇构想，比《黑暗传》中由盘古出面相请日月这一对夫妻上天照耀混沌初开的宇宙，气魄更显宏伟动人，完全称得上是中华文化瑰宝之一。

从唐德海的生平事迹中我们还得知，他在新中国生活的后半生，早已超脱苗族歌师的身份，由县政府的苗族文化顾问到被任命为文化馆副馆长，实际上已成了一名事业单位工作人员，却又仍然保留着歌师的身份，在新的社会文化语境中继续履行其传统歌师、理老、巫师的职能。这里不能不提到苗歌的艺术形态特征，苗歌的音乐曲调当然是很独特而韵味深长的，可是曲调单纯，其具体内容与社会功能全在歌师即兴创编的新词中。用苗歌的传统曲调来表达由社会主义新生活新思想激发出的新歌词，简而言之，似乎就是人们常说的"旧瓶装新酒"，而对唐德海这位杰出歌师而言，他已将苗歌的古老传统和个人对社会主义新生活的深切体验融会贯通，新与旧血肉融合涌流而出的一系列新歌，就绝非那些"旧瓶装新酒"的平常之作所能比拟的了。对唐德海这个特例，我们仅从他个人钟情于苗歌、一辈子献身于苗歌这一视角似乎还难以说透，我意应从多元一体的中华民族构成这一角度来深入探究其文化根基。

现在回到刘笑玲这本由博士学位论文修改而成的专著上来。笑玲的博士学位论文由陈建宪教授指导写作，基于唐德海这位苗族歌师的特殊经历和巨大贡献，以对歌师其人其事的田野调查为着重点。虽然因唐德海于1980年离世造成写作困难，但刘笑玲竭尽所能搜求所得的宝贵资料仍受到参与答辩者的好评。至于其中的苗族歌师传承问题研究限于时下现代文化生活剧烈嬗变的冲击，一时难于探明究竟，尚需在非遗保护工程的创造性转化课题内不断探索，对本书不宜苛求。但本书所揭示的苗乡文化生态，尤其是那位痴迷传统苗歌的年轻女歌手阿幼朵现代转型的叙说所引发的一些深思遐想，仍具有闪光的学术魅力。作为一位新中国伊始即活跃于西南少数民族民间文学艺坛的著名歌师，唐德海的名字将恒久闪亮，本书也将为广大读者所珍爱。

是为序。

刘守华

2022 年 6 月 2 日

目　录

绪　论

　　中华文化多元一体。一方面，中华文化由多民族文化传统共同构成；另一方面，多民族文化又在国家力量主导下融合，并向现代转型。于是，如何在族群传统与国家力量之间互动，是每个民族的文化精英都要面临的重要问题。在许多少数民族中，作为民族文化主要传承人的歌师，如何在传统与现代之间保持张力，既延续民族文化传统特色，又积极回应国家力量的整合和现代文化的挑战，是一个具有普遍意义的重大问题。本书所研究的唐德海，是一位曾在人民大会堂代表少数民族向国家领导人唱敬酒歌的苗族歌师，他的人生际遇、文化传承策略和他留下的大量珍贵民歌遗产，在这方面具有典型意义。

　　苗族历史悠久，文化厚重，民族民间文化丰富多彩，受限于文字，长期以来主要以口头方式进行文化传承，因此民族文化传承的主体通常为族群内各领域的精英，歌师作为苗族文化精英，无可替代地承担着苗族民间文学保护、传承和转型的重任。因此，只有全方位、立体化、多角度、系统性、整体性地研究苗族歌师，才能更深刻地融入苗族文化生境，更恰当地挖掘苗族民间文化的内涵，更有效地实现苗族民间文学的传承。

本书以苗族歌师代表唐德海及其传承人为研究对象，将其置于民俗学视野下进行研究，旨在厘清苗族民间文化传承人的成长历程和苗族民间文学的发展脉络及其与多元的民族文化、社会生态网络的诸多渊源，意图让人们通过"走近"唐德海而"走近"苗族，了解苗族文化的产生、继承和发展，探寻苗族文化命运。

第一节　缘起与意义

一　选题缘起

苗族①是发源于中国的国际性民族，其历史悠久，文化深厚，民族民间文化丰富多彩。一般认为苗族缘起于公元前3000年前后"九黎部落与黄帝部落在黄河流域的涿鹿等地作战"，② 经历五次迁徙③而形成当今之格局。2021年，我国苗族总人口为11067929人，人口总数在各民族中列第五位，④ 主要分布在贵州省、湖南省、云南省、重庆市、湖北省、四川省等省市。苗族有自己的语言，属于汉藏语系苗瑶语族苗语支，目前大致可分为三大方言、七个次方言和十八种土语。⑤ 相传苗族有自己的文字，但由于各种原因失传，已难以考证。20世纪以来，英国人伯格理（Samuel Pollard）在

---

① 越南语：Mèo/Hmông，泰语：แม้ว/ม้ง、Maew Mong，英语：Hmong people。

② 《苗族简史》编写组：《苗族简史》，贵州民族出版社，1985，第343页。

③ 石朝江：《苗族历史上的五次迁徙波》，《贵州民族研究》1995年第1期，第120~128页。

④ 中华人民共和国国家统计局编《中国统计年鉴2021》，中国统计出版社，2021。

⑤ 三大方言为：湘西方言（东部方言）、黔东方言（中部方言）、川黔滇方言（西部方言）。七个次方言为：川黔滇次方言、滇东北次方言、贵阳次方言、惠水次方言、麻山次方言、罗泊河次方言、重安江次方言。十八种土语为：泸溪北部、吉首、古丈土语；龙山土语；花垣、保靖、宣恩土语；松桃、凤凰、麻阳、新晃、秀山、南丹、河池土语；泸溪县大章、小章土语；凯里土语；雷山、三都、丹寨、都匀土语；从江、榕江、三江、融水土语；天柱、三穗、锦屏、靖县土语；荔波土语；叙永、古蔺、金沙、赤水、大方、毕节、镇雄、文山、屏边、个旧土语；织金、水城、隆林、睦边、广南土语；纳雍、赫章土语；彝良、大关、禄丰、曲靖、昆明、（转下页注）

石门坎创制了"老苗文"，英国人胡托（M. H. Hutton）在黔东南创制了"注音字母苗文"，苗族学者石启贵创制了"速记苗文"等，但均未普及。实际上，苗族的历史文化多以口头形式存在，民间文学是苗族传统文学的主体，故苗族民间文化的传承主体通常为族群内掌握着大量口头资源的歌师。由此，苗族民间文学保护、传承和转型的重任就落在歌师的肩上，因而只有全方位、立体化、多角度、系统性、整体性地研究苗族歌师，才能更深刻地融入苗族文化生境、更恰当地挖掘苗族民间文化的内涵以及更有效地实现苗族民间文学的传承。

贵州是苗族最主要的聚居地，② 苗族同胞在数千年的历史长河中无数次地与恶劣的自然环境斗争，创造了一个又一个生存奇迹，形成了独特的衣食住行、人生礼仪、岁月节令、禁忌避讳等民族传统，传承着千姿百态的民族民间文化，而这些宝贵而灿烂的民族文化的重要表现形式就是民间文学。生于贵州、长于贵州的唐德海是苗族民间文学传承的重要代表。

唐德海③，清光绪二十七年（1901）九月二十八日（11月8日）生于丹江厅（今黔东南苗族侗族自治州雷山县）陶尧新寨。他被纳入民俗学、民族学、民间文学的研究视域始于1959年春节前夕（农历十二月十

（接上页注⑤）紫云、普定土语；平凯土语；惠高土语；紫宗土语；龙洗土语。歌师唐德海故乡雷山县桃江县属于雷山、三都、丹寨、都匀土语，亦称为苗语中部方言北部土语，属苗族大塘支系。

② 贵州省统计局、国家统计局贵州调查总队编《贵州统计年鉴——2021》，中国统计出版社，2021。贵州是我国最大的苗族聚居地，占全国苗族人口总数的40.72%。

③ 唐德海（1901~1980）是贵州黔东南苗族侗族自治州雷山县赫赫有名的歌师。据《黔东南苗族侗族人物志》载，他的苗名叫"农往保"，三岁丧父，五岁丧母，随祖父母生活。他从少年时代就特别喜欢向歌师和理师学习，日积月累，到成年时，他对苗族的传说故事、巫词、理词、议榔词、祝词、仪式歌、飞歌、反歌等，无不烂熟于心、融会贯通。仅贵州民间文学工作组所记录的他的口传资料，就有古歌6280行、反歌720行、理词1140行、议榔词780行、宴客祝词135行、嘎百福（又称嘎别福）歌20多万字。他于1956年任县文化馆副馆长，并先后当选州县人大代表与政协委员，被评为全国第四届文学艺术界代表大会代表和全国民间文艺家协会理事。1979年，他参加了全国少数民族歌手、诗人座谈会，受到国家领导人华国锋、叶剑英、邓小平、李先念等的接见，并在国宴上即席高唱祝酒歌。应该说，他是官方和民间公认的、杰出的苗族非物质文化遗产传承人。参见中国人民政治协商会议黔东南苗族侗族自治州委员会文史资料工作组编印《黔东南文史资料选辑》第1辑，1983。

二，1月20日），唐德海给贵州民间文学工作组演唱了《说古唱今》的完整版本（文本由唐春芳记录、翻译和整理），《说古唱今》后来被认定为苗族长篇口传史诗，相关文献亦被内部刊印。① "为了会有从新国风的基础上创化而来的新楚辞"，在当时全国大规模收集民歌的背景下，苗族古歌的发现、发掘和整理无疑是一个重大成果。由于《说古唱今》的演唱内容涉及苗族生活的方方面面，几乎是苗族生活的百科全书，有珍贵的史料价值，引起了学界、政界及社会其他各界人士的高度重视和广泛关注。而《说古唱今》的演唱者唐德海及其传承人理所当然地成为苗族民间文学的重要研究对象。

事实上，苗族民间文学并非一成不变，也并非无法脱离现实生活，其传承与发展始终与社会生产力的发展密切相关，这在唐德海身上体现为双重社会角色，即传承人和社会人。作为歌师的杰出代表，唐德海几乎通晓所有类型的苗族传统民歌，并能够在传统曲调的基础上即兴演唱，而这些即兴之作无疑是对苗族民间文学的拓展与深化，证明苗族民间文学创作与社会生产力发展密切相关。如他在1954年11月即兴演唱的《苗乡变了样》：

我在年轻的时候，
身上没有件衣裳。
裤子破烂啊，
像个鬼一样；
披着蓑衣啊，
身心好凄凉！
来到场坝上，
来到芦笙场，
碰到树苗啊，

---

① 贵州省民间文学工作组编印《民间文学资料》第 33 集《苗〈佳〉、〈说古唱今〉》，1962。

没心去栽种；

碰到情人啊，

无意去成双。

一年也流浪，

两年也流浪，

直到寅年和卯年。

我们才得到解放。

共产党来啦，

苗家变了样：

分田分地我们种，

苗家心里亮堂堂。

你们年轻后生啊，

个个脸上泛红光，

你们年轻姑娘啊，

穿上花衣多漂亮！

走到场坝上，

来到芦笙场，

碰到树苗啊，

你们有心去栽种；

碰到情人啊，

你们有意去成双；

你要出嫁啊，

嫁个勇敢的儿郎。①

　　"文化大革命"结束后，唐德海加入中国民间文艺研究会。1979 年 9 月，

----

① 《黔东南文史资料选辑》第 1 辑，第 199~200 页。

唐德海被推荐前往首都北京开会，他在临行前即席演唱《献给党中央》：

> 木椒花最香，糯米酒最醇。我这白头翁，这次最高兴。不带鸡和鸭，不带金和银，带我一支歌，带我一颗心，献给党中央，献给我人民。①

据统计，唐德海所演唱的《说古唱今》的文本在刊印后合计 130 多页，其中只有不到 1/4（31 页）是古歌文本，绝大多数为原创。他把苗族古歌融入自己的生命，弥留之际仍唱道：

> 六、七十就老，
> 哪能活到一百外？
> 大树在山梁，
> 久也成枯柴。
> 我虽然去了，
> 还有你们在。
> 好生把歌唱，
> 一代接一代。②

不可否认，作为民歌文化创造、民歌文化传承以及民间文学传承的主体，苗族歌师起着无可替代的重要作用，具有一定的研究价值。其一，对苗族歌师进行研究能够拓展民间文学的研究方向，拓宽民间文学的辐射范围，深化民间文学的理论内涵。其二，在全球化、信息化、市场化背景下，在世界性文化遗产保护运动蓬勃开展的现代语境中，少数民族非物质文化遗产作为人类文化多样性的重要体现，却处于非主流、弱势、边缘地位。对苗族歌师进行研究能够在一定程度上防止出现由"价值淡

---

① 《黔东南文史资料选辑》第 1 辑，第 203 页。
② 《黔东南文史资料选辑》第 1 辑，第 204 页。

化、缺乏传承以及传播不力"等因素造成的民族民间文化遗失。①

　　笔者生长于贵州，对这片拥有丰富的民族民间文化的土地有着无限的眷恋，那些在苦难中诞生的民歌民谣常常让笔者心绪难平。在丰富的民歌民谣中，尤其是在苗族民间文化传承者——歌师的身上，笔者似乎看到了我们祖辈那世代不灭的希冀和追求。即使处在今天这样一个多元化的时代，一个民族的文化仍然是这个民族的根，是这个民族赖以生存的精神支柱。田野调查中，笔者见到唐德海的儿子和徒弟们依然在苗族地区走村串寨，广受欢迎。苗族传统文化尽管在现实语境中被许多人误读，但它依然深深地影响着这个民族，这也是笔者选择这一课题的理由之一。笔者希望对现代文化语境中鲜活的民间歌师及古文化的研究，能够积极推进新农村文化建设。基于民俗学视野研究民间歌师，旨在厘清苗族民间文化传承人的成长历程和苗族民间文学的发展脉络及其与多元复杂的民族文化、社会生态网络的诸多渊源，意图让人们通过"走近"唐德海而"走近"苗族人民，了解苗族文化的产生、继承和发展，探寻苗族民间文化的转型之路，为当下少数民族民间文学的传承和保护略尽绵薄之力，让民族民间文化在新农村文化建设中更好地发挥作用，这是本书研究的出发点和落脚点。

　　基于此，笔者选择苗族民间歌师唐德海及其传承人作为本书研究对象，期望以自己的微薄之力为少数民族非物质文化遗产传承人及文化传承和保护做一点工作，拓宽苗族民间文学的广度和深度，期望苗族民间文化的传承方式、方法能够为其他民族民间文化的传承提供有用借鉴。

二　研究意义

（一）对民间文化传承研究的实践意义

　　本书对极具代表性的苗族民间歌师及其传承人进行了整体性、系统性研究，客观描述与解读了一个生存于独特的少数民族民间文化之中的

---

① 罗彬彬：《当代少数民族文化符号的消亡研究》，《贵州民族研究》2016 年第 7 期。

个体及其传承人的经历和所传承的民间文学，以民俗学为研究基点，结合社会学、人类学等学科理论，探寻歌师所呈现的个体类别与群体类别、歌唱方式与歌唱文本、经济政治与文化历史等多重关系；同时，考察了民间歌师在社会生活中所构成的各种关系。这对民族民间文化的传承及语境研究有特殊的实践意义。

（二）对新农村文化建设研究的意义

新农村文化建设是新农村建设的重要内容，也是农村文化产业发展的重要依托，更是农村经济社会协调可持续发展的有力支撑，无论是新农村文化建设，抑或是农村文化产业的发展，均离不开农村文化的核心要素——民族民间文化。贵州有 56 个民族类别，17 个世居少数民族，民族风俗习惯各异，民族民间文化十分丰富。本书力求对在当前社会主义新农村文化建设下，苗族歌师这一特殊群体在现代语境中的生存境遇与他们对本民族传统文化的执着守望做出探讨。

（三）对非物质文化传承保护的意义

非物质文化遗产作为一个民族古老的生命记忆和活态的文化基因，代表民族普遍的心理认同、民族智慧和民族精神。苗族非物质文化遗产，由苗族族裔或一些苗族民间歌师所传承表达，并为苗族社区群众所认同。作为苗族文化和社会特性的表达形式，苗族非物质文化遗产主要是通过代代模仿或口耳相传传承下来的。其形式包括音乐、舞蹈、古歌、苗语、服饰、故事、传说、婚丧礼仪、风俗习惯、生活技艺、民间口头文学及其他艺术等。受现代经济社会发展、多元文化和意识形态的影响，苗族非物质文化遗产长期被忽视、遗忘，处于濒危状态。贵州是我国苗族最为集中的一个区域，省内很多苗族非物质文化遗产已被列入国家级非物质文化遗产名录，如丹寨县、贵定县、纳雍县的苗族芦笙舞等被列入第一批国家级非物质文化遗产名录；黔东南苗族侗族自治州的仰阿莎和苗族贾理，雷山县的苗族飞歌，麻江县、雷山县的苗族织锦技艺，雷山县苗族医药骨伤蛇伤疗法，黔东南苗族侗族自治州的九节茶制作工艺，台江县的苗族独木龙舟节，安顺市的苗族跳花节，丹寨县、雷山县的苗年，从江县、榕江县、剑河县的多声部民歌，雷山县、关岭布依族苗族自治县、榕江县、水城县的苗族芦笙舞，雷山县的苗族铜鼓舞，剑河县的苗族剪纸，凯里市的苗绣，黄平县的苗族银饰制作技艺以及贵州苗族服饰等，均已被列入第二批国家级非物质文化遗产名录。

人类世界之所以灿烂生动，就在于人类文化的多样性，文化是人类特有的现象，是人类生存与发展的重要意义所在。研究苗族民间歌师，可以更好地推动各类非物质文化遗产的传承、保护、发展与转型，在保持世界文明多样性、推动中华民族文化多元一体化、避免苗族民族民间文化消逝方面有着积极意义。同时，在构建和谐社会的过程中，保护少数民族文化遗产、非物质文化遗产极具重要性和紧迫感。

第二节　研究现状

作为一个有着悠久历史文化、分布地域广泛的民族，苗族在亚洲（老挝、泰国、缅甸等）、美洲（美国、加拿大等）、大洋洲（澳大利亚等）、欧洲（法国、英国等）均有分布，人口总数超过200万，是国际性民族。

一　国外对苗族的研究

国外涉及苗族的研究成果，最早可以上溯到元世祖时期，《马可波罗游记》中的"哈剌章省及省会押赤""哈剌章省的另一部分""匝儿丹丹省和永昌城"均涉及苗族。此外，还包括葡萄牙籍传教士安文思撰写的《中国新志》① 等。

近代以来，西方大批军人、冒险家、传教士涌入中国内地，对中国诸多地区进行了研究，西南地区也包含在其中（见表0-1）。19世纪对

① 〔葡〕安文思：《中国新史》，何高济、李申译，大象出版社，2006。

表0-1　19世纪和20世纪上半期国外苗族研究重要成果一览

年份	研究者	国籍	成果	涉及内容
19世纪上半期	格雷姆（D. C. Graham，汉名葛维汉）	美国	论文	四川苗族，搜集传说和故事
1859	布里奇曼（E. C. Bridgman，汉名裨治文）	美国	《黔苗图说》	翻译《黔苗图说》
1860	布勒契斯顿（Thomas Wright Blackiston）	英国	《长江上的五个月》	苗族体貌特征
1861	洛克哈特（William Lockhart）	英国	《关于中国的苗人或土著居民》（On the Miaotze or Aborigines of China）	第一本较为系统的研究著作
1876	普莱费尔（Playfair）	英国	《汉文史料中的贵州和云南的苗族》（The Miaotze of Kweichow and Yunan from Chinese Description）	翻译
1881	布罗姆汤（Brormton）	英国	《对中国南部苗人部落的访问》	人类学调查
1882	C. 贝伯（Baher）	英国	《在中国西部旅行与调查》（Travels and Researches in Westen China）	涉及苗族
1894	克拉克（Samuel Clarke）	英国	《中国西部的苗族和其他部落》	黔西北和黔东南的苗族
19世纪下半期	伯格理（Samuel Pollard）	英国	《苗族故事》《在中国难以进入的角落》《云南北部的碉堡》《云南北部见闻录》《伯格理未被踏查过的中国地方》《伯格里在中国》	多角度的研究
1907	鸟居龙藏	日本	《苗族调查报告》	较为全面
1924	萨维纳（F. M. Savina）	法国	《苗族史》（Histoire des Miao）	第一本专著

苗族研究最为重要的当数英国传教士克拉克（Samuel. R. Clarke）对黔西北和黔东南苗族的研究（1894年），他较为详尽地考察了当时的苗族，并附有照片。

20世纪初对苗族进行系统研究的著作当数日本人鸟居龙藏的《苗族调查报告》①和法国人萨维纳的《苗族史》②。鸟居龙藏的《苗族调查报告》从民族学视角详尽考察了苗族经济社会的发展。萨维纳的《苗族史》从苗族的语言、文化、风俗和社会环境方面对苗族进行了系统研究。

20世纪70年代以来，苗族人经东南亚前往世界各地定居，苗族成为世界性民族。这一时期，苗族研究成为热门，出现诸多重要的研究成果（见表0-2）。

表0-2　20世纪下半期国外关于苗族研究的重要成果一览

年份	研究者	国籍	成果	备注
1972	杨道	美国	《老挝的苗族》	苗族博士，苗族人对苗族的研究
1976	格迪斯	澳大利亚	《山地的移民》	
1981			《西方苗族调查报告》	会议论文集，集中研究苗族离开老挝的历史
1983			《苗族的变迁》	会议论文集，集中研究国外苗族
1982	查尔斯·约翰逊	美国	《西方苗族调查报告》	西方苗学奠基之作
1986			《苗族的变迁》	
1988			《苗族史》	
1988	塔普	法国	《老挝苗难民的文化变革》	论文
1988	路易莎·斯琴	美国	《美国莫塞德市的苗族居民》《中国贵州苗族文化的复兴》	美国本土苗族研究
1991			《美国苗族的饮食、风俗与节目》	
2000	路易莎	美国	《少数民族的准则：中国文化政治里的苗族和女性》	作者以在贵州西江苗寨的田野调查为基础撰写的一部人类学作品

① 〔日〕鸟居龙藏：《苗族调查报告》，"国立编译馆"译，贵州人民出版社，2019。
② 〔法〕萨维纳：《苗族史》，立人等译，贵州大学出版社，2009。

总的来说，西方对苗族的研究成果十分丰富，但由于苗族文化生境多元化、苗族分支繁多等，这些成果的研究深度不够。在研究方法上，多采用"白描法"，而较少采用"深描法"；多采用走马观花式的调研，而较少采用参与观察法。在研究视角上，多注重纵向时间序列上的研究，较少考察空间序列上的异同。在研究成果上，多呈现为田野调查、田野笔记等，较少有问题意识。

二 新中国成立以前国内苗族文化研究

苗族自古以来就受到较高重视，历代官方文献多有记载。《后汉书·南蛮西南夷列传》较为详细地记载了"盘瓠蛮"[①]，《后汉书·马援传》也提及了朝廷对苗族的征伐。[②]

宋代，随着经济重心由北方转向南方，苗族与汉族的交流加强，从朝廷到私人均对苗族给予了广泛的关注。如朱熹的《记三苗》记载，"近年，……边患多出于苗"；朱辅的《溪蛮丛笑》记载，"溪蛮者，即《后汉书》所谓五溪蛮"；范成大的《桂海虞衡志》记载，"铜邕州右江州峒所出。掘地数尺即有矿。故蛮人好用铜器"；周去非的《岭外代答》记载，"一程至自杞（今兴义）之境名曰磨巨"；陆游的《老学庵笔记》记载，"男子未娶者，以习插髻；女子未婚者，以海螺为数珠挂颈上"等。

进入元代，苗族族称已然规范，《元史》记"苗族"为"苗蛮"，"苗族"被单独称为"苗"则始见于《南村辍耕录》[③] 与《异域志》[④]。

---

① 古族名。《后汉书·南蛮西南夷列传》记载："昔高辛氏有犬戎之寇，帝患其侵暴，而征伐不克。乃访募天下，有能得犬戎之将吴将军头者，购黄金千镒，邑万家，又妻以少女。时帝有畜狗，其毛五采，名曰槃瓠。"《后汉书》卷八十六《南蛮西南夷列传》，中华书局，1973，第2829页。

② 《后汉书》卷二十四《马援列传》，第827~867页。

③ （元）陶宗仪：《南村辍耕录》，武克忠、尹贵友校点，齐鲁书社，2007。

④ （元）周致中：《异域志》，陆峻岭校注，中华书局，2000。《异域志》记载："苗：种类最多。凡草虫皆生食，凡肉作令生蛆方食。娶妻答歌相合，遂为夫妇。父母老，卖与人家为奴，谓死后无罪。"

明前期，"苗蛮"仍被当作官方称呼。① 随着中央集权的加强，苗族愈来愈被中原地区所了解（见表0-3）。

表0-3　明代关于苗族的重要著作

作者	著作	族称	意义
沈庠修,赵瓒等编	弘治《贵州图经新志》	东苗、西苗、紫江苗、苗质	开始认识苗族各分支
谢东山修,张道纂	嘉靖《贵州通志》	苗	准确考订苗族源流
沈德符	《万历野获编》	苗	翔实可凭
瞿九思	《万历武功录》	苗	
李化龙	《平播全书》	苗	
田汝成	《炎徼纪闻》	苗	考述土司承袭
王士性	《广志绎》	苗	
沈瓒	《五溪蛮图志》	苗	图文并茂

资料来源：（明）沈庠修，（明）赵瓒等编（弘治）《贵州图经新志》，西南交通大学出版社，2018。

（明）谢东山修，（明）张道纂（嘉靖）《贵州通志》，西南交通大学出版社，2018。

（明）沈德符：《万历野获编》，黎欣点校，文化艺术出版社，1992。

（明）瞿九思：《足本万历武功录》，艺文印书馆，1980。

（明）李化龙：《平播全书》（点校本），大众文艺出版社，2008。

达力扎布主编《中国边疆民族研究》第2辑，中央民族大学出版社，2009。

（明）王士性撰《五岳游草 广志绎》（新校本），周振鹤点校，上海人民出版社，2019。

（明）沈瓒编撰，（清）李涌重编，陈心传补编《五溪蛮图志》，伍新福校，岳麓书社，2012。

清代以来，对苗族的研究逐渐系统化和整体化。如《黔书》与《续黔书》均对苗族进行了系统的研究（见表0-4）。

表0-4　清代关于苗族的重要著作

作者	著作	作者	著作
田雯	《黔书》	魏源	《圣武记》
张澍	《续黔书》	佚名	《滇黔志略》
傅恒	《皇清职贡图》	檀萃	《黔囊》
鄂尔泰等修，靖道谟·杜诠纂	乾隆《贵州通志》	刘介	《苗荒小纪》

---

① 谢贵安：《明实录研究》，上海古籍出版社，2013。《明实录》中前七朝仍然将苗族统称为"苗蛮"。

续表

作者	著作	作者	著作
陈浩	《百苗图》	林溥	《古州杂记》
鄂尔泰	《雍正朱批谕旨》	徐家干	《苗疆闻见录》
	《清实录》	爱必达	《黔南识略》
	《清圣训》	罗绕典	《黔南职方纪略》
奕䜣	《钦定平定贵州苗匪纪略》	严如熤	《苗防备览》
方显	《平苗纪略》	陆次云	《峒溪纤志》
佚名氏	《苗疆屯防实录》	段汝霖	《楚南苗志》
赵尔巽	《清史稿》	田雯	《苗俗记》
蒋良骐	《东华录》	周作楫修,萧琯等纂	道光《贵阳府志》
	光绪《铜仁府志》		

资料来源：（清）田雯：《黔书》，贵州人民出版社，2019。

（清）魏源：《圣武记》，韩锡铎、孙文良点校，中华书局，1984。

（清）张澍：《续黔书》，中华书局，1985。

（清）谢圣纶辑，古永继点校《滇黔志略点校》，贵州人民出版社，2008。

（清）傅恒等编纂《皇清职贡图》，殷伟等点校，广陵书社，2008。

（清）檀萃：《楚庭稗珠录》，杨伟群校点，广东人民出版社，1982。

（清）鄂尔泰等修，（清）靖道谟、杜诠纂《贵州通志》，张祥光点校，贵州人民出版社，2019。

刘介：《苗荒小纪》，商务印书馆，1928。

杨庭硕、潘盛之编著《〈百苗图〉抄本汇编》，贵州人民出版社，2004。

（清）林溥：《古州杂记》，民国贵阳文通书局据原刻本排印。

（清）鄂尔泰等编《雍正朱批谕旨》，北京图书馆出版社，2008。

（清）徐家干：《苗疆见闻录》，贵州人民出版社，1997。

云南省历史研究所编《清实录》，云南人民出版社，1986。

辽宁省档案馆编《清圣训》，中国档案出版社，2010。

（清）爱必达：《黔南识略》，罗丽丽点校，贵州人民出版社，2021。

（清）罗绕典：《黔南职方纪略》，罗丽丽点校，贵州人民出版社，2021。

（清）奕䜣：《钦定平定贵州苗匪纪略》，中国书店出版社，1985。

（清）严如熤：《苗防备览》，岳麓书社，2021。

（清）方显著，马国君编著《平苗纪略研究》，贵州人民出版社，2008。

（清）陆次云：《峒溪纤志》，台北：成文出版社有限公司，2017。

（清）佚名氏编《苗疆屯防实录》，伍新福校点，岳麓书社，2012。

（清）段汝霖：《楚南苗志》，伍新福校点，岳麓书社，2008。

（清）赵尔巽等：《清史稿》，中华书局，2020。

（清）田雯：《苗俗记》，道光十三年吴江沈氏世楷堂本。

（清）蒋良骐：《东华录》，鲍思陶、西原点校，齐鲁书社，2005。

《中国地方志集成》编委会编《中国地方志集成·贵州府县志辑⑫·道光贵阳府志（一）》，巴蜀书社，2006。

中共贵州省铜仁地委档案室整理《铜仁府志》，贵州民族出版社，1992。

从 20 世纪到新中国成立前，随着国内对民族学、人类学等学科的重视，出现了诸多研究苗族的著作（见表 0-5）。

表 0-5　20 世纪上半期关于苗族的重要著作

作者	著作
盛襄子	《湖南之苗瑶》《湘西苗疆之设治及其现状》
吴泽霖、陈国钧、杨汉先等	《贵州短裙黑苗的概况》《苗族祖先来源的传说》《生苗的人祖神话》《大花苗名称来源》《贵阳苗族的跳花场》《苗族吃牯脏的风俗》
林名钧、笑岳、王兴瑞、阮镜清等	《川苗概况》《海南岛苗人的来源》《广西融县苗人的文化》《滇边苗族杂谈》
凌纯声、芮逸夫	《湘西苗族调查报告》
石启贵	《湘西土著民族报告》《湘西兄弟民族介绍》
张肖梅	《贵州经济》《云南经济》
钱能欣	《西南三千五百里》
范文澜	《中国通史简编》
王桐龄	《中国民族史》
任可澄	《贵州通志·土司·土民志》

资料来源：贵州省民族研究所编印《民族研究参考资料》第 20 集《民国年间苗族论文集》，1983。
吴泽霖、陈国钧等：《贵州苗夷社会研究》，民族出版社，2003。
凌纯声、芮逸夫：《湘西苗族调查报告》，民族出版社，2003。
石启贵：《湘西苗族实地调查报告》，湖南人民出版社，1986。
张肖梅：《贵州经济》，中国国民经济研究所，1939。
张肖梅：《云南经济》，中国国民经济研究所，1942。
钱能欣：《西南三千五百里》，商务印书馆，1939。
范文澜：《中国通史简编》，江苏人民出版社，2019。
王桐龄：《中国民族史》，江西教育出版社，2018。
贵州省文史研究馆点校《贵州通志·土司·土民志》，贵州人民出版社，2008。

总的来说，苗族研究的深入与时间的推移成正比，但不可否认，新中国成立前苗族研究不管是深度还是广度均有所欠缺。

三　新中国成立以后国内苗族文化研究

新中国成立后，苗族研究变得更加系统化。一方面，国家高度重视少数民族；另一方面，学界对苗族研究越来越重视。在这一阶段，对苗族文化的研究主要集中于族源、历史、政治、经济、社会、语言、宗教、民俗等方面（见表0-6）。

表0-6　新中国成立后关于苗族的重要著作

视角	作者	著作
历史	费孝通	《兄弟民族在贵州》
	梁聚五	《苗夷民族发展史》
政治	梁聚五	《贵州苗族人民在反清斗争中跃进》
	马少侨	《清代苗民起义》
	马少侨	《湖南苗族人民革命斗争史稿》
服饰	杨正文	《苗族服饰文化》
	民族文化宫	《中国苗族服饰》
	贵州省文化厅	《苗装》
语言	王辅世	《苗族古音构拟》
	王辅世、毛宗武	《苗瑶语古音构拟》
民俗	过竹	《苗族神话研究》
	潘光华	《中国苗族风情》
	杨昌才	《中国苗族民俗》
医药	田兴秀、关祥祖	《苗族医药学》
舞蹈	杨鹍国	《苗族舞蹈与巫文化——苗族舞蹈的文化社会学考察》
民歌	湖南少数民族古籍办公室	《古老话》
	贵州省少数民族古籍整理出版规划小组办公室	《开亲歌》
	贵州省少数民族古籍整理出版规划小组办公室	《苗族古歌》
语言	张永祥	《苗汉词典》
	中国社会科学院民族研究所	《汉苗词典》
	石如金	《苗汉汉苗词典》

资料来源：费孝通：《兄弟民族在贵州》，三联书店，1951。

梁聚五：《民族研究参考资料》第11集《苗夷民族发展史》，贵州省民族研究所，1982。

梁聚五：《贵州苗族人民在反清斗争中跃进》，《民族研究参考资料》1980年第1期。

马少侨编著《清代苗民起义》，湖北人民出版社，1956。

马少侨：《湖南苗族人民革命斗争史稿》，湖南民族事务委员会民族研究所，1982。

杨正文：《苗族服饰文化》，贵州民族出版社，1998。

民族文化宫编《中国苗族服饰》，民族出版社，1985。

贵州省文化厅编《苗装》，人民美术出版社，1992。

王辅世:《苗族古音构拟》,日本国立东京外国语大学亚非语言文化研究所,1994。

王辅世、毛宗武:《苗瑶语古音构拟》,中国社会科学出版社,1995。

过竹:《苗族神话研究》,广西人民出版社,1988。

潘光华编《中国苗族风情》,贵州民族出版社,1990。

杨昌才主编《中国苗族民俗》,贵州人民出版社,1990。

田兴秀、关祥祖主编《苗族医药学》,云南民族出版社,1995。

杨鹍国:《苗族舞蹈与巫文化——苗族舞蹈的文化社会学考察》,贵州民族出版社,1990。

湖南少数民族古籍办公室编《古老话》,岳麓书社,1990。

贵州省少数民族古籍整理出版规划小组办公室主编《开亲歌》,贵州民族出版社,1991。

贵州省少数民族古籍整理出版规划小组办公室编《苗族古歌》,燕宝整理、译注,贵州民族出版社,1993。

张永祥主编《苗汉词典》,贵州民族出版社,1990。

中国社会科学院民族研究所主编《汉苗词典》,四川民族出版社,1992。

石如金编著《苗汉汉苗词典》,岳麓书社,1997。

这一时期的研究,主要包括四部分:一是围绕开辟苗疆、民族关系,以及清廷对苗族的政策调适所展开的研究;二是对国外苗族与民族迁徙的研究;三是基督教与苗族研究;四是对苗族族源及文献整理等的研究。

对于苗族古歌的研究,学界现阶段主要集中在歌词内容、民间信仰、功能探究及审美研究等方面。

在内容研究方面,王红和李静静对苗族古歌中的动物进行形象研究之后,提出从动物的视域观照动物与动物、动物与植物、动物与人类的辩证关系,归纳出同源性、同质性、和谐性和新生性的生命共同体四个维度,这对当下建构命运共同体具有一定的启示。[1] 杨敬娜则把研究视域聚焦到苗族古歌中的蝶和鸟,认为苗族对"中空型"事物的崇拜反映了苗族从采集到发展推广农作业的生计方式的转变,这一研究结合了社会发展因素,从民间信仰的角度,解读了苗族动植物崇拜背后的渊源,对借助苗族古歌分析苗族民间信仰有着积极的现实意义。[2]

---

[1] 王红、李静静:《生命的共同体:〈苗族古歌〉中的动物形象研究》,《贵州民族研究》2020 年第 7 期。

[2] 杨敬娜:《苗族信仰与其生计方式的相关性分析——以〈苗族古歌〉"蝶""鸟"为研究中心》,《湖北民族大学学报》(哲学社会科学版)2020 年第 3 期。

刘兴禄则把目光聚焦在民间信仰方面，通过苗族对鬼神、巫师、祖先等的崇信提炼出苗族民间信仰所蕴含的民族志价值。① 通过苗族古歌来探析苗族的民间信仰体系，分析苗族信仰及其变迁，的确在一定程度上反映了苗族人民的精神文化世界。苗族古歌中不乏真实记录苗族生活的内容，而且大多数内容都是反映苗族人民的日常生活，对于是否具有作为民族志资料的价值还有待探析。唐乐飞认为："'古歌'之于苗族，就如同《圣经》之于犹太民族。"苗族古歌实际上就相当于苗族的"民间法"，它不仅能控制和维护苗族传统社会的伦理和秩序，也作为苗族民间信仰的载体，反映出苗族的"多神信仰"的特点。除了能够反映苗族人民丰富多彩的精神世界，苗族古歌还能有效解决苗族现实生活中的不少问题。②

在功能研究方面，龙仙艳提出苗族婚姻礼辞的吟诵有着多方面的功能，如对苗族定居分布、苗族传统通婚圈的介绍，对结婚新人及其亲朋好友的现场伦理教育，但最重要的功能是给新娘改姓，即"修改灵魂户口"。这一研究表明苗族古歌不只是带有表演性质的民间音乐，它在苗族人民心中的重要地位更是得益于其在现实社会中能够真正发挥作用。

除以上三个方面的内容之外，从苗族古歌中还能窥见这个历史悠久、饱经风霜的少数民族在语言上的审美意识。从苗族古歌的神话传说中能看到四个层次的民族审美意识：首先，神话思维对美的直观感性表达，强调美源于自然，自然最美；其次，神话思维对美最初的理性认知，即物我互渗、和谐共生的整体之美；再次，苗族古歌中的神话思维是一种对美的浪漫宣泄，代表了民族浪漫主义的想象；最后，古歌中的神话思

---

① 刘兴禄：《试析〈苗族古歌〉整理本中的民间信仰表述》，《湖北民族学院学报》（哲学社会科学版）2018 年第 5 期。
② 唐乐飞：《从苗族民间法看苗族的"多神信仰"》，《佳木斯职业学院学报》2016 年第 3 期。

维还是对美的实用性批判，这也是一种朴素的功利意识。^①

苗族古歌是苗族人民流传千年的民族史诗，但是若只把目光局限在内容上，未免显得浅显和粗糙，世界发展至今，任何文化都离不开其创造主体——人。要想全面、具体、深刻地了解苗族文化，必然要关注苗族文化传承之主体——民间歌师和传承人。

四　关于民间歌师及传承人的研究

关于民间歌师及传承人的研究，主要集中在音乐学领域，也有部分学者从非物质文化遗产角度进行研究。

在音乐学视域下，张君仁《花儿王朱仲禄——人类学情境中的民间歌手》运用传记研究法，详细探讨了歌师在其所处区域中的各种关系。^② 臧艺兵《社会变迁中的汉族民间歌师案例》，从社会变迁的视角切入，以第一手田野调查资料为依据，从三个方面描述民间歌师姚启华的生活。作者通过对一系列文化现象的描写与分析，揭示了民歌文化以及民间歌师在历史动荡和变迁中扮演的社会角色、具有的文化功能、表达的文化隐喻，呈现音乐同人类相互依存的个案。^③

阿拉坦图雅《戈壁歌王——记阿拉善民间艺人巴德玛》（民间艺人巴德玛不仅是阿拉善土尔扈特长调民歌的代表人物，也是"新中国第一代达尔罕哆钦"，即长调歌王，又是国家级非物质文化遗产项目代表性传承人），以民间艺人巴德玛为对象，对她的成长背景、生活经历以及民间音乐传承活动进行深入了解，展现了阿拉善长调民歌文化的顽强生命力。该文简述了巴德玛的成长背景，包括地理环境、历史条件和社会人文环境；回顾了巴德玛的艺术生涯，包括生活经历和艺术历程；还对巴德玛

---

① 吴佳妮：《从神话思维看苗族古歌〈仰阿莎〉的审美意识》，《贵州民族研究》2017 年第 5 期。
② 张君仁：《花儿王朱仲禄——人类学情境中的民间歌手》，敦煌文艺出版社，2004。
③ 臧艺兵：《民歌与安魂——武当山民间歌师与社会、历史的互动》，商务印书馆，2009。

演唱、演奏曲目及其代表性歌曲和马头琴曲作了列举；并探讨了巴德玛对长调民歌传承和传授理念，以及其为长调民歌的传承与传播、发扬做出的贡献。①

黄沙浪在研究仫佬族民歌传承人时，探讨了成为一名优秀民歌传承人的主要因素，得出传承人与仫佬族民歌、民俗文化相辅相成这一结论。② 朱姝亭《彝族民间歌手快手歌唱：自我和民族的呈现》，以凉山彝族自治州的一位民间歌师为田野对象，主要关注新媒体时代下的"快手"演唱，由此考察彝族民间歌师的动态发展过程，并讨论视频中折射出的民间歌师和民族形象。③ 相关的研究还有，贾曦葶在《少数民族音乐与大众文化的互为作用——"父爱如山"音乐会歌手周丽珍演唱特点评述》中提出，民族音乐与大众文化是互补的，二者缺一不可，民族音乐大可融入文化产业，创造经济和社会人文双方面的效益。④

非物质文化遗产语境下民间歌师的研究。在 2004 年联合国教科文组织批准我国加入联合国《保护非物质文化遗产公约》后，我国各地区就陆续开展了一系列以"非物质文化遗产"为重点的宣传和保护工作，并在 2006 年、2008 年、2011 年和 2014 年分别公布了第一批至第四批国家级非物质文化遗产名录。2020 年，我国文化和旅游部组织专家针对全国范围内以及中央和国家机关部门推荐的 900 多个项目进行了评审工作，后由我国第五批国家级非物质文化遗产代表性项目评审委员会做出审议，确定第五批国家级非物质文化遗产代表性项目推荐项目 337 项，其中新列入 198 项，扩展了 139 项。在这一阶段，学界对民间歌师及传承人的关注逐渐增多，涌现出许多成果。

---

① 阿拉坦图雅：《戈壁歌王——记阿拉善民间艺人巴德玛》，硕士学位论文，内蒙古师范大学，2009。

② 黄沙浪：《仫佬族民歌传承人研究——以贵州省石阡县毛呈祥为例》，硕士学位论文，西南大学，2018。

③ 朱姝亭：《彝族民间歌手快手歌唱：自我和民族的呈现》，《长江丛刊》2020 年第 28 期。

④ 贾曦葶：《少数民族音乐与大众文化的互为作用——"父爱如山"音乐会歌手周丽珍演唱特点评述》，《北方音乐》2017 年第 8 期。

　　"保护与传承"主题是非物质文化遗产的主旋律，在非遗视域下，学界学者大多把目光聚集在民间音乐的保护和传承问题上。有人从地理环境嬗变的角度对民歌的传承与保护现状进行分析，提出应关注生存环境的变化对演唱传承人在行腔与音色方面的深刻影响，在保护与传承措施方面，除了尽力抢救原谱，也应加大力度保护与传承民歌演唱的"原味"；① 有人认为随着社会生产力的解放，人们的生产生活发生了巨大变迁，许多民歌艺术失去了其生存以及传承的力量，从而导致少数民族的民歌艺术逐渐处于消亡的边缘；② 也有人从外来音乐"入侵"的角度提出，如何使本地民歌在当下文化环境中重新"活"起来是一个亟待解决的重大问题。③ 尹梦伟与林胜针对新疆库车维吾尔民歌的传承与保护，提出要以"传承主体，教育对接，引导产业，依托科技"为原则，通过以政府为主体的政策引导与社会发展中的文化自觉相结合对库车维吾尔民歌的传承发展路径进行探究。④《鄂伦春族民歌的传承困境与对策研究》一文认为，文化系统的转型、生产生活方式的变更及人口城镇化发展是民歌传承陷入困境的主要原因。因此，拓展传承群体、建设"圈群"、强化族群音乐文化认同是鄂伦春族民歌摆脱传承困境的未来之路。在经济高速发展的今天，上述提议对各民族传承和发展民歌有着积极意义。⑤

　　在新时代多元文化发展背景下，民族音乐文化研究已从单向的静态研究挖掘转向与活态传承研究并存的学术轨道。⑥ 尤其是处在当下信息

　　① 李桂梅：《地理环境嬗变下陕北民歌传承与保护现状分析——兼谈陕北民歌手演唱行腔与音色》，《中国民族博览》2021年第19期。

　　② 李济桐：《少数民族民歌艺术传承困境及对策》，《当代音乐》2021年第10期。

　　③ 彭玉屏：《土家族民歌在地方高校活态传承的实施路径研究》，《民族音乐》2021年第4期。

　　④ 尹梦伟、林胜：《新疆库车维吾尔民歌的传承与保护》，《艺苑》2021年第4期。

　　⑤ 钟国富、王鸿俊、陈龙：《鄂伦春族民歌的传承困境与对策研究》，《黑龙江民族丛刊》2021年第4期。

　　⑥ 赵琦：《文化生态视域下满族民歌的活态传承与创新教学研究》，《山东艺术》2021年第1期。

爆炸、纷繁复杂的社会中，创新早已成为发展的重大助推力，各民族在保护与传承自身文化的同时也在积极寻找能使自身传统文化焕发新一轮生机的创新动力。彭玉屏在分析湘西土家族民歌面临的缺乏传承人、保护力度不够、受外来文化冲击等发展困境时，提出要注重文化本真的保护，积极创新文化元素，通过为湘西土家族民歌注入现代化气息和注重利用科学技术来传播与推广自身文化的创新举措助推本民族民歌发展。① 孔妮也认同民歌应创新传承思维，认为四川民歌改编钢琴曲应在坚持本土化传承脉络的基础之上，以"非遗"身份标识自身的创新思路。② 陈紫灵在强调重视立法、保护继承者并重视当地人才的挖掘来传承粤北瑶族民歌时，也提出了要高度利用信息技术，走数字传承之路来发展民歌文化。③ 侯芸莉在研究河北民歌时，指出在进一步深化建设河北民歌理论基础的同时，要审时度势对河北民歌的文化传承进行顶层设计，融合多元方式深化民歌发展途径，坚持理论联系实际，对河北民歌的创新发展做出系统化部署，促进河北民歌文化的可持续发展。④ 还有学者深度贴合社会发展，从新媒体语境出发，探究民歌与新媒体在文化传播中的平衡机制，试图在新媒体语境之下找到民歌传承发展的途径。⑤

此外，谈到民间音乐就必定涉及民间歌师及传承人。杜亚伦和朱玉江从生命哲学的角度切入，强调人的生命意义，认为人的生命应立足于体验，由此民歌传承人才能结合自身成长经历创造出脍炙人口、深入人心的作品。⑥ 朱玉江和瞿亚从学习民歌、传唱民歌、传承民歌三个方面勾勒大别山民歌国

---

① 彭玉屏：《非遗传承视野下湘西土家族民歌的创新与发展》，《戏剧之家》2021 年第 24 期。

② 孔妮：《非遗视域下四川民歌的传承与创新——以四川民歌改编钢琴曲为例》，《四川戏剧》2021 年第 11 期。

③ 陈紫灵：《非遗视野下粤北瑶族民歌的传承与创新》，《艺术大观》2021 年第 10 期。

④ 侯芸莉：《"十四五"背景下河北民歌文化遗产保护传承创新研究》，《今古文创》2021 年第 41 期。

⑤ 张晟：《新媒体语境下山西民歌的传播机制创新研究》，《艺术家》2021 年第 9 期。

⑥ 杜亚伦、朱玉江：《基于生命哲学的民歌传承人生命历程探微——以徽州民歌传承人凌志远为例》，《民族音乐》2022 年第 1 期。

家级传承人余述凡的艺术人生，认为民歌传承人不仅传承了一首首民歌，更是一个时代文化的缩影，展现了一个时代生活的面貌，他们是我们了解不同时代的动态媒介。因此，探寻民歌传承人的艺术生涯对于了解和传承民歌具有现实意义。① 丰滢则另辟蹊径，从社会变迁视域下分析左江流域壮族民歌的适应与转型，她提出，为了适应城市生活节奏、满足壮族歌师的需要，寓于诗性空间的民歌的展演逐渐从山野向城镇转移，民歌对唱的初衷从个人情感的表达向官方歌台的程序化展演转移，传播方式从面对面的近距离互动向电子媒介虚拟平台转移。② 在社会急剧变化的当下，这一研究对于探讨民间歌师心灵体悟与表达方式的改变有着积极意义。

不难看出，在非遗视域下民歌与民间歌师的研究逐渐呈现由"物"到"人"的趋势。

第三节　研究思路与方法

一　研究内容

过去，对于少数民族民间歌师的研究，既没有专门的理论方法，人们也很少关注这一领域。本书立足于田野调查和具体的民间文学文本，运用人类学、民俗学、民间文学的研究方法，从以下四个视角对苗族歌师唐德海及其传承人进行研究与解读。

一是民族民间歌师与少数民族地域关系。每个人都是地理环境和社会环境的产物，一个地区的社会文化在很大程度上受制于它的地理条件、人文条件，少数民族地区更是如此。环境或然论的观点称："自然界没有

---

① 朱玉江、瞿亚：《从泥瓦匠到非遗传承人——大别山民歌国家级传承人余述凡艺术生涯侧记》，《当代音乐》2022 年第 3 期。

② 丰滢：《社会变迁视域下左江流域壮族民歌的转型与适应——基于左江壮族民歌代表性传承人韦志莲口述史的研究》，《文化产业》2022 年第 11 期。

必然性，但到处都存在可能性，人类作为可能性的主人，才是利用它们的主宰。"① 事实上，地理环境在较大程度上决定了区域内群体的民俗、历史和生存方式，而民俗又决定了歌师唱什么、为何唱、如何唱。不同民族文化熏陶出来的民间歌师各具特色。对于"能说话就会唱歌，能走路就会跳舞"的苗族民众来说，民间歌师生长于苗族文化的沃土之中，其演唱内容必然以苗族文化为载体并反映苗族文化。因此，对民间歌师的研究离不开苗族本土文化，离不开苗族聚居区的地域环境。

二是民间歌师的语境。语境至少包括身份、表演场地、表演状态等。民间歌师的身份显示出本民族个体对民族文化的认同，具体表现为对歌师身份的认同。苗族歌师是苗族社会特有的民间文化传承体，有着明确的定位。表演场地也是需要关注的问题，由于历史上的种种原因，苗族过去没有自己的文字，因此，传承民族历史的任务，主要通过唱古歌、摆古典（说古理）等口耳相传的方式来完成。苗族理词，是记载苗族历史的特殊方式之一，其思想性很强，艺术性也很高。民间文学传承演变的语境颇为复杂，就具体的表演事件来看，时间、空间、传承人、受众、表演情境、社会结构、文化传统等不同因素共同构成了表演的语境。众所周知，民歌不仅是娱乐、艺术，更是传承民族文化的一种方式。因此，一旦研究离开民歌语境，便不能准确地理解民间歌师及其所演唱的民歌的完整意义。

三是民间歌师及其传承的文本。在唐德海所传承的文本资料中，仅贵州民间文学工作组所记录的口传资料，就有古歌 6280 行、反歌 720 行、理词 1140 行、议榔词 780 行、宴客祝词 135 行、嘎百福歌 20 多万字。研究唐德海不可能不研究其所传承的民间文学文本。

四是社会变迁中的民间歌师。关于文化变迁的类型，有学者将其分为无意识变迁和有意识变迁。无意识变迁（也称自然变迁），其特点在

---

① 刘豪兴：《农村社会学》，中国人民大学出版社，2006。

于变迁主体是在不自觉、盲目、无计划、被动的情况下进行的。有意识变迁（也称自愿变迁），其特点是变迁主体中的个人或群体有意识地针对亚文化地域或群体进行改革或变革。以社会变迁为视角研究唐德海及其传承人，能够更好地把握族群传统与国家在场之关系，更好地把握族群传统在社会变迁中的变迁。

本书对苗族民间歌师唐德海及其传承人进行了立体的、全方位的研究。全书分为三个部分：一是历史研究，主要是对唐德海个人的研究；二是文本研究，关注苗族民间文学与唐德海所传承的文本的类型、特点、意义的研究；三是当代苗族民间文化的研究，即对以唐德海及其传承人为主要对象的苗族民间文学传承人及其所展示的苗族文化的研究。

基于此，本书拟围绕传承这一主题，结合唐德海个人经历和社会背景，探究一个民族的文化是怎么传承下来的以及在传承过程中，保留了什么，坚持了什么，改变了什么，又适应了什么，原有的东西是怎样发生变化的；结合其他传承文本探究唐德海所传承的文本的特点及其体现的苗族文化特征，探究社会变迁与唐德海新创文本的联系；结合田野调查资料，了解当下唐德海传人的民间文化传承活动及其境遇与调适，同时通过他们对民族文化的执着守望，窥见苗族这个顽强的民族怎样创造文化，怎样在时代变迁中传承、保护文化，又怎样在全球化浪潮及强势的主流文化中珍爱自己的文化，在接受与适应中维护族群传统。

二　研究方法与思路

学术研究需要方法，但是不能囿于某种单一的方法，而应该从多角度、多层面分析研究对象，这样才能尽量少地产生谬误，尽可能接近客观事实。方法无正误，关键在于针对具体的研究对象采取什么样的方法。

传承人研究既是重大的理论问题，也是急需解决的现实问题，更是一个需要整体性、全方位、多角度研究的综合性问题，不仅关系到苗族传统文化在现代文化生境中的与时俱进，也关系到文化多样性的传承和保护，更关系到民族地区风俗、历史、文化、自然、地理与发达地区在截然不同的背景下进行文化建设的基础性研究。为此，本书拟采用以下几个方法进行研究。

第一，规范分析与实证研究相结合。规范分析适用于本书框架及内容设置，而实证研究适用于田野调查，特别是鉴于唐德海及其传承人与苗族传统文化的密切关联，以及苗族民间文化内涵的多样性、立体性与传统社会中族群成员文化心理需求的多样性、立体性完全对应等特点，拟将唐德海及其传承人置于特定的苗族社会文化及民俗背景中进行系统的、多角度的研究考察。

第二，定量分析与定性分析相结合。定量分析的关键在于用刚性数据验证定性分析之结论，特别是研究歌师所处场域是否存在对歌师的刻板印象，从而力求解读当下唐德海传人的民间文化传承活动及其境遇与调适；同时，通过他们对民族文化的执着守望，审视他们在接受与适应中传承和维护的族群传统。

第三，文献分析与实地调研相结合。文献分析是开展研究之前提，对唐德海及其传承人的研究不仅涉及诸如社会学、历史学、认知学、发展学等学科领域，且涉及文化的传承、变异、分化、整合等理论，只有博采众长并以实证调研为事实依据方能增强论据的说服力。

第四，纵向分析与横向分析相结合。基于时间序列的纵向分析，旨在把握各民族面对现代社会新思潮、现代技术、先进文化、国际变化等挑战做出的各种应对策略；而基于空间序列的横向比较则是探求文化同质性与异质性的必要手段。

任何科学研究的创新都存在三个层次：一是提出问题的创新；二是解决问题之思路与方法的创新；三是具体观点的创新。本书力图在以下几个方面有所突破。

第一，结合苗族民俗、民间文化对苗族民间歌师的形成过程进行研究。

第二，就社会变迁、文化变迁对民间歌师的影响进行分析。

第三，对唐德海及其传承人、传承作品、传承过程进行研究，力求有所突破。

第四，通过对唐德海及其传承人的研究，解读苗族歌师当下的民间文化传承活动及其境遇与调适；同时，通过他们对民族文化的执着守望，再度审视苗族及其在接受与适应中所维护的族群传统。

第一章

苗族歌师的文化生境

1736 年，乾隆帝在总理事务大臣关于"苗疆事宜"的上折中，做出如下批示：

> 苗民风俗与内地百姓迥异，嗣后苗众一切自相争讼之事，俱照苗例，不必绳以官法。[1]

200 多年前，被乾隆帝所关注的，在维护苗族社会秩序、改善社会关系、安定苗民生活等方面具有独特作用的"苗例"是什么呢？顾名思义，苗例是苗族不成文的典章制度、习惯法，而这些典章制度、习惯法大多以"理词"（理辞）的形式存在，由"理老"来传承、施行。理老，苗语称"lul lil"（音：卢离），是在一定社会团体中既通晓苗族传统文化和古理古规，又能言善辩、办事公道的长老，也是苗族民间文化传承人。

---

[1] 贵州民族出版社编《苗族理辞》，吴德坤、吴德杰搜集、整理、翻译，贵州民族出版社，2002，第 2 页。

唐德海就是这样一位官方和民间公认的、杰出的苗族歌师与苗族民间文化传承人。

第一节　苗族传统历史与文化

苗族是一个历史悠久、文化底蕴深厚的民族，在我国的历史文献中，关于苗族及其先民的记载极多，不仅谈到苗族的形成与发展，更记录了苗族丰富的生活文化以及世代相承的古歌、史诗和传统技艺等。这些成为我们梳理苗族民族民间文化的切入点和着力点。

一　苗族的族源

据相关文献记载，苗族起源于远古时期的九黎部落，并与之后的三苗、南蛮、荆蛮有直接关系。甚至有学者考证，其渊源可追溯到 7000 年前上古时代以伏羲为首领的太皞部族，可谓中国最古老的民族之一。

九黎形成于 5000 多年前，是一个以蚩尤为首领的强大部落联盟。《国语·楚语》曰："九黎，蚩尤之徒也。"[1] 《史记·五帝本纪》载："九黎君号蚩尤。"[2] 由此可见，蚩尤为九黎首领。苗族也一直将蚩尤视为本民族的英雄，世代崇拜。九黎人民凭借着优越的地理位置和不辞劳苦的勤奋耕耘，使部落的实力不断增强，一度成为与以黄帝轩辕氏、炎帝神农氏为首领的两大部落集团并列的第三大部落联盟。

三大部落联盟在对外扩张中不可避免地会发生冲突。黄帝和炎帝所属的部落兴起于西北的黄土高原，由西向东发展，与地处黄河中下游地区的

---

[1] 俞志慧：《〈国语〉韦昭注辨正》，中华书局，2009，第 314 页。《国语·楚语下》原文："及少昊氏之衰也，九黎乱德。家为巫史，民神同位，祸灾荐臻。颛顼受之，乃命南正重司天以属神，命火正黎司地以属民。使复旧常，无相侵渎，是谓绝地天通。其后三苗复九黎之德，尧复育重黎之后，不忘旧者。使复典之。"韦昭注："少昊，黄帝之子金天氏也。九黎，黎氏九人，蚩尤之徒也。""其后，高辛氏之季年。三苗，九黎之后。"

[2] 《史记》卷 1《五帝本纪》，中华书局，1963，第 4 页。

九黎部落相遇，历经短暂的和平之后，三方展开角逐。《史记·五帝本纪》载："轩辕之时，神农氏世衰。诸侯相侵伐，暴虐百姓，而神农氏弗能征。于是轩辕乃习用干戈，以征不享，诸侯咸来宾从。而蚩尤最为暴，莫能伐。炎帝欲侵陵诸侯，诸侯咸归轩辕。轩辕乃修德振兵，治五气，蓺五种，抚万民，度四方，教熊罴貔貅䝙虎，以与炎帝战于阪泉之野。三战，然后得其志。蚩尤作乱，不用帝命。于是黄帝乃征师诸侯，与蚩尤战于涿鹿之野，遂禽杀蚩尤。而诸侯咸尊轩辕为天子，代神农氏，是为黄帝。天下有不顺者，黄帝从而征之，平者去之，披山通道，未尝宁居。"① 九黎败后，形势大变，他们一部分融入以炎黄为代表的华夏部落，其余的向四周散去，其中最大的一部分南迁到长江中下游一带，在距今约 4000 年的尧舜禹时期，形成新的强大部落联盟——三苗。②

《国语·楚语》记载："三苗，九黎之后也。""三苗复九黎之德。"由此可见，三苗与九黎之间存在一脉相承的关系。据《战国策》③ 和苗族古歌④所述，三苗的活动区域主要在西起三峡、南至衡山、东至江淮、西到江汉地区的广大地带。三苗凭着雄厚的实力基础逐渐崛起，与以尧、舜、禹为首的部落相抗衡。

尧、舜、禹都曾讨伐三苗。尧时，"三苗在江淮荆州，数为乱"⑤，遂发兵征战，三苗战败，"放驩兜⑥于崇山以变南蛮"。"驩兜进言共工，尧曰不可而试之工师，共工果淫辟。四岳举鲧治鸿水，尧以为不可，岳强请试之，试之而无功，故百姓不便。三苗在江淮、荆州数为乱，于是

---

① 《史记》卷 1《五帝本纪》，第 3 页。
② 伍新福、龙伯亚：《苗族史》，四川民族出版社，1992，第 4~23 页。
③ （西汉）刘向：《战国策》，万卷出版公司，2009，第 132 页。
④ 贵州省民间文学工作组编印《民间文学资料》第 33 集《苗族〈佳〉、〈说古唱今〉》，第 318~333 页。
⑤ 《史记》卷 1《五帝本纪》，第 28 页。
⑥ 驩兜（huān dōu），又作欢兜或驩头，是中国古代传说中的三苗部落联盟的首领，传说因为与共工、鲧一起作乱，而被舜流放至崇山。崇山现今在湖南省张家界市，山上有欢兜墓、欢兜屋场、欢兜庙等古遗迹。

舜归而言于帝，请流共工于幽陵，以变北狄；放驩兜于崇山，以变南蛮；迁三苗于三危，以变西戎；殛鲧于羽山，以变东夷：四罪而天下咸服。"① 驩兜被流放到崇山，部分三苗被流放到西北的三危山。舜时，对三苗采用教化与武力征服的方式和内部分化、瓦解的策略。禹时，经过前两个阶段的讨伐和分化，三苗仍较强大，且"有苗负固不服"，② 因此被禹视为心腹之患，再次大规模出兵讨伐。《墨子·非攻下》详细刻画了这场战争："昔者三苗大乱，天命殛之，日妖宵出，雨血三朝……禹亲把天之瑞令以征有苗，四电诱祇……苗师大乱，后乃遂几。"即彼时三苗地区自然怪异，天灾降临，引得三苗大乱，在残酷的战事中惨败。从此，三苗走向衰亡。

许多史书都清晰地记录了三苗和苗族的渊源。"苗人，古三苗之裔也"；"考红苗蟠据楚、蜀黔三省之界，即古三苗遗种也"。③ 这些记载提供了文献上的依据。另外，也可从实际生活中找到二者存在亲缘关系的佐证。三苗麻发结合的发式风俗、浓厚的巫术文化和鬼神崇拜都在现今的苗族中得到了传承；再从苗族的传说和古歌中考证，传说和古歌里祖先的居住地也恰好与古三苗的地域吻合。由此，三苗与苗族的亲缘关系不可否认。

三苗被大禹打败后，其势渐微。夏商周时期，在原三苗的活动区域内出现了南蛮、荆楚、荆蛮的足迹。前文中提到"放驩兜于崇山以变南蛮"，即尧、舜、禹不断使用强力对三苗用兵，把以驩兜为首领的一支三苗驱入崇山，成为南蛮。"蛮"泛指南方的少数民族，不单指三苗。华夏族以自己所在之地为中原，以东夷、西戎、南蛮、北狄来称呼四周的族群，所以地处南部的三苗本就是南蛮的重要部分，只不过因势力强大引起重视而被加以区别，称为三苗，《帝王世纪》中也有记载说："有苗

---

① 梁启超：《饮冰室专集之四十一：历史上中国民族之观察》，中华书局，2015，第 5 页。梁启超认为，三苗的苗就是蛮，系一音之转，尧舜时称三苗，春秋时称蛮。

② 范祥雍订补《古本竹书纪年辑校订补》，上海古籍出版社，2011，第 23 页。

③ 《苗族简史》，第 1~14 页。

氏处南蛮而不服。"三苗衰落之后，其部落及其后裔自然又被归入南蛮。另外，仍居住在两湖地区的三苗和其他民族一起，被称为荆楚。荆楚所在的位置，不仅有衡山、云梦泽、江、汉等山川河流作为屏障，更有充沛的降水和适宜的气候，以至于万物呈现出欣欣向荣之景，物产丰盛。随着经济实力日益增强，他们秉承先人顽强的反抗精神，以不屈之势抵抗商、周的统治，因此，又被称为荆蛮。统治者因觊觎荆楚之地的物产，于是从商朝起就开始发动武力，欲使之屈服，斗争次数多而激烈。荆蛮也有过短暂的归附，春秋战国时期，实力雄厚的楚国的主体居民就是荆蛮。《国语·晋语》载："昔成王盟诸侯于岐阳。楚为荆蛮，置茅蕝，设望表，与鲜卑守燎，故不与盟。"① 此外，随着楚国国力的强盛，也有将荆蛮中受中原文化影响而日益进步的人称为楚族，与相对落后的荆蛮合称为"荆楚蛮"等说法。

不管称呼什么，九黎、三苗、南蛮、荆蛮与现今苗族之间存在亲缘关系是大多数人都认可的事实。故曰："考苗族……古称三苗……一曰有苗或荆蛮。"②

二　苗族历史概况

苗族在 5000 多年来频繁的迁徙中，逐渐成为一个人口众多的国际性民族。除了中国，东南亚、欧洲、美洲等地均有分布。中国是苗族的故土，是苗族的形成地以及现今的主体所在。经大量的文献记载和考古资料证实，苗族为中国最为古老的民族之一，从前文所呈现的族源分析中可清晰地看到这一点。

九黎部落时期，苗族的先民居住在黄河中下游地带，而后在与炎、黄两部落的战争中惨败，蚩尤被杀，余下的部族向南方撤退至长江中下

---

① 俞志慧：《〈国语〉韦昭注辨正》，第 367 页。韦昭注：蕝，谓束茅而立之，所以缩酒；望表，谓望祭山川，立木以为表，表其位也。鲜卑，东夷国。燎，庭燎也。
② 《苗族简史》，第 9 页。

游一带。这是苗族历史上的第一次大迁徙。九黎的后裔重整旗鼓，于尧舜禹时期形成三苗，但在连连征伐中被大禹所灭。三苗部落被彻底打败后，大部分人再次向南迁徙，在鄱阳湖、洞庭湖以南的崇山之中隐居，即现今的江西、湖南一带。这是苗族历史上的第二次大迁徙。至商周时期，三苗的后裔——荆蛮再次强大起来，虽在统治者的征伐中有过短暂的妥协，但春秋战国时期，荆蛮与熊氏合力建成楚国，成为楚国的主体居民，其中部分苗民为躲避战祸而西迁至武陵山区。在楚国被秦所灭之后，荆蛮的后裔开始大量西迁至武陵、五溪地区，这是苗族先民的第三次大迁徙。

秦汉至唐宋时期，武陵、五溪地区的苗族先民在朝廷的征剿、沉重的赋税压迫，以及战争的滋扰中，被迫向西、南迁徙，进入四川、广西、贵州和云南，这是苗族先民的第四次大迁徙。此外，据城步苗族《兰氏墨谱》与《李氏宗谱》记载，唐宋之际，也有部分苗族先民从江西、洞庭湖一带先后迁至现今的湖南省城步苗族自治县和武冈市等地定居。

苗族是一个骁勇善战的民族，也是一个不屈的民族，反抗和战斗是他们的传统。在元明清时期，严重的民族歧视和压迫、残酷的军事镇压，迫使苗民多次起义反抗暴行。而每一次被镇压和屠杀，都引发了迁徙，这是苗族历史上第五次大规模的迁徙。在第五次迁徙初期，苗族人口主要朝西南地区流动，如从黔东南到贵州中部或黔西南、从湘黔边界到黔中或黔南等；后期，则有部分苗民迁入越南、老挝等东南亚地区，迁徙出现国际化趋势。1949年，新中国成立，在政治上实行"民族平等"和少数民族地区"民族区域自治"的政策，至此，中国境内的苗族结束了迁徙的历史。1975年前后，因战争，老挝的部分苗族成为难民，在泰国政府和联合国的帮助下，他们移居到第三国。在这次的移居中，美国是接收最多的国家，加拿大、法国、德国、澳大利亚、阿根廷等国家也接收了一些苗民。这一次从东半球到西半球的流离、从东南亚向世界其他地区扩散的迁徙是苗族最后一次迁徙，苗族也因此演变成一个国际性民族。

苗族在长达 5000 多年的战斗与迁徙中，从北向南、由东向西，最终形成了现今以贵州为中心，聚居在中南和西南的各省山区，散居在世界诸多国家的分布格局。

三 苗族的文化

作为我国人口数量较多的少数民族之一，苗族不仅以其悠久的历史和顽强的生命力著称于世，更以其丰富璀璨的文化引得世人瞩目。

语言文字。贵州的苗族，有 90% 左右的人使用自己的语言。苗族语言属于汉藏语系苗瑶语族苗语支，由于不断地迁徙和山地地形的相对封闭，苗语形成了许多的方言、土语。语言学家经研究后，将之划分为三大方言，即湘西方言（东部方言）、黔东方言（中部方言）、川黔滇方言（西部方言）。其中，西部方言又被划分为七个次方言，部分方言和次方言又被分为几个土语。三大方言之间因声母和韵母的差异，交流有一定的困难。另外，据清代和民国时期的部分文献记载，苗族曾有过自己的文字；在苗族史歌和民间传说中，也反映出苗族先民曾使用自己的文字，后因种种原因而失传，但这些都尚待进一步的考证和研究。1956 年，党和政府对少数民族语言非常重视，根据苗语方言的差异，为中、西、东部苗族各创制了一套苗文，并对之前的"滇东北次方言老苗文"进行改革，最终形成现行的湘西、黔东、川黔滇、滇东北次方言四种苗文。[①]

宗教信仰。在苗族人的心中，人是有灵魂的，生病是因为灵魂离开了身体，死亡是因为灵魂与祖先团聚。因为相信世间万物皆有灵魂，所以苗族中大多数人都信仰由"万物有灵"发展而来的原始宗教，且尚处在"多神"阶段，表现为鬼神不分。苗族除了自然物崇拜，还有图腾崇

---

① 贵州省民族事务委员会编《苗族文化大观》，贵州民族出版社，2009。"滇东北次方言老苗文"是在 1905 年英国传教士伯格理在贵州威宁传教时与苗汉知识分子杨雅各、张武、李斯提文等人协助苗人张岳翰用拉丁文和一些传统符号创制的一套以威宁石门坎苗语为标准音的苗文。

拜、祖先崇拜和鬼神、精怪崇拜，巫术和占卜极为盛行。可见，苗族的信仰系统是极为纷繁复杂的，甚至每个支系都有差异，但其中也不乏共同的特点，即都具有大量的宗教仪式、神秘色彩、相关传说和咒语等要素，且这些宗教仪式都是为苗族人淳朴的生活服务的。比如在丧葬文化中，在出丧之前要请歌师"开路"，交代亡魂去处，有的说"升天"，有的说回到祖先的居住地，《苗族古歌》和《亚鲁王》的目的之一就在于由歌师演唱以指引亡魂回归。

生活习俗。苗族的生活习俗是极具民族和地域特色的文化。首先，在服饰方面，服饰是苗族人的标志，种类繁多，贵州省内苗族女士的服饰就有100多种，装扮极其靓丽，衣服上繁复的绣花和穿戴的大量精致银饰是最大的亮点，与之相关的刺绣技艺和银饰锻造技艺都是国家级非物质文化遗产。其次，在饮食方面，由于自然条件的限制而形成差异，多数以大米为主食，部分地区食苞谷、高粱等旱粮，少数地区食马铃薯。当然，苗族人的餐桌上必不可少的是酒，家家均可酿造且技艺非常高超，除此之外，苗人对腌菜和熏肉也尤其钟爱。最后，在居住习惯方面，各地的苗族在建造住房的时候，都是根据地理条件就地取材，因此各地也有差异。主要有木结构的吊脚楼、平房、干栏式楼房、木瓦房、土墙房、草房等，有的苗族村寨修有土地祠，蓄有风景林。

节日习俗。苗族在一年中的节日是非常多的，各支系既有相同的节日，也有不同的节日，内容涉及祭祀、庆贺、农事、娱乐等多个主题。主要有苗年、春节、吃新节，湘西苗族的清明歌会、赶秋、六月六，贵州中部的捕鱼节，贵阳的四月八，贵州黄平的九月芦笙会，城步的三月三以及贵阳花溪的七月米花场等。

婚丧嫁娶。少数民族的婚丧嫁娶都各自形成了一套体系，而且在婚姻方面有较为严格的要求。在婚嫁禁忌方面，苗族一般在不同的苗姓间通婚，严禁同宗族者结婚。包办婚姻盛行的同时也有大量自由婚姻存在，并以后者为主，通过传统的社交活动来确定，如"游方""会姑娘""向月亮"。苗族家庭实行一夫一妻制，解放前个别富裕家庭也有一夫多妻的现象存在。在嫁娶的过程中，也有说亲、订婚、下聘、结婚等流程，但不同的是，苗族有"不落夫家"的习俗，即结婚后新媳妇仍住在娘家，农忙季节由夫家派除丈夫之外的人去"喊新媳妇"，这次回家才与丈夫同房，直到两三年后才长住夫家。苗族的离婚也是自由的，任何一方均可提出，按习惯，先提出者需要给予对方赔偿，若有子女，男孩随父亲，女孩随母亲。相应的，再嫁也是自由的。在丧葬习俗方面，形式多样，文献中记载有岩洞葬、土葬、火葬、树葬等，有的地区有家族墓地。如今，丧葬仪式渐趋一致，但仍是复杂的，有送终、沐尸、入殓、守灵、开路、砍牛、出殡、安葬、守孝等，通常在寒食节的时候修整坟墓。

文学艺术（歌、艺、舞）。苗族迁徙的历史及其信仰，促使苗族人创造了众多的口头文学和珍贵的艺术。其一，在口头文学方面，备受关注的有：《苗族古歌》——一种以创世为主体内容的诗体神话；《苗族开亲歌》，即苗族"刻道"；《枫木歌》——一组有1000多行的关于万物起源的神话叙事长诗；《亚鲁王》——苗族的长篇英雄叙事长诗。此外还有大量的神话、迁徙歌、诗歌等。其二，在音乐方面，芦笙音乐是苗族音乐的重要组成部分，只要有苗族人的地方，就有芦笙。吹芦笙的历史至少可追溯到唐代，苗族的"吹木叶"也曾出现在唐人樊绰的《蛮书》中。其三，苗族多声部民歌、苗族飞歌也是重要的代表。与之相应的，最有代表性的舞蹈则是芦笙舞，在多数地区都很流行。其四，在工艺美术方面，苗族有刺绣、挑花、蜡染、织锦、银饰等几大著名工艺，这每一种传统工艺的背后都蕴含着苗族人民对于自身文化传统无法割舍的血缘脉络和深厚的民族情感。

此外，苗族的医药、天文历法、占卜术等，也是苗文化的亮点。苗族的文化不仅丰富多样、自成体系，且还能在艰苦的生存条件下得以最大限度的保存，这是极其不易的。在此，民族文化的功能性得到充分的展现，作为一个族群在历史积淀中逐渐形成的文化体系，其长期维持着这一族群的和谐稳定，充实其精神生活，也正是它重要的功能赋予了文化鲜活旺盛的生命力，使之源远流长。

第二节　苗族文化的自然生境

生境（habitat），又译作"栖息地"，是生物生活的空间和其中全部生态因素的综合体，可概括为某一类群的生物经常生活的区域类型，也用于具体指某一个体的生活场所，强调现实生态环境。[①] 而一个民族文化的自然生境，则是指该民族所处的空间，以及使该民族文化得以传承和发展的各种现实因素。

一　苗族的人口分布

苗族是中国的世居民族，在数次的迁徙中，逐渐演化成为一个国际性民族，主要聚居于中国华南地区及东南亚。2020 年第七次全国人口普查显示，中国大陆有苗族 11067929 人，占全国总人口（1443497378 人）的 0.767%，是中国的第五大民族，中国大陆也是全世界苗族的主体所在地，约占世界苗族总人口（1400 万）的 79%，东南亚的越南、泰国、缅甸、老挝也有相当规模的苗族人，另外还有部分苗族人移居美国和法国，国外苗族总人口约有 300 万（见表 1-1）。

表 1-1　中国大陆 31 个省份苗族人口分布及占比

单位：人，%

省　份	人口数	占比	排名
贵　州	4106400	42.10	1
湖　南	2138600	21.86	2
云　南	1265500	12.80	3

---

① 杨伟兵：《由糯到籼：对黔东南粮食作物种植与民族生境适应问题的历史考察》，《中国农史》2004 年第 4 期，第 89~97 页。

省　份	人口数	占比	排名
重　庆	511200	5.12	4
广　西	508100	5.04	5
浙　江	325500	3.28	6
广　东	272900	2.67	7
湖　北	183200	1.88	8
四　川	170700	1.75	9
福　建	93900	0.93	10
海　南	80100	0.79	11
江　苏	50600	0.53	12
上　海	32900	0.33	13
安　徽	14700	0.15	14
北　京	15000	0.14	15
河　北	9703	0.11	16
江　西	9125	0.09	17
山　东	8414	0.09	18
新　疆	7626	0.08	19
河　南	4321	0.05	20
辽　宁	3952	0.04	21
天　津	3751	0.04	22
内蒙古	3349	0.03	23
陕　西	2787	0.03	24
黑龙江	2575	0.03	25
山　西	2205	0.02	26
吉　林	1446	0.015	27
甘　肃	1212	0.013	28
宁　夏	1113	0.012	29
青　海	911	0.009	30
西　藏	416	0.004	31
合　计	11067929	100	—

资料来源：国务院第七次全国人口普查领导小组办公室编《2020年第七次全国人口普查主要数据》，中国统计出版社，2021。根据人口普查资料整理、计算得出。

在中国，苗族主要分布于湘鄂黔渝交界的武陵山区及黔东南的苗岭、月亮山，黔南的大、小麻山，广西的大苗山，滇黔川渝乌蒙山等。有6个苗族自治州，18个苗族或者与苗族相关的自治县。6个自治州分别为贵州黔西南布依族苗族自治州、贵州黔南布依族苗族自治州、贵州黔东南苗族侗族自治州、湖北恩施土家族苗族自治州、湖南湘西土家族苗族自治州、云南文山壮族苗族自治州，由此可见，贵州是苗族最主要的居住地区之一。在贵州，有苗族4106400人，约占全国苗族人口的42.1%，约占贵州少数民族人口（14050266人）的29.23%，占全省人口（38562148人）的10.65%，人口在省内仅次于汉族。下文对苗族文化的分析，以贵州的苗族文化为代表。

苗民的广泛分布，让苗族文化遍地生根发芽，在历史进程中，开出朵朵美丽的花，形成了现今形式多样、内容丰富、体系庞杂的苗族文化。

二　苗族的地理环境

人类居住的自然地理环境，也会对自身的发展和文化的创造与传承产生重要的影响。近几年，居住地的自然地理环境也逐渐成为民族研究的热点。在贵州，曾流传着一句关于民族居住地的话："高山苗，水仲家，仡佬住在山旮旯。"清晰地反映出了苗族多居住于高山的特点，因此被称为"高山苗"。从整体分布的地形来看，苗族多居住于山环水绕、气候适宜的山区，且居于山顶和半山坡。这主要是因为过去苗族不断地迁徙，从黄河中下游不断地向南向西移动，最后退至大山；又因为平坝及沿河流地区已被当地的世居居民占领，同时也为了更好地防守，所以他们多选择在山顶和半山坡居住，苗族聚居的苗岭山脉和武陵山脉就是典型。因山地地形所形成的生产方式，决定了苗族人的日常生产生活，涉及苗族人衣食住行用的各个方面，是苗族风俗习惯、文化养成的物质基础。

大多数分布在山区的苗族，受山地地形的限制，多种植旱粮，如玉米、高粱、小麦、马铃薯等，生产力水平相对低下。据当地人讲述，解放前他们还过着刀耕火种的生活，耕种艰难，广种薄收，而且为了最大限度地利用耕地，住房尽量少占耕地，大多依山而建，并向上延伸。不同的支系或村寨之间的住房虽然存在差异，但一般都是就地取材。历史上数次战争和迁徙以及艰苦的生存环境，使苗族人民形成了自强和团结的民族共同心理，认识到只有紧紧地团结在一起，自强不息，才能自立，才能更好地生存。正是因为这样的意识和心理，苗族人习惯聚族而居，形成了诸多大小不一的苗族村寨。每个村寨中几乎都是苗族，甚至有的是家族形成的寨子。比如黔东南的苗族，住房多在山腰、山脚处，建筑多为吊脚楼；部分住在河边或地势较为平坦的地方的居民，多建平房和干栏式住房。苗民聚居在一起形成村寨，一个寨子一般都是几十或几百户，很少有独户或几户人家为一个寨子的，100～200户是比较普遍的；他们会在村寨周围选择一座山林为风水林，选定一棵古树为神树，定期祭祀。每个寨子都留有一块空地，作为公共的娱乐场所，在节日时，会举行跳芦笙舞、木鼓舞等活动。正是在这样的地理环境之下，苗族人形成了自身的生产方式和生活习俗，这不仅让苗族人聚居在一起，给了苗族文化一个类似真空的环境，也在一定程度上保证了苗族文化的纯真和质朴。

苗族多居住于山区或高山区，交通并不发达，居住环境相对封闭，是典型的自给自足的生产生活方式，有些地区甚至长期与外地隔绝，完全封闭，久而久之，村寨之间交流的缺乏使他们在生活方式、文化等各个方面出现细微的差异，派生出多个支系，这严重制约了苗族文化的传播、交流与发展。但也正是在这种鲜少受到外界干扰的情况下，苗族文化才能自成体系，而各支系之间的差异也在一定程度上丰富了苗族文化，所以苗族人生存的地理环境实际上是给予了苗族文化一个稳定、自由的发展空间（见图1-1）。

图 1-1　雷山西江千户苗寨

资料来源：本书照片如无特殊说明，均为笔者拍摄。

三　苗族人的受教育水平和职业结构

随着"两基"计划的大力攻坚，苗族总体受教育水平稳步上升，但不可否认，由于年龄限制，适龄受教育人群之外的绝大多数苗民只接受了极少的教育，并存在大量的半文盲或文盲。尽管外出务工群体不断增加，国家"撤点并校"政策进一步落实，但苗族的学校教育仍存在诸多困难，诸如学校离家太远、语言不通、"读书无用论"的流行等，导致仍然有相当大比例的苗族适龄儿童放弃学业，但随着免费午餐、农村义务教育教师的统一招考等利好政策的实施，少数民族基础教育渐趋完善。而在高等教育方面，苗族学生接受高等教育的比重有突破性进展。

根据 2010 年第六次全国人口普查数据，苗族 15 岁及以上人口有 627.59 万人，其中，文盲人口为 124.43 万人，占总人口的 19.83%，与 1990 年相比有非常大的进步，文盲率下降了 22.03 个百分点。6 岁及以上人口有 797.32 万人，其中，受过小学以上（含小学）教育的占 79.42%，受过初中以上（含初中）教育的占 28.56%，受过高中及中专以上教育的占 7.03%，受过大专、大学教育的只占 1.44%。另外，苗族人中使用汉语的人只占 10%左右。通过这份数据足以看出苗族人的总体受教育水平较低。对外界、对科学的不了解，使苗族人依然信奉本民族的文化传统，而降低了挑战和怀疑传统的可能性。

再看苗族人的职业结构，至 2010 年，从事脑力劳动工作的占全部从业人口的 4.35%，从事城市体力劳动的比重为 8.82%，从事农村体力劳动的比重为 86.84%。由此可见，苗族人只有极少的一部分人生活在城市，绝大多数仍生活在农村，从事农村体力劳动，延续传统的生活方式。这不仅因为 1958~1984 年城乡隔绝的状态，也因为苗族人聚族而居的传统、团结的民族意识，以及渴望稳定生活的民族心理，所以苗族人很少走到外面的世界与之相融合。

地理环境的相对封闭使苗族在地域上近乎真空，而受教育水平和职业结构则表示苗族人自身与外界也近乎绝缘。因此，在他们的生产生活中发挥作用的，仍然是世代相承的文化体系，暂时避免了现代文明对民族传统文化的冲击。

四　苗族文化与社会发展

20 世纪 80 年代末 90 年代初，随着沿海地区的开放、城市化进程的加快，农民涌向沿海的大城市，打工潮呈现波澜壮阔之势。正是在这种社会发展形势的引导下，在国家政策的鼓励下，部分苗人为了改善生活加入打工潮，到城市里寻找出路。

随着工业化、城镇化、农业现代化的进一步推进，中小型城镇已经成为经济社会的核心要素，农村人口大量向城镇流动也成为社会主流。而苗族聚居区也不可避免地开始推行城镇化建设，在这一趋势下，部分苗族人口也开始从农村向城镇流动。截至 2021 年，黔东南苗族侗族自治州常住人口城镇化率已提高到 51%，同比增长 1 个百分点。

21 世纪以来，为了促进农村经济发展，政府针对农村大量的剩余劳动力积极开辟劳务市场。这在苗族村寨中极为普遍，是支撑农村经济社会发展的重要举措。以雷山县为例，从 2000 年至今，社会发展突飞猛进，年轻人结束学业后外出打工已成为一种趋势，因此走出苗寨的人也越来越多，社会的发展给苗族地区乃至各少数民族地区的文化都带来了影响。人们逐渐融入工业文明社会，这也是告别农业文明社会的开始，苗族文化在苗人与外界的互动中，逐渐发生微妙的变化。

五　苗族文化与国家政策

国家政策对民族地区的发展有着保驾护航的关键作用。苗族是一个饱经磨难的民族，在新中国成立之后，才逐渐过上了稳定的生活，苗族文化也在国家政策的支持和保护下，散发出更加夺目的光彩。

新中国成立后，开始实行少数民族地区区域自治政策。这一政策既保证了少数民族人民的基本利益和政治上的自主权利，也使民族自身的文化模式及生活方式相对独立。多个苗族聚居区被纳入少数民族自治区以内。自治区的推行，不仅在整体上对少数民族文化生态区起到了保护作用，也对少数民族文化的传承产生了重要影响。

此外，在政府对少数民族语言的重视下，苗族有了自己相对固定的语言，方便了苗族各支系之间的交流，加强了苗族文化内部的传播与融合，也使苗族与外界的交流有了更充分的基础。语言的统一减少了沟通中产生的误会，为研究苗族文化提供了更大的可能。

2004 年，中国被联合国教科文组织批准加入《保护非物质文化遗产公约》，在政府主导下，全国掀起了一场"非遗风"。各地区纷纷投入大量的人力、物力、财力抢救和保护国家的非物质文化遗产。政府还建立了包含国家级、省级、州级以及县级四级非物质文化遗产名录体系，将濒危的、优秀的、价值极高的无形文化遗产纳入其中，进行重点传承与保护。在这场保护运动中，苗族的丰富文化亦得到了充分的展现和肯定，衣、食、住、行、用、娱乐、节日、祭祀等生活各个方面的文化均被纳入保护体系之中，引起了社会的广泛关注。虽然在收集整理和保护非物质文化遗产的过程中难免存在诸多的争议，但凡事皆为利弊相生，此场保护运动对苗族文化的传承和保护所产生的积极作用是不容忽视的。

综上所述，一方面，苗族的迁徙历史是苗族文化生生不息的重要成因；另一方面，苗族文化的形式、结构和发展也离不开自然生境，自然生境为苗族文化的产生、发展及繁荣创造了有利条件，不同自然生境下的苗族文化虽各具特色，但最终融为一体。

第三节　雷山苗族历史文化与民间文学

贵州省是中国苗族的主要聚居区，孕育着苗族丰富多彩的传统文化。贵州省苗族人口主要集中在黔东南苗族侗族自治州，黔东南的苗族又主要集中在雷公山地区。雷山县处于雷公山地区的中心，现有 13.4 万苗民，占全县总人口的 84.2%[①]。雷山还是众多支系苗族先祖的聚居繁衍地，雷山县苗族人民的多数先祖来自苗族历史上的后三次大迁徙，雷公山地区包括雷山县全境和台江、榕江、剑河、丹寨四县的一部分，由于山势崎岖、交通不便，外来文化难以进入，本土文化传承完好，仍然保持着几千年前的古风古俗。

一　雷山概况

雷山县因苗岭主峰雷公山而得名，历史悠久、文化璀璨，富有极其深远的文化内涵。该县集原生态的自然环境、古风古俗的民族风情于一体，旅游资源丰富。苗族是其主体民族，占总人口的 84.2%，是全国最集中的苗族聚居区之一。正因为具有浓郁的苗族风情和深厚的苗族文化底蕴，当地被誉为苗族的民族文化中心。

---

① 张琼文：《传承民族文化 推动产业振兴——雷山县实施"文化兴县"战略调查》，http://www.nrra.gov.cn/art/2021/4/21/art_ 4317_ 188475. html，最后访问日期：2022 年 11 月 18 日。

（一）地理环境

地理位置。雷山县地处贵州省东南部，黔东南苗族侗族自治州的西南部。距省会贵阳 184 千米，距州府凯里 42 千米。东与台江、剑河、榕江三县相邻，向西紧连丹寨县，往北与凯里市接壤，往南抵达三都水族自治县。其地理坐标为东经 107°55′～108°22′和北纬 26°02′～26°34′。

面积与人口。雷山县总面积约 1218.5 平方千米，耕地仅占总面积的5.6%，是"九山半水半分田"的山区县。总人口约 16.54 万人，其中少数民族人口 13.4 万人，主要的少数民族是苗族，占总人口的 84.2%，其次是水族，另有汉、侗、瑶、彝等世居民族。

自然资源。该地区年日照 1225 小时，日照率为 28%。无霜期较长，为 248～259 天。水资源十分丰富，年均降水量 1375 毫米，流域面积1218 平方千米，蕴藏巨大水能，因地处贵州的暴雨中心，山高谷深，河流落差大，因此，自然灌溉条件便利，也使水能的开发具有极大的可能。更重要的是因气候温和、雨量充沛而具有较好的生态环境，其森林覆盖率高达 72%，林地面积占总面积的 61.59%，是贵州省十个林区县之一，为黔东南地区的原始林区。雷公山是珍贵的"物种基因库"，已知的动植物种类有 5000 多种。

（二）历史沿革

历史上，苗族经历了数次迁徙，从黄河中下游地带不断向西向南移动，最终大部分聚居在西南地区。虽有几次较大规模的迁徙，但苗族人到达西南地区的时间并不完全一致。苗族先民迁入雷山地区的时间，据雷山苗族的民间世系来推算，最早的是在西汉文帝时期，距今已有一千七八百年，是现西江、望丰、陶尧等地苗族的祖辈，之后又不断有苗族先民迁入雷山地区，形成不同的支系。经过若干年的演变，现今苗族已遍布雷山县的 27 个乡镇，因风情浓郁、文化保存完好而成为苗族文化的中心地带。

雷山县的建置历程，可追溯到唐代天宝三载。唐代时，曾在雷山设置罗恭县；宋代时，基本沿袭唐朝的政治制度，但为了防止藩镇割据，将一级行政区划改为"路"，当时的贵州属峡路，后分峡路为夔州、梓州二路，将雷山地区划入夔州路肇庆府羁縻州；元代时，实行行省制度，而贵州未独立成省，雷山则是由新添葛蛮安抚司管理；明代至清代初期，苗族内部自主管理，被称为"管外苗族地区"；直至清雍正七年（1729），在雷山设丹江厅。乾隆二年（1737），"安屯设堡"，"按寨之大小酌定乡约"，以卫和土司统制地方屯堡，管理苗寨。这一制度延续了170多年，在这一百多年间，苗族人因难以忍受清廷的压迫、屯兵的残酷剥削，而多次奋起反抗。雍正乾隆年间，以苗族领袖包利、哄银为首掀起反清起义，抵抗了朝廷的七省兵力；清军将领进入丹江前，已被丹江苗族阻隔两年之久；咸丰时，朗德上寨苗族首领杨大六与台拱厅张秀眉联合起义，与清军坚持斗争18年之久；清后期，苗民更是屡屡奋起反抗。

民国时期，雷山的建置也曾经历多次改动。1914年，改丹江厅为丹江县，设知事主持政务；1927年，改知事为县长；1941年，裁丹江县，改由台江、丹寨分而治之；1944年，贵州省政府以不便管理、易滋生事端为由，再次对原丹江县的辖区略加调动，置雷山设治局；1948年，经国民政府批准，雷山设治局升级为县。雷山的苗族同胞在这一时期，也曾因为贪官污吏的压榨和县政府的横征暴敛而多次反抗，其中较有影响的是"黔东事变"，西江当地的农民与保卫团交锋数十次，坚持一年之久。

1950年，人民解放军进驻雷山，建立雷山县人民政府；1955年，改称雷山苗族自治县；1956年，黔东南苗族侗族自治州建立后，自治县改称雷山县；1958年，撤销雷山县，其所在区域与相邻的炉山、麻江、丹寨三县一起合建成凯里县；1961年，经国务院批准，恢复雷山县建置，并扩大其区域，形成现在的区域。自此，苗族人民便开始了稳定的新生活。

（三）文化现状

"苗岭天下秀，半在黔东青"出自唐代诗人孟郊对国家森林公园——雷公山的描写，这无疑是对其自然景观最高的赞誉，而苗族村寨文化则是对文化景观最好的诠释。雷山苗族形成了"大分散、小集中"的聚居格局，衍生出诸多极具特色的村寨，而其人文景观的丰富多彩则给雷山县增添了不少神秘的色彩，吸引众多学者和游客前往探索。另外，苗族的各种节日也是雷山重要的文化内容，苗族村寨常被称为"百节之乡"，黔东南苗族侗族自治州更是如此，有苗族民间最隆重的苗年，每隔十三年一次的鼓藏节（牯藏节），功能多样的踩鼓节，融歌、乐、舞为一体的芦笙节等，多彩的节日文化为雷山画上了浓墨重彩的一笔。基于雷山县苗族文化璀璨，有学者称之为活态的、原生态的"苗族历史文化教科书"。

雷山县是最大的苗族聚集地之一，其民族文化丰富多彩，民族风情热情浓郁，建筑、服饰、风俗、契约等均保留着传统的、古老的重要特征，堪称"非遗文化之珍品，民族艺术长廊之奇葩"。截至2021年6月，在由文旅部公布的五批国家级非物质文化遗产名录中，黔东南州共有78项，其中，仅雷山县就有15项，是黔东南州拥有国家级非遗项目较多的县域之一。2019年6月，贵州省文旅部公布第五批省级非物质文化遗产名录，黔东南州共有294项，其中，雷山县有25项。此外，黔东南州还有州级和县级非物质文化遗产1000多项，雷山县占100多项。尽管雷山县的民族文化受到颇多的关注和重视，但还有部分优秀的传统文化没有被发现，足可见雷山县民族文化的底蕴深厚、类型丰富、价值极高，是一座储藏着深厚民族文化资源的宝库。

苗族除了服饰的耀眼、建筑的独特等物质层面的特色，精神世界之充实更让人为之赞叹。因苗族是一个能歌善舞、热情好客的民族，所以苗乡被称为"歌舞之乡"。此外，贵州省苗族主要聚居的黔东南州更是被誉为"歌舞的海洋"，而雷山正是这个海洋的中心所在。

上天赋予苗族人民热情洋溢的生活态度、高亢嘹亮的独特嗓音，在苗族村寨里，男女老少皆可高歌，其歌谣题材十分丰富，有飞歌、祝酒歌、情歌、游方歌、嘎百福歌、丧葬歌、农耕歌等，这些歌谣至今仍在雷山境内被广泛传唱。苗歌是苗族人日常生活中必不可少的重要组成部分，更是丰富和涵养着苗族人民的精神生活。苗族人民用苗歌这种独特而有意义的方式，铭记历史，怀念先辈，歌颂和向往美好幸福的生活。

在苗族没有文字的时期，苗歌主要通过口耳相传的方式一代一代地传承。如今，互联网技术有了质的飞跃，使苗歌的传承有了更多的途径，而且苗族也有了统一的文字，可以借助电视、录音器、相机、VR、3D 等媒介进行保存，使较为完整的原生态苗歌得到了较好的保护传承和广泛的传播。尤其是对于老年人而言，苗歌是他们一生中极其重要的精神财富，年轻人外出打工时，苗歌成为老年人排解寂寞的良药。苗歌不仅丰富着苗族人的生活，也充实着众人的文化空间，更让人们了解苗族、认识苗族。20 世纪六七十年代，一曲苗族飞歌《你见过雷公山的山顶吗》唱响中国歌坛，使深处苗岭大山的雷山县名扬四海。

由雷山县申报的苗族飞歌被纳入第二批国家级非物质文化遗产，归属音乐类，杨正英被评为飞歌的省级非物质文化遗产传承人，从事飞歌的传承与保护工作。紧接着，雷山县的苗族酒礼歌被纳入贵州省第三批非物质文化遗产项目。歌谣依托生活而得到传播、传承，由于旅游区的开发，歌谣作为苗族的民俗文化资源被充分利用，虽然在演唱的场景上出现一些变化，但从整体来看，歌谣目前在雷山地区的保护传承情况较为良好。除飞歌和酒礼歌以外，还有对苗族人意义非凡的古歌，它是一种叙事诗歌，用诗唱述苗族的起源、迁徙与发展，是苗族人民学习历史、铭记历史的重要途径。此外，苗族的游方歌在苗歌体系中也是非常有分量的。游方歌即为情歌，是男女青年在谈情说爱时所唱的歌，具有十分重要的现实意义。随着社会婚姻观念和婚恋形式的转变，游方歌的生态环境遭到了一定程度的破坏，如今在旅游景区的表演成为游方歌传承与展演的重要途径。

（四）民族文化资源开发现状

民族文化资源是雷山县最为重要的资源之一，为雷山县的发展创造了良好的契机。在政府、投资商、地方精英、媒体与当地民众等的多方合作下，雷山县凭借其深厚完整的民族文化，打造出了诸多旅游热点。据报道，2021 年的春节期间，就有 23 万游客被苗族文化所吸引，光临雷山。2021 年前往雷山的游客高达 885.92 万人次，雷山县也因此获得旅游收入 85.84 亿元。[①] 苗族文化不仅极大地推动了雷山县经济的发展，也衍生出文化发展的新形势。许多传统的苗族文化事象从生活场景中抽离出来，成为旅游景区的表演项目。

雷山的旅游规划以苗族文化为载体，为省内外游客所熟知，成为雷山的名片之一，搭建起了雷山与外界之间的桥梁。雷山的旅游线路主要表现为"一山两寨一线一中心"和"环雷公山原生态苗族文化"。首先，一山即国家级自然保护区、国家森林公园雷公山，两寨是被誉为"苗都""中国苗族文化艺术天然博物馆"的西江千户苗寨和"中国民间艺术之乡"朗德上寨，一线为挪威政府与中国政府合建的乡村文化旅游试点——巴拉河沿线，一中心则是被评为"五十佳中国最美的小城"的雷山县服务中心。其次，"环雷公山原生态苗族文化"以"西江（千户苗寨）—郎德（全国重点文物保护单位）—县城（中国最美小城）—陶尧（蚩尤文化园）—白岩—响水岩（三级瀑布）—乌东—雷公山（苗岭主峰）—猴子岩—毛坪（美丽乡村）—小丹江—台江—凯里"为主要路线，目的是打造以环苗族文化为基底的特色旅游路线。[②] 除此之外，还

---

① 雷山县人民政府：《雷山县："四精准"推进旅游业高质量发展》，http：//www. leishan. gov. cn/xwzx/zwyw/202110/t20211028_ 76912989. html。

② 雷山县人民政府：《环雷公山原生态、苗族文化旅游线》，http：//www. leishan. gov. cn/mlls/xxly/lylxtj/202002/t20200220_ 75814744. html。

有银饰艺术之乡——控拜、麻料、乌高苗寨，苗族芦笙舞的故乡——南猛苗寨，苗族铜鼓舞的发源地——掌坳苗寨，超短裙苗第一村——新桥苗寨等。在各方的倾力合作下，雷山县旅游业逐渐呈现出遍地花开、处处皆是好风光的态势。

政府在民族旅游的开发进程中，重点打造西江旅游产业园区和陶尧民族文化展示区，再以西江园区为平台进行延伸性发展。在政策的大力支持下，雷山的苗族文化均进行了不同程度、不同形式的开发。通过举办各类赛事、文化交流论坛和大型节庆活动，雷山的苗族文化正处于如火如荼的发展之中。

雷山是苗族文化的中心，是研究苗族文化的一大重点。目前，苗族文化特质在民间保存得较为完好。然而，在社会发展、旅游开发的影响下，某些方面也出现变异的倾向，这是历史变迁中的必然，也是传承过程中的偶然，但这并不妨碍我们深入认识苗族最为独特的文化。

二 雷山苗族民间文学

雷山县是中国苗族文化的中心，县内位于距雷公山主峰东北面十余千米处的雷公坪是历时上千年的苗族古都所在地，与蚩尤部族有直接联系，[1] 传承久远，保存着众多支系完整多彩的苗族文化。

雷山县名，显然与雷公山有关。雷公山的神秘，笔者自幼便常听老人们讲起，很多民间故事的背景都围绕雷公山展开。后来，拜读了陈建宪先生的博士学位论文，陈先生经过多年的资料搜集，用现代化的手法分析了几百个洪水神话故事，最后发现一个有趣的现象：全世界洪水神话最为集中的地方，竟然是贵州的雷公山。这加深了我对雷公山的关注与崇拜。我在选定苗族歌师唐德海作为研究对象之后，首先便是对其生长生活之地雷山县与雷公山进行了解。

---

① 岑应奎、唐千武主编《蚩尤魂系的家园——走进中国苗族文化中心雷山》，贵州人民出版社，2005，第9页。

据雷山县西江苗寨侯天祥老人讲述，前辈老人口耳相传称蚩尤第六十八代孙虎飞的三个儿子引虎、莫虎、条虎为躲避追杀，于两千多年前汉文帝时率领残存部族历经艰辛来到了雷山。现雷山县城所在地原来叫作"丹江"，因清雍正年间在这里置丹江厅这一县级行政机构而得名。《雷山县志》记载：

雷山这片地方，唐代天宝三年（744年）曾置罗恭县，属应州。宋代属夔州路肇庆府羁縻州。元属新添葛蛮安抚司。明代至清初无建置，苗族内部自理，称"管外苗族地区"。

清雍正七年（1729年），云贵广西总督鄂尔泰奏设"新疆六厅"，雷山置丹江厅，以都匀府通判驻丹江加理苗同知衔。设丹江营参将署和丹江卫千总衙门。乾隆二年（1737年），贵州巡抚张广泗巡视清江，"安屯设堡"，清报户口。"于旧有头目中择其善良老成者，按寨之大小酌定乡约、保正、牌长，令其管束稽查。"以"卫""土司"统制地方屯堡，管束苗寨，以"营"统率绿营兵为汛防。此制沿袭170余年。

民国3年（1914年），丹江厅改称丹江县，设县署，置县知事主持政务。民国16年（1927年），改知事称县长，隶黔中道。民国24年（1935年），改隶贵州省第十一行政督察区（驻独山）。民国25年（1936年），改隶第二行政督察区（驻独山）。民国30年（1941年）裁丹江县，以丹江河龙头山段顺羊排河而上转白岩、高岩经猫鼻岭至干南桥止，河之东并入台拱（改台江），河之西并入八寨（改丹寨），由台江、丹寨分治。民国33年（1944年）4月，贵州省政府以"雷公山山大箐深，易滋盗匪，邻县均邻封穹远，鞭长莫及，不便治理"，议准以原丹江县辖地略加调整，置雷山设治局，改隶第一行政督察（驻镇远）。民国37年（1948年）10月，经国民政府行政院批准升设治局为县，区域仍旧。

　　1950 年 9 月 26 日，人民解放军 62 军 186 师解放雷山，建立雷山县人民政府。1954 年 7 月，建立雷山县苗族自治区。1955 年 8 月，改称雷山苗族自治县，仍隶镇远专区。1956 年 7 月黔东南苗族侗族自治州建立后，自治县改称雷山县。1958 年 12 月撤销雷山县，合炉山、麻江、丹寨三县建立凯里县。1961 年 8 月，经国务院批准恢复雷山县建置，并划原丹寨县之永乐、开屯、柳乌、排告、达地、桥桑等乡（镇）归雷山县辖，遂成现在的区域。全县现有 4 个区，2 个区级镇，23 个乡，2 个乡级镇，149 个村民委员会，2 个居民委员会，1237 个村民组，19 个居民组。①

　　《雷山县志》中还提到："雷山县是贵州省十个林区县之一，为黔东南地区的原始林区。全县有林地面积 112 万亩，占总面积的 61.59%。雷公山自然保护区主体部分在其境内。""雷公山是清水江（属长江水系）和都柳江（属珠江水系）的分水岭。独特的水文地质、地貌环境和巍峨庞大的雷公山山体，是一座巨大的天然调节库。"②

　　雷公山早有名声，一千多年前，唐代著名诗人孟郊游历贵州，写下诗句："苗岭天下秀，半在黔东青。"赞誉的就是雷公山。雷公山是苗族人民心中的圣山，在苗族人民心中，雷公山可佑护村寨造福子孙，有民谣唱道：

> 上有骷髅山，
>
> 下有雷公山，
>
> 离天三尺三；
>
> 人过要低头，
>
> 马过要下鞍。

---

① 雷山县志编撰委员会编《雷山县志》，贵州人民出版社，1992，第 1 页。
② 《雷山县志》，第 2 页。

苗族古歌唱道：

嗬——嗬——唉，

雷公山哟，

因为有你那雄伟的山梁，

挡住了滔滔而来的洪水，

我们苗家才得以安全无恙；

如果没有你那雄伟的山梁，

那滔滔而来的洪水，

将会把我们苗家卷入大海汪洋。

雷公山为苗岭山脉主峰，属苗岭东段山系，位于雷山境内东部。由猫鼻岭、野鸡山等十多座1600米以上的山峰和数十座1300米以上的山峰组成，最高峰黄阳山，海拔2178米。横亘黔东南中部的苗岭山脉，因被当地苗族人民认为是"雷电之源"，故称雷公山（见图1-2）。

从秦末汉初苗族大量迁入雷公山周围定居开始，到清廷对黔东南进行"改土归流"之前，雷山苗族基本上是氏族部落社会性质，由鼓社进行地方自治，他们开荒野、修田园、议榔规、吸纳外来人员，人口急剧增加。雷公山地区不仅成为苗族第三、第四、第五次大迁徙的主要聚居地，也成了名副其实的苗族大本营，这为日后形成中国苗族文化中心打下了基础。

经数次大迁徙先后来到雷公山地区的苗族先民，由众多的苗族支系和众多的部落组成。雷公山周围林木遮天蔽日，土地肥沃，水源丰富。受尽了驱赶之苦的苗族祖先们，选择了这处有高山深壑密林作屏障的地方立足栖身，雷公山也以其宽阔博大的胸怀接纳了这些历经苦难仍坚韧不拔的子民。至今依然流传于苗族歌谣中的大量故事，都从不同角度证实了雷公山的这一段历史，证实了远古时代苗族祖先踏上这片荒蛮之地

之后建立家园的艰辛及远古文化的传承。苗族的先人来到雷公山后在此
定居，很快建立起了自己的基地，从此雷公山便成了苗族人的主要聚
居地。

图 1-2　雷公山

　　雷公山地区是苗族从中原向西南逐渐迁徙的最大、最集中的聚居区，
因此其支系也比较多。因苗族男子的服饰与其他民族没有标志性区别，
只有女子始终保持着传统的装束，所以现在约定俗成根据苗族女子的服
饰来划分支系。在雷山，以苗族女子的装束来分，就有长裙苗、中裙苗、
短裙苗、超短裙苗和黑苗、白苗等支系。雷山的西江、丹江、郎德、大
塘、开屯等地的苗族妇女所穿的裙子都较长，裙摆盖过脚踝；而望丰的
公统、甘益、丰唐等地妇女穿的裙子在膝盖稍下；新桥、桃江、掌雷、
乔港、独南、排告等地的苗族妇女的裙子则在膝盖以上，有的甚至只有
五六寸长；达地镇的达勒、排老、也蒙等村寨的妇女服饰则为一色的黛
青，且裙子也很短。如此众多的苗族支系集中在雷山县内，使其成为保
存苗族民间文化较为完整、古老的原生态区。另外，十三年一次的鼓藏
节，一年一度的苗年节、吃新节、游方节、三月三、六月六等众多节日
及相应的民俗、民间文学，历经数千年在雷山被完整地承袭了下来，并

且世界上最大的千户苗寨就坐落在雷山县的西江镇。西江千户苗寨至今依然保存着溯及苗族祖先蚩尤的子连父名世系谱，证明当地及周围一些村寨苗民的先祖，都同属于蚩尤第六十九代孙引虎、莫虎、条虎三兄弟的后裔。西江就是苗族古歌传说中的"鬼方"，苗族古歌传说中的"黑洋大箐"就是雷公山的原始森林。

三　在人民大会堂唱苗族酒歌的唐德海

在清代以前的漫长历史中，由于雷山苗族是以家族支系为单位立足建寨的，建起的一个个寨子或人口繁衍后连片的几个寨子基本上是家族支系，形成了部落式的"自然地方"。明代，雷山地区的苗族就有20多个自然地方，如鸡讲地方，黄里乌尧地方，陶尧地方，排卡阳荀地方，郎当、固鲁地方，掌排脚雄地方，羊排党高地方，排卡阳欧地方，干丢乔坪地方，莲花掌坳地方，召刀排劳地方，鸟的独南地方，高岩交腊地方，乌乡乌则地方，上下郎德地方，乌流报德地方，排肖甘益地方，干角乔了地方，乔港掌雷地方，桃江乔兑地方，乌扭了王地方，开屯岩寨地方，排告羊乌地方，排老达勒地方等。这些部落式的自然地方由寨老、方老、族老、理老组织领导，以苗族理词、榔规榔约和自然地方的方规方理为法规，对整个自然地方加以约束和治理，维系着整个自然地方的社会安定和经济发展。[1]

清代以前未设建置的雷山苗族，就是这样一个在明清史上被称为"化外之地"的以部落式自然地方自立自治的，鸡犬之声相闻、相互友好往来的部落社会。

苗族以前没有系统成形的文字，因此，古歌、服饰、节日、舞蹈等成了苗族先民传承本民族历史的载体，其中，最重要的就是包括古歌、神话、传说等在内的苗族民间文学。

---

① 《雷山县志》，第71页。

我们知道，"民间文学是一个民族在生活语境里集体创作、在漫长历史中传承发展的语言艺术。它既是该民族生活、思想与情感的自发表露，有关历史、科学、宗教及其他人生知识的总结，审美观念和艺术情趣的表现形式，也是该民族集体特有和享用的一种具有民族传统特色的生活文化"。①

苗族民间文学是苗族人民集体创作、集体传承、集体发展的语言艺术，是苗族文化得以传承的重要载体，其中最具有代表意义的便是古歌。古歌流传于贵州省黔东南苗族侗族自治州，共13首创世神话叙事诗。它叙述了从开天辟地到铸造日月、从万物繁衍到洪水滔天、从兄妹结婚到溯河西迁的自然世界与苗族社会产生和发展的全过程，是苗族活态文化体系的生动展现，是苗族民间文学的代表。刻道是婚姻叙事长诗，记录了苗族进入氏族社会后婚姻制度产生、发展、演变的过程，有着丰富的文化内涵。2007年，苗族古歌和刻道都被列入第一批国家级非物质文化遗产代表性项目名录，并于2007年至2018年间公布了这个项目的8名国家级代表性传承人、6名省级传承人、8名州级传承人，总计22名。其中，苗族古歌国家级传承人为王明芝、龙通珍、田锦峰、王安石、刘永奇、张定强、吴通英、张定祥，共8人；苗族古歌的省级传承人为张洪珍、姜故代、吴通胜、刘礼洪、张晓梅、杨垢科，共6人；苗族古歌的州级传承人为潘昌秀、王朝美、万花群、杨光连、陆玉芝、杨光英、杨启亮、刘米略，共8人。黔东南是一座民族文化资源的宝库，在这里居住的每一个人都会被浓郁的民族文化风情所感染，所以，这里的大部分人都能歌善舞，这些苗族民间文学的传承者也主要集中在黔东南两山地区，唐德海便是其中最早、最具有代表性的传承人。②

唐德海是苗族歌师代表，他的杰出并不在于歌调的变化，也不在于声音

① 刘守华、陈建宪主编《民间文学教程》第2版，华中师范大学出版社，2009，第3页。
② 苏晓红、胡晓东：《代表性传承人保护与培养机制的多元构建——以苗族民间文学为例》，《贵州师范大学学报》（社会科学版）2010年第4期。

的嘹亮，而在于他的歌声自成格调、韵味独特、不落俗套，特别是在维持社会秩序稳定方面有非凡的作用，这是唐德海歌声独具特色的一个方面。他将传统曲调和即席歌词紧密地联系起来，将传统歌曲在民间纠纷调解中的作用发挥到了极致，苗族人民之间不管多大的矛盾，往往听过他的歌声便能化解。他用歌声传播道理，用传统演唱形式抒发感情，将传统演唱形式与即席歌词融为一体，为当地的社会建设做出了积极贡献。

1979 年 9 月 25 日至 10 月 4 日，由贾芝主持、杨亮才具体落实，在北京召开了全国民间诗人、歌手座谈会，45 个民族的 123 名代表参会。胡耀邦、乌兰夫、阿沛·阿旺晋美、杨静仁等出席。林默涵、江平主持，杨静仁致开幕词，周巍峙致闭幕词。周扬到会并作重要讲话。唐德海作为苗族歌师杰出代表被贵州省民间文学研究会推荐出席此次座谈会。座谈会期间，他和贵州另一位苗族歌手江开银、广西苗族歌手董花妹、湖南苗族歌手石光英欢聚一堂，兴高采烈地一道唱歌、一道欢庆。特别是在人民大会堂召开的座谈会的开幕式上他高唱道：

> 共产党来了，
> 百花在开放，
> 苗乡啊改变了贫穷的模样，
> 美的像姑娘绣的花衣裳。
> 我们坐飞机飞在天上，
> 飞到党中央身旁，
> 七十九岁的老人变得像年轻人一样，
> 在实现四个现代化的进军中，
> 我的歌声要变得更加嘹亮。

座谈会上的一曲苗歌影响很大，中央电视台及《人民文学》《诗刊》《民间文学》等媒体竞相予以介绍和宣传。

第二章

歌师唐德海的历史影像

田野调查中问与答的粗线条反映着研究唐德海的大视角。

问：知道唐德海吗？

答：知道，这里的人都知道。

问：那他儿子你知道吗？

答：知道他儿子，但是他们在做什么不是很清楚。

研究他者对唐德海之印象必须遵循多角度、全方位鸟瞰的原则，通过纵向时间上的追溯和横向空间上的比较，可以展现唐德海的真实形象。

第一节　唐德海的宗族关系与家庭状况

一　宗族关系与家庭状况

2010年4月28日，唐德海老人的四儿子唐千武第一次带我走进唐德海老人在陶尧的故居，这里已经被重新装修过了，现在是唐千武和三哥唐千文住在这里（见图2-1）。苗族是按照父子联名制来取名的，所以通过唐德海老人的家谱，可以追溯到唐老的家族历史与苗族第五次迁徙的聚集地是相吻合的。

图2-1　唐德海故居

唐德海家族在陶尧这片土地上已有六十多代了（见图2-2）。

嘎诗—有嘎—昂有—久昂—罗久—故罗—香故—榜香—妹榜（务钮妮）—故央—灵央—没灵—罗没—希罗—扭希—罗扭—亮罗—香亮—灵香—尼灵—柳尼—福柳—欧福—九欧—纳九—扭纳—寨扭—金寨—栋金—李栋—雄李—你雄—欧你—客欧—灵客—高留—更高—公更—省更—平省—榜平—胜榜—黄胜—公黄—翁公—姐翁—条简—金条—往金—加往—割加—重割—交重—送交—了送—聊了—虾了—保虾—往保—农往—喜农—宝喜—桥宝。

据唐千武讲述，以前的祖先他不太清楚，但是从翁公开始就了解了，知道唐姓的来历，"翁"就是"唐"的意思。张广泗征苗打到陶尧时，问他们的祖先姓什么。由于不会汉文，人们就指着糖说唐，就称姓唐了。虾了就是他的老祖宗，分两支：送虾和保虾。保虾就是他们这支，再以

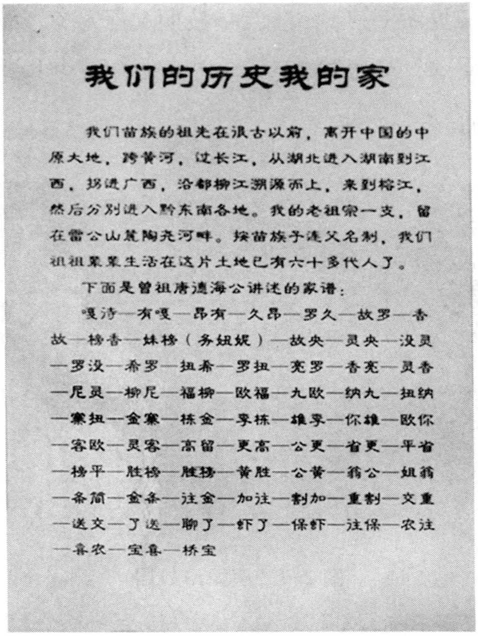

图 2-2　唐德海家谱

后有了往保（唐千武的祖公）和简保，往保的儿子农往保就是唐德海，唐德海是单传。

唐德海的苗文名字是农往保，妻子名叫张旺豆奶，生育有四儿四女（见图 2-3、图 2-4、图 2-5、图 2-6）。

大儿子——福：汉名唐千达，1932 年生，2008 年去世，享年 76 岁。曾任陶尧乡副乡长、井江区财政管理员、雷山县委招待所事务长。妻子是凯里市季刀上寨黄氏黄妮少，也是农民家庭。两人育有两男四女。

二儿子——禄：汉名唐千通，1937 年生，在家务农。他是儿子中最能完整地继承唐德海歌、巫、理等文化的人，现在是陶尧著名歌师和巫师。妻子是阳苟寨的村民杨后里。两人育有两男四女。

三儿子——寿：汉名唐千文，1941 年生，曾经当过兵，还参加过抗

父亲：唐德海公（农往保）
（苗文：Nongl Wangx Bod）

母亲：张旺豆奶
（苗文：Wuk Wangs Det）

图 2-3　唐德海　　　　　　　　图 2-4　张旺豆奶（唐德海妻子）

图 2-5　唐德海全家福（1979 年摄）

美援朝战争，1966 年初退役，回到陶尧当小学教师。妻子是三棵小摆底村的村民潘科你。两人育有三男两女。

四儿子——喜：汉名唐千武，1944 年生，贵州大学中文系进修肄业，中学高级教师，曾任雷山县职中、党校、民族中学校长，退休后任雷山县老年大学校长、雷山县苗学会常务副会长兼秘书长。妻子是丹江镇固鲁村李正珍，原来是雷山县民族中学的后勤职工。两人育有一男两女。

唐德海的大女儿仰农，嫁到凯里三棵镇排乐新寨，育有三个女儿，都在家务农。

二女儿留农，嫁到凯里三棵镇排乐新寨，育有三男三女，都在家务农。

三女儿蒲农，嫁到丹江镇小固鲁村，丈夫叫李茂新，当过公社党委书记，曾任雷山县纪委退休干部。两人育有三男三女。

四女儿格农，雷山县农业局职工，嫁给陶尧阳苟寨人杨胜烈，杨胜烈曾担任雷山县粮食局局长。两人育有三个女儿。

图2-6　唐德海子女（2005年拍摄）

唐千武介绍称，照片中没有大姐，因为大姐已经过世了，家里是先有两个姐姐才有大哥的，大姐和二姐都嫁到了凯里三棵镇排乐新寨。

二　苗族语言文字保护传承陈列馆

唐德海老人的三儿子唐千文是位热衷于苗族文学传承的人，在陶尧的山脚下创办了苗族语言文字保护传承陈列馆（见图2-7），这是中国唯

——一个展示苗族语言文字的陈列馆。在 2011 年 11 月 16 日的调查中，我到过这个苗族语言文字保护传承陈列馆。

图 2-7　苗族语言文字保护传承陈列馆

唐千文介绍说，凯里建立了五个关于苗族文化传承的博物馆，分别是西江苗族博物馆、方祥苗族农耕文化博物馆、苗族银饰博物馆、苗族服饰博物馆、苗族语言文字保护传承陈列馆。现在准备在陶尧建立世界苗族风情园，已设计好，就等资金到位了。不同于其他博物馆，苗族语言文字保护传承陈列馆以苗族语言文字为核心，能更深刻地展示苗族的历史和文化，所以陈列馆对保护和传承苗族文化有着十分重要的作用。

1996 年，唐千文在雷山县陶尧小学内创办了苗族语言文字保护传承陈列馆，这个在小学内修建的陈列馆有两层楼，是由贵州省民族事务委员会修建的，装修和室内陈设由教育部语言信息司提供，一楼留给学校做教室和教师办公室，二楼为陈列馆的陈列室。现在小学教育都是双语教学。唐千文曾在雷山县陶尧小学教书，现在已退休，主要是想把收集的苗族语言文字资料进行详细整理，再编辑陈列。

唐千文提到，创办这个陈列馆是因为许多人认为苗族是没有文字的，但其实苗族是有文字的。陈列馆里展示的苗族 13 种文字就是要告诉大家，苗族是有语言文字的民族，是伟大的民族，是文明的民族。唐千文就是想通过陈列馆来推广苗文，展示苗族文化丰富的内涵，供大家参观和学习。陈列馆建起来后，有许多专家学者来参观过，还主动向唐老师学习苗族语言文字。

很遗憾，这里没有太多关于唐德海的资料，虽然唐德海的作品都是有苗文记载的，但是都在"文化大革命"的时候被毁了。唐德海的资料多是唐春芳当时记录留下的，因为知道唐德海在当地很有影响，所以有针对性地进行了重点收集，因此他的作品大多在民间文学资料中。

第二节　唐德海的人生经历与宗教信仰

一　人生经历

唐德海一生的经历跌宕起伏，四儿子唐千武与徒弟唐炳武的许多关于老人的回忆都让我们对唐老先生的生活经历有了更深的体会。

根据唐德海不同时期的生活状态，我把他的经历分成五个时期：一是年少时期，学习唱歌期间（1901~1922 年）；二是青年时期，为家庭奋斗期间（1923~1948 年）；三是受重用或称新民歌创作时期（1949~1965 年）；四是"文化大革命"时期（1966~1976 年）；五是改革开放时期（1978~1980 年）（见图 2-8）。

或分成以下三个时期：一是努力学歌和奋斗时期（1901~1948 年）；二是备受关注和创作时期（1949~1965 年）；三是"文化大革命"和改

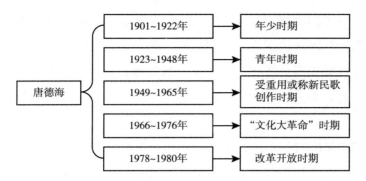

图 2-8　以五个时期划分唐德海的人生经历

革开放时期（1966～1980 年）（见图 2-9）。为更为合理地梳理唐德海生平，本节将唐德海生平分为三个时期。

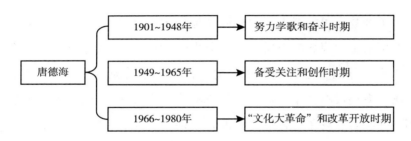

图 2-9　以三个时期划分唐德海的人生经历

（一）努力学歌和奋斗时期（1901～1948年）

唐德海三岁丧父、五岁丧母，随祖父母生活。从六七岁起他就喜欢听祖父母讲故事，还喜欢学唱歌和吹芦笙。青年时代开始跟随陶尧贾理词传人杨幼甲、唐往你等前辈学理词、议榔词和苗族古歌，并且在陶尧的歌场上唱歌、理场上说理，成为陶尧年轻的歌手和理老，得到人们的认可。但是唱歌并不能改善自己的生活，于是唐德海就开始与人做木头生意。1924 年，23 岁的他赚了 2000 银圆，并用赚的银圆购置屯田，但是在 1934 年，有一次做木材生意时，他把所购杉木编排顺水放到锦屏，结果遭遇特大洪水，木排被冲走了，他不得不卖田、卖房还债，落为一介贫民。在穷困潦倒中，他不断地拜师学习歌词、理词和巫词，用自己的所学帮助村民解决困难、调解纠纷，甚至还凭借自己能说会道的本领帮助祖父洗脱冤屈。1943~1945 年，祖父母相继病逝，为了让家庭的生活有所改善，他在山坡上种植桐子树，几年后终于解决了生活中的困难。

唐德海年轻时的大起大落也给了他很多启迪，为他之后的说唱积累了很多的生活素材。对于唐德海学习巫词的经历，他的徒弟唐炳武还讲述了这样一个故事。

当时在榕江乐里地区，有叫杨顺碧、陆国发、杨昌华的三位老人，是当地很有名的先生，这三位老人都是地理先生，是在黎平的地理学校毕业的。

为了埋葬家里的老人，唐德海请他们来看地基，几位先生看了他的生辰八字后，说唐德海以后会有六个儿子，可是六个太多了，不如这样，他要四个，分两个给杨顺碧家，他的四个孩子分别叫福、禄、寿、喜。当时唐德海还没有孩子，后来，他真有了四个儿子，于是这四个儿子就叫福、禄、寿、喜了。杨顺碧家也有了两个儿子，分别叫杨秀文、杨秀发，杨秀发还是乐里中学的校长。唐德海早年做木材生意亏了，就回来种田，然后就求到了这三位先生，后来自己越来越好。唐德海便跟这三位先生学习算命，他们说他 1949 年会发，一定会好。到 1949 年后，唐德海因为能讲会说，就被政府叫到文化馆去工作了。

通过算命的方式来预知人们的时运存在问题，但是，唐德海确实跟师傅们学习了很多知识，比如对巫词的理解和对巫术的运用，包括看场地、看日子、治病等，唐炳武也是跟着这些师傅学习的，只是当时年轻些，更多的是在唐德海学习和操作时跟着看、跟着听学会的。

唐德海在生活开始好转后，于 1948 年修造了新房，也就是今天的故居，当然，他修房子的地理位置也是请这几位先生给看的。

（二）备受关注和创作时期（1949～1965年）

如果说唐德海能通过师傅的帮助学好苗族传统文化知识是因为记忆力好、够聪明、很努力，那么后来这几十年，他的出类拔萃更多的是凭借他的灵活和睿智，以及他独特的敏感力和适应力。

1950年9月，解放军解放雷山，清除匪患，他马上创作了苗歌《歌唱红军解放军》，还创作了很多人民翻身斗地主、分田地的新歌，在苗乡广为传唱。其后几年，建安乡政府聘请他做陶尧的民间调解委员，后来在苗族自治州筹备会中，唐德海就苗族的历史和风俗习惯等发言，得到领导重视，被选为常务委员会委员。1953年，他在陶尧召开的抗美援朝动员大会上即兴演唱《抗美援朝歌》，鼓励了许多青年男女参加抗美援朝。1954年，参加雷山县第一届人民代表大会，即兴演唱《苗乡变了样》，在全县广为传唱。1956年，他被选为雷山县人民委员会委员。1957年参加贵州省政协一届三次会议，被选为州政协委员。1959～1960年，配合贵州省文联的工作人员唐春芳搜集整理自己的古歌、议榔、嘎百福等。1961年，唐德海当上了雷山县文化馆的馆长。作为一个普通的苗族民间歌师，他在几年间迅速融入政府工作中，并充分发挥了特长，在向政府介绍苗族文化的同时又向苗族人民宣传起党和国家的政策，他独特的时代性和先进性让人称赞。

民间歌师，特别是受传统文化影响较大的歌师，是很难迅速融入政治的，但唐德海却是个例外。回顾他的人生经历其实可以发现，第一个原因是1935年他流落到台江、剑河、锦屏一带贩卖木材，恰遇红军长征，看到标语、听到红军的宣传，领悟到许多新道理。第二个原因是1950年初雷山山匪聚起，匪首到处拉人入伙，为避匪患，他带着儿子逃到了榕江平阳、乐里等地，等到平定山匪后才回到家里，深受其害，切身感受到解放军的好。第三个原因，也许与他作为苗族歌师和理老对社会生活的敏感性相关。

可是他是怎么被发现的，又是怎么被政府重用的呢？他的新民歌创作又是怎样的？其间对他作品的搜集又是怎么样的？在和唐德海老人的四儿子唐千武的交谈中，我们找到了答案。

在雷山地区，唐德海在当时已经是非常知名的人物。他掌握的苗族文化知识非常全面，请他解决哪个方面的问题都可以，无论是结婚、丧葬、起房、生病，还是调解、说理，他总是得心应手，久而久之在当地就树立起了自己的"权威"，于是在各种场合人们都愿意邀请他。比如有什么活动需要请人来唱歌，请谁呢？就请唐德海。他会的东西涉及各个方面，不像有的人只会一些，不全懂。

在苗寨，人们一般称这类人为"歌师"，唐德海可以被称为歌师、理老、巫师或者祭师，应该说三者兼备。在唱歌的时候，人们叫他歌师；做调解的时候，人们叫他理老；在驱鬼时，他又是巫师。在做不同的事时，称呼不同。唱歌也是有讲究的，起房子时必须请人去唱"起灶歌"；结婚喝酒的时候也必须有歌师来唱婚嫁歌，他们唱了以后年轻人才能唱；在老人正常死亡——白喜时，安葬后要回来吃饭，一般歌师先唱丧葬歌，青年人才能唱，之前是不能乱唱的。这些关乎人生的大事小情都离不开祭师，因此作为苗族祭师的歌师既然懂歌，就懂祭词、懂驱鬼词、懂理词，是多面手。

新中国成立后，由于土匪作乱，雷山到1950年9月才成立雷山县人民政府。雷山的苗族人口很多，要做好政府和少数民族之间的沟通，就需要找一个懂苗族历史的人来县里当顾问，于是在1951年，雷山县工委和雷山县人民政府的工作人员就下乡来寻找少数民族地区的知名人物。当时唐德海在陶尧地区十分有名，大家都知道有个姓唐的了解苗族历史，还能说会道，政府的工作人员决定就找唐德海了。其中还有个小插曲，政府工作人员因为对雷山苗族并不了解，只知道有位姓唐的老先生是苗族文学的专家，就在雷山随便问了一下，结果找到了虎阳寨的唐登海，想向他了解苗族方面的问题，可是他根本解释不清楚，也不能领会党的政策，于是政府工作人员就先让他回来了。到了1952年春天，在政府工作中有些民族问题还是必须请懂苗族文化的人来解决，工作人员再次下乡寻找，这次终于找到了唐德海。唐德海当年做木材生意时经营不善，后来只得靠碾米来挣些手续费谋生，政府工作人员找到他的时候，他正在守碾子，满身的糠灰，衣服扣子又坏了，只能用稻草来捆衣服。当跟他说政府要找他时，他是很害怕的。但面对政府工作人员的提问，他对答如流，工作人员也才意识到他才是真正懂得苗族历史和文化的人。于是，政府工作人员连续几天请他讲雷山的情况、过去的历史等，在讲解的同时，也告诉他国家对少数民族文化传统的相关政策，对于一个有经历和见识的苗族歌师来说，唐德海很快就明白了政府的良苦用心，并通过传唱将这些政策告诉广大的苗族同胞。

当时是没有苗族老人在政府出头的，唐德海在那时可是代表，他既宣传党的政策，也编歌来歌颂共产党。当时召开各族各界民主会，从新中国成立到建立民族自治县有两三年的时间，这几年里隔三岔五地就请他去开会，特别是政府遇到民族纠纷时都请他。当时的政府工作人员大多是南下干部，不懂苗族的文化，但是唐德海懂古歌、理词，还懂苗族的其他知识，遇到问题时用苗族理词或者一两首歌就解决了，他用自己会唱歌和懂苗族贾理的特长，处理了一件件从旧社会遗留下来的或新产生的山林纠纷、土地纠纷、婚姻纠纷和家族纠纷等。在他的歌声中，在他的理词中，一件件纠纷得到解决，村民们握手言和，县政府的人都觉得这个人不错，就让他担任民间调解员。

就这样做了几年调解员，1953年至1956年春，他到处在苗族乡间调解，经常随法院院长去调解矛盾，效率最高的时候，9天的时间里调解了15件纠纷，其功力可见一斑。当时正值农业合作化、工业集体化、企业集体化，许多小工商业者不积极参加，害怕损失财产，但在听了唐德海的歌后竟然同意了，一改往日消极懒散的态度，积极参加互助组和合作社、实行企业集体化。其中还有几个较为特殊的例子。

有一对夫妻结婚很多年了，夫妻俩因为家庭矛盾吵架，要闹离婚，大家劝了很久都没用，就把唐德海请去了。了解了事情原委后，他当场编了一首苗歌唱起来，唱着唱着，男的情绪就舒缓了，女的也破涕为笑，一场家庭纠纷就在唐德海的歌声中解决了。

还有一例，雷山的大塘桃江和丹寨排吊因为一片山林的归属问题经常产生纠纷，甚至引发群殴，县法院按照人民内部矛盾来处理，但村民们根本不懂什么是人民内部矛盾，问题愈演愈烈，这时，唐德海搬出苗族惯例，苗族对山坡归属问题的处理通常是按照山脊山梁水的流向来判定的，即山脊山梁的水往哪个方向流，山林就是哪边的，于是这起纠纷妥善地得到了解决。经此一遭，政府很快就意识到苗族内部矛盾只用政府的方式来解决是行不通的，所以就委托唐德海来处理和调解乡与乡、村与村之间的矛盾纠纷。

由于唐德海个人能力很强，县政府就安排他在文化馆任职。在这以前，文化馆是教育局分管的一个单位，没有馆长，于是安排他当副馆长，是一个副股级干部，但是实际上，他的工资和正科级干部一样，也是54元钱，自此，唐德海正式进入体制内工作。

他在文化馆任职期间，学习了不少党的政策，自己本身又懂汉语，有一定的文化知识，加上他人很聪明，所以什么事情都是一点就通。由于可能被误解为人处世圆滑，在反右派斗争中，有人准备把他划成右派，但是他唱的作品里面歌颂了党、歌颂了毛主席，实在找不出什么毛病，他个人也真诚地认为共产党好、毛主席好、社会主义好，没有攻击党，更没有任何的反动性，最后平稳地度过了一段时期。但是后来，"文革"时期提出"破四旧"的主张，唐德海因"所作所为"被划分为"四旧"分子，终究没有躲过被批斗的厄运。

"文革"后，是唐德海新民歌创作的鼎盛期。他孜孜不倦地创作了许多新歌，比如《苗家跟着共产党》《集体道路歌》《兴修水利歌》《劳动生产歌》等。唐德海用自己的新歌讴歌共产党，讴歌翻身得解放的苗族人民的幸福生活。

1959年，唐德海配合唐春芳搜集整理苗族古歌、理词、议榔词、嘎百福歌等近 5 万行，其中，仅说唱历史的专辑《说古唱今》就有 8000 行，还有许多当时创作的新民歌，都收录在贵州《民间文学资料》里，按古歌、酒歌、新民歌等分类装入不同的册子。这次搜集的资料也是最完整的，后来我再想向唐德海的子女们搜集关于唐老的作品，已经不多了，因为"文化大革命"，家里留下的东西都被烧毁了，唐千武现在研究的资料都是从雷山文化馆或当时搜集资料的唐春芳和潘光华那里得到的，所以唐老的作品只能去《民间文学资料》中查阅了。

（三）"文化大革命"和改革开放时期（1966~1980年）

在"文革"中，唐德海被打成代表旧思想、旧习惯、旧风俗、旧文化的"四旧"头子，常被拉着戴高帽游街，原来创作的许多民歌文本都被造反派烧掉了。唐千武说，当时造反派到陶尧老家把衣物和书籍都抬去雷山县城展览，许多书被人拿得拿、烧得烧，这是老人生前作品集的一大损失。

因为唐德海的许多歌都是歌唱共产党好、社会主义好、党的政策好，所以批斗他是"证据"不足的，最后就放了他。放出来后，他还是不断地创作新民歌，比如《乌云遮不住太阳》等，同时他还向唐炳华、唐炳武、唐千通传授苗族的古歌、理词、嘎百福、巫词，为苗族的文化传承铺路。

粉碎了"四人帮"后，中国民间文化受到极大的重视。和刚解放时一样，唐德海又创作了不少时政新歌，有《粉碎"四人帮"》《不知田水干不干》等。

1979 年 2 月，唐德海得到平反，同年 9 月，他参加了全国少数民族民间歌手、诗人座谈会，受到了国家领导人华国锋、叶剑英、邓小平、李先念等的接见，并在国宴上即席高唱祝酒歌。唐德海不仅会唱许多苗族传统歌谣，而且能够联系现实即席创作。他曾创作《歌唱苗家翻身解放》《忆苦思甜歌》《歌唱通车到苗寨》等歌曲，在去北京开会时，还创作了一首《我坐飞机上北京》："我近八十啦，银须配白发。登上飞机舱，心里喜洋洋。太阳来引路，云彩架桥梁。飞机翅膀短，我的翅膀长。快快飞呀快快飞，飞到天安门广场。献上苗家赤诚心，献上苗歌九箩筐。"（见图2-10）1979年他被选为全国第四届文代会代表，大会期间被批准为中国民间文艺研究会会员（见图2-11）。

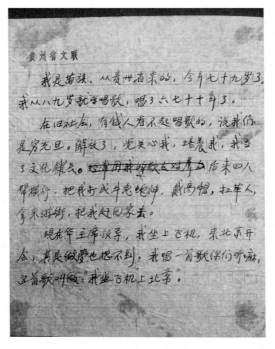

图2-10　唐德海去北京开会时在飞机上写的手稿

那唐得海是为什么被选去参加座谈会的呢？根据唐千武的讲述，1979年，唐德海才得到彻底的平反，恢复了名誉和工资。在去北京前，贵州省里召开了民间文学座谈会，邀请他去参加，参会期间，他表现得非常好。1979年3月，国家准备召开全国民间文艺座谈会，每个省都要安排人参加，省政府考察了许多民间文学学者之后，认为唐德海是最适合的人选，就推荐了他，材料送到北京后很快就通过了。会议在8月份召开，唐德海先是到省里小住了几天，再由省民间文学协会和省文联组织参会人员到北京开会。这件事让整个家族都很高兴，十几家凑米凑鸡欢送他，特别是兄弟几个都专门过来为他庆祝，县文化馆领导唐飞等人也来看他，并把他专程送到州里，又送到省里。

图 2-11　中国民间文艺研究会批准唐德海入会的通知

唐德海一生热爱唱歌，创作能力很强，他的《说古唱今》记录稿共有 130 页，其中只有 31 页为古歌，另外 99 页约 4000 行历史传说歌皆是他自己编唱的，可以说他是公认的、杰出的苗族民间文化传承人。唐德海在 1980 年 2 月 13 日不幸逝世，这是苗族民间文学的一大损失。

二　唐德海的宗教信仰

唐千武告诉我："唐德海可以说是歌师、理老、巫师或者祭师三者的身份都有。唱歌的时候叫他歌师，做调解时叫理老，祛病禳灾时是巫师。那个时候，只要家里有事，就会想到请唐德海，只有请他才能解。比如这个人病了就必须给他驱灾，用什么驱呢？用鸡、鸭、狗、猪、鱼等，然后叫巫师去念，念一些词，病人就能得到心理安慰，就好很多，基本能恢复。苗族信仰自然宗教，相信祖宗神灵和鬼神，相信天地，生病了就需要这些，有时也进医院用药，苗族说这是'神药两解'，解除病痛。"

巫师的活动包括：（1）生病时驱邪，念驱灾词；（2）做生意有梗阻，就杀只鸡来解；（3）保佑新车驾驶顺利，也是用公鸡或者小狗来解；（4）为新房驱灾，也叫"扫家"，可以用鸡啊，狗啊来解，其实只要是生活中有不顺心或者期望平安的时候都会找巫师。唐德海对这些方面都懂，经常去帮人家的忙，一般报酬都是以 12 为数目，表示 12 个月都平安无事。过去是给 1.2 元，现在是 12 元或者 120 元。

唐炳武告诉我有些苗族人是相信鬼神的，比如小孩生病的时候，如果是大人生病就喊"打替身"，赶他的病痛，一般是杀一条狗，准备七坨泥巴，一坨泥巴上插一根草，然后来解。都说"男怕三、六、九，女怕二、四、八"。比如，男性在 63 岁、66 岁、69 岁等的时候怕不顺利，女性在 42 岁、44 岁、48 岁等的时候也怕，到了这一年要注意，你如果没病就不怕，但是如果病了那一定要解。

可见，在过去，这些信仰已经融入一些人的日常生活，唐德海对这些也比较相信，并在其中充当重要的角色，解决大家生活中的困难与疑惑。这些信仰没有科学根据，甚至还有迷信的倾向，但却是使大家在困难生活中找到慰藉的一个办法。

第三节　口述史中的唐德海

一　青年一代——传说而非历史

唐德海在陶尧村①村民眼中并非统一的形象，根据田野调查获取的

---

①　在陶尧田野工作期间，我请县政府工作人员帮我联系陶尧的村支书做些调查，但是我询问之后才知道，陶尧地区是由 8 个村组成的，即干皎村、虎阳村、陶尧村、羊苟村、白岩村、乌东村、排卡村、治安村，而唐德海是干皎村的。原本叫陶尧公社，后来叫陶尧乡。当时，公社在陶尧，所以大家都知道陶尧村，就像贵州的省会在贵阳一样。1992 年后，建镇并乡，陶尧归属丹江镇。陶尧村有 263 户 1103 人，都是苗族，以姓杨的为主，有 1 户姓李的和 4 户姓潘的。陶尧村有 6 个自然寨，即干苔寨、干南刚寨、果梅寨、碗场寨、干养寨、雄水寨，分 8 个小组。

资料，① 他在不同年龄段的村民眼中有截然不同的形象。

在青年一代眼中，唐德海并非一个人，而是一类人。受到现代文明强烈冲击的雷山村寨已然丧失了固化的、封闭的、自给自足的原生态生存环境，不论是政府高调宣传"外出打工致富"，抑或是旅游产业化致使传统节日形式化，还是年轻一辈对物质财富的追求，均导致苗族传统文化在青年一代中仅保留了娱乐功能，而诸如文化功能、宗教功能、法律功能等能增强团体内聚力的其他功能均丧失殆尽。事实上，在绝大多数青年中，知晓唐德海等老一辈歌师的人已经不多了，同时老一辈歌师所肩负的文化功能、宗教功能等已经越来越不能适应社会的发展，所以说青年一辈对诸如唐德海等人的印象并非一个人，而是一类人。

2011 年 11 月 16 日笔者到雷山陶尧时，当地的鼓藏节还没有过完，寨子里每天下午都会举行踩芦笙等庆祝活动，空地上还铺着红地毯，十分喜庆（见图 2-12）。借着活动笔者进行了采访调查，先摘取部分中青年访谈实录。

图 2-12　2011 年 11 月苗族大鼓藏节芦笙会现场

① 2011 年 11 月 16 日至 12 月 16 日笔者前往雷山陶尧做田野调查，秉承参与式观察法"先跳进去，再走出来"的田野工作原则，驻点工作了一个月。其间有幸经历了 13 年一次的苗族大鼓藏节，获取了相当多的第一手资料。

唐录文，32 岁，土生土长的陶尧人，会说苗语，但不认识苗文，现在做些小生意，因为这几天苗族过鼓藏节，就在家里没出去。

图 2-13　唐录文

问：知道唐德海吗？

答：知道，这里的人都知道。

问：大家都知道些什么呢？

答：都说他唱得好，而且什么都会唱，很有影响的。

问：那他儿子你知道吗？

答：知道他儿子，但是他们在做什么不是很清楚。

问：那你知道他儿子些什么呢？

答：唐千通啊，他儿子，在寨子里很会唱的，大家都请他。

问：寨子里现在还经常唱歌吗？

答：一般是人家结婚、生孩子满月，或者招待客人，还有采访什么的才专门唱，比赛的话要到过节可能会举行，但是很少。反正大家吃饭高兴都可以唱。

问：你会唱苗族古歌吗？

答：不会。有些老人家们会。

问：那你们都会唱什么歌？

答：老的那些会唱很多歌，什么都会，但是年轻的就不怎么会了，我们一般只会唱酒歌和情歌，也唱得很多。

问：是不是因为年轻人都不常在村里啊？

答：是的，现在年轻人都出去打工了，哪还有时间学唱歌哦！一般要到过节才回来，孩子都是老人在带，所以都只会唱酒歌和情歌了。

问：那你觉得苗族的文学状况怎么样啊？

答：很有进步啊，很多人宣传，政府也做得好，大家对苗族文学都很感兴趣。

问：那你对苗族文学了解多少，比如古歌、理词等？

答：不知道。

韦桂花，36岁，永乐人，嫁到陶尧。因为不熟悉不肯照相。

问：现在大家经常唱歌吗？

答：唱啊，过节唱，喝酒唱，人家结婚、满月酒、搬家什么的都有唱。

问：那是专门有一个人唱吗？

答：不是，大家热闹都唱。

问：那你会唱什么歌？

答：酒歌和情歌，年轻人都爱唱。

问：那古歌会吗？

答：不会了。年轻的哪会这些哦，都是老人们会。

问：你住这里，你知道唐德海吗？

答：不知道，我是永乐人，后来才嫁过来的。

问：那知道唐千通吗？

答：知道，这里一般有什么活动或者哪家有什么事都会请他，还有唐炳武，他们会唱的很多，又唱得好。

二　中年一代——利益大于文化

在中年人眼中，唐德海是极具影响力的苗族歌师，但仍然难以被看作个体，而是歌师群体的重要代表。事实上，尽管当前苗族民众在婚丧嫁娶、红白喜事等方面仍沿用传统习俗，但已经不局限于传统习俗，而是坦然地接受了外来文化对传统习俗的冲击，甚至普遍认为"一切从简"，或是"找钱第一"。

杨智毅，44 岁，曾任陶尧村党支部书记，爱人李明英，44 岁。家里有两个儿子，一个女儿（见图 2-14）。

图 2-14　杨智毅和他爱人

问：知道唐德海吗？

答：知道，我们都叫他唐公。

问：那唐公在村里的印象是怎样的？

答：他很会唱歌，又会调解，能说会道，大家都很信任他。

问：那他的儿子们你们了解吗？

答：知道一些，尤其他的二儿子唐千通现在还很会唱歌，大家有什么事都会去请他。

问：那他徒弟唐炳武呢？

答：老人家也很会唱，反正附近哪家有什么事都会去请他，还有唐千通，他们都唱得好。

问：现在大家还唱歌吗？

答：唱，过节的时候唱，还有结婚啊，搬家什么的也唱。因为现在农耕忙，大家要种茶叶什么的，所以平时唱歌少，不像原来没有电视，一到晚上大家都在一起唱歌。

问：有没有请人专门唱？

答：没有，大家都一起唱，喝酒高兴了就对歌。没有什么专业的歌手，反正只要声音好就行，而且现在是古老与新式的结合，很有意思。

问：最近寨子里有结婚的吗？想采录一下婚礼仪式中的歌师。

答：今年是我们这里过鼓藏节，不准婚嫁，要明年才行，但是其他不过节的寨子是可以的。还有在陶尧的 8 个村子里，唐和杨是不能开亲的，但是别的村子的唐和杨是可以开亲的，只要不是一个宗族的就行。

问：哦，现在大家会唱歌的多吗？

答：还是有人能唱苗族古歌的，几天几夜都唱不完，许多人从小就会唱，家里老人教的，现在都没有歌词，大家都是自编自唱。

问：嘎别福歌还有会唱的吗？

答：50 岁以上的应该会唱，现在估计失传了。年轻人出去打工的多了，都自由恋爱，摇马郎这种方式很少了。以前寨子里有空地，可以在场地里唱，那是不能随处乱唱的。

问：酒歌有什么资料吗？

答：没有，都是靠大脑记忆。

问：有请师傅教吗？

答：没有专门的师傅，一般是家人教唱，或者大家凑在一起唱，相互教，有不懂的就问，可以多交流。

问：现在寨子里有巫师吗？怎么做？

答：有啊，我们叫鬼师。比如有人生病了就请。一般准备点米，12 块钱，还有病人衣服上的纱线。然后蒙着脸坐在旁边唱。过阴，找阴崽。

问：唱什么？真的会好吗？

答：这个叫过阴，有的唱有的念。一般边喊边唱，喊家里过世的亲人，问阴宅在哪，你生病已经到哪了你才生病，问你的阴崽在哪，把你的阴崽喊回来，喊那些不好的放了你，喊病人的名字喊他好。喊天喊地，喊家里的老人保佑他好，喊老祖宗来保佑。喊你得吃了就不要来找这个人了，放他好，然后杀鸡、杀狗、杀猪、杀牛来解，反正巫师想吃哪样就喊杀哪样，说那些吃了的人就不要再捆住病人，让他好吧。然后大家一起把它吃了，吃了就完了。有的真的会好，特别是 19 岁以下、60 岁以上的人，主要是心理作用吧。反正现在是"神医两解"，有的先请鬼师，看不好就去医院，可医院还是看不好，于是又回来请鬼师，反正两头搞，一般就好了。六七十岁喊鬼师看不好，又去医院就好了，也有去医院看不好，又来找鬼师看的。反正心理作用吧。

问：那老人过世也要请巫师吗？

答：家里死人了肯定请，叫引路，引老人回老家，在家里先交代，上山的路上也唱，到了坟边再交代，埋了回家后就当天请大家吃饭。一般也没有把老人的灵魂带回家，很少了。反正陶尧这边没有，可能别的地方有。

一般在老人不太好的时候就请亲朋好友过来，60 岁以上老人过世，三天以后要抬猪到姑娘家或者舅爷家或者姨姥家，一般要问巫师去哪家好，就算姑娘不同意，巫师说要送，也必须得接受，相当于把老人接到你家去。一般抬猪、谷子、鸡什么的，把老人送到你家，除了吃的，姑娘家还要每人留一些东西给大家带走，还有糯米酒。这在我们这叫"闹寨"。现在生活好了就抬猪，以前一只鸡也可以的。

问：现在还有理师吗？

答：现在每个村都有调解委员会，一般三五七个人。以前唐德海就是调解，他喊离就离，喊合就合的。他唱得好。

问：怎么调解？是唱歌还是什么？

答：两家有意见，委员会的来调解，把两家都找来，一般在村委会里调解。现在不唱歌了，主要是讲道理，犯哪一条，你服不服？找人旁听，定下后就不能反悔了，比如有人分家，只要合理，有证人，做个证明，就不能反悔了。反正把大事化小，小事化无。比如婚姻的，大家都打架来，不好的，调解委员会就来调解了。个人就叫调解员，不再是叫理师什么的了。

问：依据什么调解呢？法律那么健全？

答：其实就是先用家族家规，再到村规民约，再到法律程序，逐步的。

问：那村规民约和榔规有什么不同吗？

答：其实榔规就是村规民约，调解委员会也是按这个来调解的。村民们都知道的，因为村规民约原来没有文字，文字整理后来约束大家，现在都上报政府备案，政府也知道的。

问：那法律和它什么时候来区分处罚呢？

答：比如现在烧山的、放火的，或者你家大意发生火灾的，也要杀牛或者杀猪，看事情轻重来定，再来惩罚，或者用"3个120"，就是120斤酒、120斤米、120斤肉，请全村的人来吃。而且烧山的，除了惩罚还要罚他去造林！像现在偷盗的、赌博的，因为有法律，就交给司法部门按法律处理了。

在杨书记吃饭时，我准备到干皎村去问问唐德海的情况，可是他们的村支书唐仁彪去县里开会了，村主任唐露洲因有亲戚搬家不在，当我准备回雷山的时候，在村子边的路上遇到了村里的会计唐仁林（见图2-15）。村委会一般由三个人组成，村主任、村支书和会计，这样村里的领导总算找到一个。

图 2-15　唐仁林

干皎村有村民 109 户 440 人。村里姓唐的多，也有姓杨的。从父子连名来算，大概有 40 多代了。

问：知道唐德海吗？

答：知道，大家都叫唐馆长，或者唐公。知道他会唱很多歌。

问：大家都会唱什么歌？

答：大家都会唱酒歌和情歌，因为各地唱古歌不同，也有会唱古歌的。没有唱歌的班子，大家想唱都可以唱。

问：那唐德海儿子的情况你们知道吗？

答：知道，很清楚，唐千通唱得好，传承老人的东西最多，现在生病什么的，大家都请他。应该说他家在我们这很有影响的。

问：那他徒弟唐炳武呢？

答：他徒弟老了，声音不太好，但是旧的那些东西他都懂，记得很清楚。

问：那现在这唱歌的情况怎么样？

答：年轻人不太会唱了，都是酒歌情歌，反正有问有答的，都是即兴的。

问：为什么？

答：现在苗族的推广很广的，宣传也多，但是深度不够，大家都去找钱，找生活了，哪有时间去学唱歌哦，没时间也没精力了。

第三章

唐德海演唱的民歌文本

歌中展示的文本与文本造就的歌彰显了苗族歌师与演唱文本的完美结合，正是苗族歌师演唱文本的民族性、历史性、文化性、叙事性，使我们开始关注歌与文化的互文。苗族演唱文本众多，至少可以分为苗族古歌、理词、巫词、嘎百福歌、飞歌、反歌、婚姻歌和情歌等，歌师代表唐德海通晓各类苗族民歌且能融会贯通、自成一格，他的民歌文本是研究苗族族群传统与国家在场的重要佐证。

第一节　苗族民歌的主要类型

一　苗族古歌

苗族古歌以历史为线索，以歌来叙史，以口耳相传的形式在祭祀、婚庆、劳作等场合中吟唱。其内容涉及苗族的农业、林业、手工业、历史、风俗、哲学、宗教等，有"苗族百科全书"之称。

《苗族古歌》正式出版是在 20 世纪 70 年代末期，古歌文本由贵州省民间文学组整理，由田兵同志编选，由贵州人民出版社出版（见表 3-1）《苗族古歌》文本共 8000 余行，出版后受到广泛关注，苗族人民将《苗族古歌》视为正史，将其称为"古史歌"。

表 3-1　《苗族古歌》详细情况

	四大组	十三首
《苗族古歌》	开天辟地歌	《开天辟地》
		《运金运银》
		《打柱撑天》
		《铸造日月》
	枫木歌	《枫香树种》
		《犁东耙西》
		《栽枫香树》
		《砍枫香树》
		《妹榜妹留》
		《十二个蛋》
	洪水滔天歌	《洪水滔天》
		《兄妹结婚》
	跋山涉水歌	

从表 3-1 中可以看到，古歌内容庞大，涉及面广，能够单独成章，又有较为紧密的逻辑联系，能系统反映出苗族人民自古以来的生活方式、社会状态、经济情况、文化传承等。

2006 年 5 月，最具有典型性、代表性的黔东南《苗族古歌》被列为第一批国家级非物质文化遗产。潘定智在《苗族古歌三议》中高度评价它的成就，他说《苗族古歌》是"苗族文化史上第一部规模宏大的艺术作品……是古代苗族文学的第一个高峰，是苗族文学开始成熟的标志，它在叙事、抒情、诗律等方面，奠定了以后的苗族文学的基础"。[1] 苗族

---

① 潘定智：《苗族古歌三议》，《思想战线》1987 年第 6 期，第 49 页。

古歌的表演方式是两人以上对唱的盘歌形式，演唱方式是诵唱，演唱手法是朗诵、吟唱抑或是道白，演唱内容一般由长短句式组成且要求对偶，古歌的诵唱严肃古朴、雅致和谐、悦耳动听，因此古歌容易被人们理解并记忆。①

对于歌师唐德海来说，在其学习与传授苗族歌谣的历程中，他不仅完全掌握了苗族古歌复杂的问答叙事，也在问答叙事的基础上，融入了自己对歌骨的创新，传唱苗族歌谣的技艺十分娴熟。例如《开天辟地》是苗族古歌的经典叙事主题，其演唱内容主要与天地的产生、万物的产生有关，是苗族朴素宇宙观的生动再现。虽然《开天辟地》的内容大致相同，但不同的歌师却有不同的唱法，下面的唱词即是唐德海演唱的《开天辟地》的部分段落。

> 问：来看古时代，谁造天造地。来生蝇生虫，来生撵山狗，来生牛犁土，来生鸡报晓。来生我和你，会做吃做穿。来看那远古，哪个生正早？来生山野菜，来生鱼游水，来生狗撵山，来生牛犁田，生鸡叫咯咯，生我们人类，干活养父母，做活养娃娃，这才成地方，远古寨子兴。

> 答：姜央生最早，虫儿生蚂蚱。来生撵山狗，来生牛犁田，来生鸡报晓，来生我们和你们，做吃又做穿。来看远古时，姜央丹生最早。生山沟野菜，生山坡高峰。生鱼来游水，生狗来撵山，生牛来犁田，生鸡叫咯咯，生我们人类，做活养父母，才结婚养崽。这才成地方，远古寨子兴。

> 问：我们看远古，未造地造天，姜央生最早？姜央还太小，哪个生最早？生虫和蚂蚱，来生撵山狗。生牛来犁田，生鸡来报晓，生我们做活，做活养娃娃，养老人安心。

---

① 《苗族古歌》，"前言"，第4页。

答：我们看远古，地天造成了，天上生雄往，地下生当等，他俩生最早，来生虫蚂蚱，生浮萍野菜，来生撵山狗。生牛来犁田。生鸡来报晓，生我们做活，做活养娃娃，养老人安心。①

二 理词

理歌理词是理老调解纠纷时唱诵的诗或宣讲的话，也称古理古法，一般是理老说理和辩论的言论。主要记存历史上的案例或与案例有关的典故和成语故事，供说理辩论时借鉴和举例，有时甚至作为断案的依凭和准则。这些案例或成语故事、格言故事主要采集自神话、叙事诗或传说故事等民间文学作品，有的也采集自现实生活与斗争。由于主要采集自口头文学作品，理歌理词的文学性一般都较强，有的案例故事本身就是一个完整的文学作品。

解决纠纷的理老必须是熟悉古理、社规和椰规而又处事公正的智者或长老。按职能不同而又分为三种：一是在村、社内调解纠纷的，这种理老是自然形成的，多是氏族社长或者大氏族鼓社的头人，村社内的纠纷由他们裁定，相当于仲裁人；二是解决重大案件的，这种理老精通各种律典，而且能言善辩，请他是为了在评理会上进行说理辩论的，相当于律师；三是理甲（理贾）的理老，理甲是地缘邻近的评理组织。在苗族社会中，如果说议椰的职能主要是立法的话，那么理老的职能则主要同于司法。

在调解纠纷的过程中，双方当事人都不出面，由所请的理老当面辩论，谁辩不过就算输理。而调解纠纷时所讲的理，主要依据理老所掌握的历史和传统文学知识，以及社会经验、见闻和口才，不在于所列举的事例是否论证充分或合于事实，而在于能否想方设法诘难对方和将对方

---

① 政协雷山县文史资料委员会编《唐德海故事歌谣选编》，2008，第155~157页。

辩倒。所以，理词作为理老讲理斗争的工具，也就不是事实，而是采录自历史上或民间文学作品中的有关案例，用来为难对方，而为达到目的，颠倒黑白也在所不惜，在这种情况下，也就无多少公正可言了。

传统的长篇大部头的理歌和理词在民间影响很大，现今刊印的有流传于贵州麻江县曼洞村的《佳》，流传于黄平和施秉一带的《苗族古歌古词下集·理词》和流传于麻江县的《苗族理词》等三部，都规模巨大。《佳》载于贵州省《民间文学资料》第 33 集，龙喜传唱，龙明伍记译。龙喜传是当地著名的老歌师，现已去世。《佳》于 1962 年编印，是现今所见篇幅最长的理歌理词总集，分 79 段，共 15000 余行。

三　巫词

巫词是苗族演唱文本的重要内容，一般而言，巫词的演唱层次分明、严肃紧张，分为四个步骤，分别为问卦、祈祷、过阴以及驱鬼除魔（见表 3-2）。

表 3-2　巫词演唱过程一览

步骤	何时	过程	演唱形式与目的	演唱文本
问卦	农事、经商、婚姻嫁娶、狩猎前	草　卦	诵唱，先崇拜祖先，最后才提出目的	天地混沌，连成一片；地不成地，天不成天
		草鞋卦	诵唱，向祖先提出本次演唱的目的	
		竹片卦	巫师呼唤和召集阴息	在阴间路上的辛苦跋涉
祈祷	问卦结束后	祖先崇拜	寻找被恶鬼摄走的灵魂	可怜的灵魂呀，你为何跑来到这个地方
过阴	为过世的人举办仪式、生病等	寻求"阴患"帮助	请"阴患"离开	
驱鬼除魔	生病等	对鬼、魔进行审判	念出某鬼的姓名、出处、来龙去脉，然后才以理给予批驳，最后叫鬼、魔回原处去	冤有头，债有主，别叮无辜人，别找错去处，回去叮住你们的冤主

四　嘎百福歌

嘎百福歌是一种说唱文学，尤其以黔东南苗族地区雷山县境内最为典型。嘎百福歌的内容极为丰富，包括歌唱青年男女纯真爱情，抨击人际关系中的歪风邪气，揭露理老贪财好色的丑恶嘴脸，讴歌反抗民族压迫的义举，揭示人生哲理以及破除封建迷信，表扬社会上的好人好事，反映家庭中夫妻、婆媳和前娘后母之间的关系，描绘酒席场合的欢乐场面，叙述说媒婚嫁的独特风情等，可以说，人际关系中的美与丑、善与恶、正确与错误、高尚与卑下都有唱到。其中充满了扬善惩恶、善有善报、恶有恶报的深刻含义，闪耀着苗族人民的伦理道德思想光辉，既是展现苗族社会精神文明的画卷，又是苗族人民自我教育的教科书。在过去，嘎百福歌对维护苗族的生存，推动苗族社会历史发展起到了重要作用。

嘎百福歌的命题既简单又别致，所有作品都不以表达主题概况的名词作题目，而一律以故事中的主人翁名字为题。有的以人名带地名为题目，如《格妮·南荡》，"格妮"为人名，"南荡"为主人翁出生地。若以两个人名带地名为题目的，则处理成两个声调押韵、音节一致的五言诗句，如《格记九讴莢和尼记德方昔》，这些人物都是历史上真实存在的，不是虚拟的。

嘎百福歌的体裁散韵相间。每一部作品的开头都是散文，中间散韵相间，最后又以散文结束。开头的散文，点出人物姓名、出生地点，提出事故发生原因与性质；中间夹杂的散文，用来交代发展情况；最后结束的散文，用于宣告事情如何结束，正反面人物各有什么结局，或者演唱者跳出圈外作三言两语的评论。各段散文中，有的刻画人物心理和描述人物动作的较长，有的则三言两语。

韵文是作品的主要部分，用来抒发人物感情。句子一般是五言，少数为长短句。演唱时没有乐器伴奏，节奏缓慢、旋律舒展、音域不广，与苗语声调十分和谐，容易演唱。部分作品还配有曲调。

苗族曲艺嘎百福歌是苗族说唱文学的表现形式之一，它兼有文化和社会生活特征。

（1）群众性。但凡在逢年过节、男婚女嫁、起房造屋的酒席上，都演唱歌谣，嘎百福歌是少不了的配角。

（2）娱乐性。苗族歌谣文化已渗透到苗族生活的诸多领域，渗透到苗族多彩的娱乐活动里。苗族人在逢年过节、庆祝丰收、老人辞世、迎宾送客时，都用歌来表达心中的喜怒哀乐，所以苗族的歌谣文化主要围绕着苗族各方面生活，它包含苗族人民的共同心愿及文化艺术，给苗族人民带来了喜庆、欢乐、团结、友谊、幸福、美满和希望，是苗族娱乐性功能最强的文化。

（3）艺术性。嘎百福歌和其他歌谣不同，从结构上看，散、韵文相间，有说有唱，说唱结合；从演唱形式上看，大部分没有乐器伴奏，节奏缓慢，旋律舒展，音域不广，与苗族声调十分和谐。在批判一切坏事物时，讽刺性强，使反面人物丑态百出、无地自容，是自我教育的教科书。嘎百福歌的表演者能把人物的美、丑展现得淋漓尽致，能把词、曲、舞三者的节奏缓急、停顿、强弱恰当地运用起来，既要演这又要演那，既要说明又要演唱，它充分体现了词、曲、舞三者的和谐美的艺术价值。

在嘎百福歌描述的婚姻事件中，有的人变蛇、交龙、化鸟、成蛤蟆等，十分神奇。在争论中，理老出来断案，而不是官吏出面裁决，这反映出苗族处在哪种社会阶段？苗族人的理想和观念是什么？值得研究。

抢救、保护苗族曲艺嘎百福歌并申报非物质文化遗产，既能丰富苗族人民的文化生活，也能充实国家文化宝库，对促进社会文化生活全面发展，构建社会主义和谐社会将产生重要作用。

五　其他

苗族情歌一般采取隐喻的手法互相倾吐爱慕之情。如：

贤惠姐姐打核桃，美丽姑娘摘白果；送我几颗过口瘾，别把哥哥嘴馋坏。

阿妹生得皎皎嫩，阿妹长得高挑挑；眼睛就像黑葡萄，脸蛋像那弯月亮。

我真不愿离开你，离开你我真不愿；好像莲藕被斩断，好像流水被分开。

又如"婚姻歌"形式的《兄妹结婚》，将叙事与歌词结合在一起，生动地再现了苗族婚姻习俗。

水淹一万年，水漫一万载，坡岭绝树木，园里无青菜，
山中灭鸟兽，寨上断人烟，只剩哥相两，只剩妹相芒，
怎样接宗祖，怎样传后代，造出五支公，造出六支奶？

假若是现在，姑娘多又多，后生多又多，唱歌田坎上，
游方李树脚，合心又合意，配对过生活。回头看过去，
千里没人烟，万里没朋友，高山灰蒙蒙，平地空荡荡，
相两和相芒，怎样配成双？

相两和相芒，心里急又急，找呀找到东，寻呀寻到西，
找人传子孙，寻伴造后代。

走过一个湾，又过一个湾，走过一个坳，又过一个坳，
不见人影影，兄妹急又焦。什么生房前？什么长寨边？
兄妹遇着它，兄妹怎样讲？

竹子生房前，竹子长寨边，根根扎得深，尖尖抽得高，

大浪冲不倒，洪水淹不死，抬头望四方，举眼瞧四面。
兄妹遇着他，兄妹这样讲："扎根算你深，抽尖算你高，
四方你望见，四面你瞧到，有人走往东？有人走往西？
我俩要找伴，成亲把人造。"

竹子喃喃讲，竹子哈哈笑："扎根算我深，抽尖算我高，
抬头四方望，举眼四面瞧，水淹绝人种，水漫断人烟，
没人走往东，没人走往西，只剩葫芦崽，兄妹你两个，
你俩快结伴，成亲造人烟。"

竹子这样说，兄妹喜不喜？

竹子这样说，兄妹变了脸："葫芦兄妹俩，相两与相芒，
吃饭共只碗，吃奶共个娘。你话好难听，开口理不讲。"
说着把刀举，啪啪向下砍，竹子断九节，九节在九处。

越过深河谷，爬上高山坳，找东又找西，找上又找下。

有颗什么种？有颗什么籽？兄妹遇着它，怎样来问话？

有颗冬瓜种，有颗南瓜籽，葫芦带上天，葫芦带下地，
发芽在坡脚，结果在路边。兄妹遇着他，这样来问他：
"冬瓜和南瓜，我俩要问你，你们在坡脚，你们在路边，
有人走往东？有人走往西？我俩要结伴，配对传人烟。"

冬瓜和南瓜，怎样来回答？

冬瓜和南瓜，这样来回答："我们生坡脚，我们长路边，
没见人往东，没见人往西。你们两兄妹，结伴造人烟。"

相两和相芒，听了怎么讲?

相两和相芒，听了很生气："葫芦兄妹俩，相两和相芒，
吃饭共只碗，吃乳共个娘。你话好难听，开口把理伤。"
三口唾沫淋，三把草灰撒，冬瓜灰普普，南瓜花斑斑。

"告诉你成双，相劝你结伴，不听我好言，反伤我身体，
弄脏我衣裳，踏坏我脚手，走亲不香肉，串寨不醉酒。
日后你成双，往后你结伴，生崽滚溜溜，养儿圆椭椭。"

葫芦兄妹俩，相两与相芒，了心在手掌，了意在脚心，
起脚在山洼，拔腿在山岭，找伴造人烟，配对传人种。

涉河又过冲，爬山又越岭，找上又找下，找西又找东。
山坡山岭找，山弯山冲寻，山坳遇哪个? 水边遇哪人?
兄妹怎样说? 兄妹怎样问?

山坳遇枸甲，水边遇芯扭。兄妹这样说，兄妹这样问:
"你们在山坳，你们在水边，可有人往东? 可有人往西?
我俩找朋友，结伴造人烟。"

水边芯扭讲，山坳枸甲说："水淹绝人种，水漫灭人烟，
剩下葫芦崽，好像一双筷，你俩就结伴，把人造出来。"

葫芦兄妹俩，听了怎么讲？

葫芦兄妹俩，听了更生气："相两和相芒，葫芦兄妹俩，
本是同娘生，本是同娘养。你话好难听，开口没天良。"
三脚踏芯扭，芯扭扁沓沓；手撒三把糠，枰甲黄央央。

芯扭和枰甲，气愤说了话："告诉你结伴，相劝你成双，
不听我好言，反把我损伤，踏坏我手脚，弄脏我衣裳，
串亲酒不醉，走客肉不香。二天你结伴，往后你成家，
生崽没耳鼻，养儿无嘴巴。"

葫芦兄妹俩，心里急又急，拔脚在山坳，起脚在水边。

翻过岩角角，走过土边边，遇着哪一个，满身露刀尖？
兄妹看见了，怎样来问话？

翻过岩角角，走过土边边，上坎遇白刺，下坎遇红刺，
兄妹看见了，这样来问话："你们在坡旁。你们在土边，
有人走往东？有人走往西？"

白刺把话讲，红刺把话说："水淹绝人种，水漫断人烟，
剩下葫芦崽，好像一双筷，你俩就结伴，把人造出来。"

葫芦兄妹俩，听了怎么样？

葫芦兄妹俩，听了顶生气："葫芦兄妹俩，相两与相芒，
同个妈妈生，同个饭碗长。你话不讲理，开口把人伤。"

说着把脚举，狠狠向下踏，三脚踏白刺，三脚踩红刺，
白刺和红刺，两头吃泥巴。

白刺很恼火，红刺很气愤，"告诉你成亲，相劝你结伴，
反脸不留情，踏坏我身体。二天你结伴，往后你成家，
养儿不说话，生崽是哑巴。"

葫芦兄妹俩，相两与相芒，踏遍千山岭，涉过万江河，
寒风吹又吹，冷雨淋又淋，磨烂脚底板，挂夷铁拐棍，
了心到手掌，了意到脚心。去访哪个婆？去问哪个公？

葫芦兄妹俩，相两与相芒，踏遍千山岭，涉过万江河，
去问定拉公，去访定笋婆。定拉公公说，定笋婆婆讲：
"这事我不知，这事我不晓，去问千嘎里，去访家嘎对。
嘎里和嘎对，牙齿如铁锉，胡须像银针，说一不说二，
道真不道假。"

听了这席话，兄妹心开花，辞别公和婆，跑进嘎里家。

嘎里和嘎对，开口把话说："水淹绝人种，水漫断人烟，
鸟死山凄凉，人绝地冷落，只剩你两个，妹妹和哥哥。"

"山上花斑鸠，绕着树林飞，转来又转去，配对接宗祖。
田中黑蝌蚪，绕着谷桩游，转来又转去，大了也成亲。"
葫芦兄妹俩，相两和相芒，造人接后代，你俩快成双。
"哥哥扛扇磨，妹妹扛扇磨，一个上东山，一个上西坡，
磨子同时滚，落到山坡脚，磨子若分开，你俩就分开，

磨子若相合，你俩就相合。"

相两和相芒，听了这么说，滚磨不滚磨？磨子合不合？

相两和相芒，听了这么说，了心又了意，冷手又冷脚，
只得扛着磨，爬上高山坡。哥哥一个坡，妹妹一个坡，
哥哥看妹妹，妹妹看哥哥，唯愿两扇磨，相离不相合。

什么在树上，叫声古古咕，声声催哥妹，口口叫滚磨？

鹁鸪在树上，叫声古古咕，声声催哥妹，口口叫滚磨。

心急如水煮，脸烫像火烧，妹妹和哥哥，同时滚下磨；
东坡一扇磨，西坡一扇磨，滚到坡脚下，两扇重相合。

石磨重相合，兄妹很难过，哥哥看妹妹，妹妹看哥哥，
不好叫夫妻，难挨一凳坐。

嘎里又来说，嘎对又来讲："你俩不同房，你俩不同居，
一个背蓑衣，一个戴斗笠，一个等客来，一个接客去，
路上不相遇，二人各分开，半路两相逢，游方做夫妻。"
九个一句话，十个一句话，相两和相芒，邀约去游方。
一个背蓑衣，一个戴斗笠，一个等客去，一个接客来，
来到半路上，来到李树下，兄妹脸碰脸，兄妹脚挨脚。

葫芦兄妹俩，相两和相芒，游方成夫妻，板凳相挨坐。

当初问竹子，没听竹子话，拿刀砍竹子，九节在九处。
现在兄妹俩，游方成了双。竹子怎么说？竹子怎么讲？

葫芦兄妹俩，游方成了双。竹子寨边等，拦路把话讲：
"当初我相劝，好话当坏话，砍我成九节，九节在九处；
如今你兄妹，游方配成双，怎么对我说？如何对我讲？"
兄妹道理短，找来绿丝线，凉水洗刀口，丝线缠一圈。
竹子一节节，根源这样起。

同住多少年，同居多少载，发芽在怀内，抽枝在腹中？
生个哪样儿？产个什么崽？

同住两年多，同居三载整，发芽在怀内，抽芽在腹中，
生个滚溜儿，产个椭圆崽。是崽没耳鼻，是儿无嘴巴。

葫芦夫和妻，心里急又急，先问千嘎里，后问家嘎对：
"这是什么儿，这是什么崽，椭椭像冬瓜，圆圆像南瓜，
是崽没耳鼻，是儿无嘴巴？怎样接宗祖？如何传后代？"

嘎里又来说，嘎对又来讲："先去找砧板，后去拿柱刀，
砍那滚圆儿，剁那椭圆崽，砍成十二堆，剁成十二份，
撒在五层坡，抛在六层岭。"葫芦夫和妻，心里喜又喜，
一个拿柱刀，一个拿砧板，砍那滚圆儿，剁那椭圆崽，
砍成十二堆，剁成十二份，撒在五层坡，抛在六层岭。

一撒就成儿，一抛就成崽，有耳不能听，有嘴不会说，
住在咱望达，挤在丢望略，一个挨一个，一个看一个。

葫芦夫妻俩，心里仍着急，又问千嘎里，又问家嘎对。
嘎里和嘎对，怎样出主意？

嘎里和嘎对，就对兄妹讲："去砍三万竹，去割三万草，
积在丢望略，堆在咱望达，火烧竹子爆，娃崽就说话。"

相两和相芒，心里喜洋洋，请谁去砍竹？请谁去割草？

相两和相芒，心里喜洋洋，砍竹请太阳，割草请月亮。

太阳开口说，月亮开口讲："本事我最高，本领我最大，
红光照白天，白光照夜晚。但有半空云，但有半空雾，
他们飘过来，我们就没了。"

半空云和雾，开口来分辩："本事我最高，本领我最大，
遮天就黑天，盖地就黑地。但有那风王，东南西北刮。
他若吹过来，我们跟了转。"

风听云雾话，风也来分辩："本事我最高，本领我最大，
千树连根倒，万树连根拔。但有那山坡，但有那山岭，
它们挡住我，我就莫奈何。"

山坡也分辩，山岭也说话："本事我最高，本领我最大，
江河西方来，只敢绕边过。但有那竹猫，但有那竹鼠，
白天吃我肉，晚上啃我骨。"

竹鼠来说话，竹猫来开言："砍竹我刀快，割草我刀利，
先讲牛工价，先议马工钱，竹根由我吃，砍竹我去砍；
草根由我吃，割草我去割。"

竹鼠来砍竹，竹猫来割草，风来帮着吹，太阳帮着晒。
假若是现在，爸爸有火镰，妈妈有艾草，火镰敲火石，
火花燃艾草。回头看过去，哥哥没火镰，妹妹没艾草，
兄妹敲什么？草竹点着火？

哥哥没火镰，妹妹没艾草。哥哥找火石，妹妹找艾草，
火石敲火石，火花燃艾草。先烧三万草，后燃三万竹，
烧在丢望略，燃在咱望达，娃崽十二个，开始学讲话。

竹爆响声"嘚"，娃崽应声"嘿"；竹爆响声"哒"，
娃崽应声"哈"；一响一声应，娃崽说话啦。

这个滚溜儿，这个椭圆崽，有脚能走路，有手能做活，
有眼能看物，有嘴能说话。葫芦夫和妻，相对笑哈哈。
生出这些儿，养大这些崽，住在五层坡，住在六层岭，
才成五支公，才成六支奶，分家传子孙，一代接一代。

兄妹结婚歌，这里算落脚，下面唱哪首，客人你来说。
兄妹结婚歌，这里算落脚，跋山涉水歌，你听我来说。①

---

① 演唱者：丹寨县杨永珍、台江县仰当、施秉县龙正发、凯里市龙喜传等。搜集者：潘光
华、桂舟人、唐春芳、龙明伍等。整理者：潘光华、苏晓星。校订者：展理。

第二节　苗族古歌的文化价值

一　苗族古歌

苗族古歌，老百姓一般称为"古老话"，也可以叫作"古史歌"，学术界一般用"史诗"这一称呼，也可以叫作"民间深化创世叙事诗"。

从演唱内容上说，苗族古歌内容丰富、涵盖广泛，从宇宙的起源到万物的起源，从日月的起落到人类的诞生，从地球的毁灭到人类的再造，从天地的形成到文化的产生，蕴含各种朴素的哲学观。事实上，苗族古歌就是古代人心目中对宇宙的认识、对万物的认识、对人类的认识、对族群的认识、对知识的认识，是人类在发展之初原始哲学观的体现。

在演唱语言上，由于苗族语言并不统一，方言繁多，加之并没有文字的记录，在口头传承中保留了浓重的方言。因此，不同方言的苗族演唱史诗的文本均有不同，这也是史诗所蕴含的丰富文化内涵。

在演唱意义上，古歌被认为是苗族人民的百科全书，蕴含了习惯法、伦理道德、民俗礼仪、宗教信仰、哲学思想等重要内容。①

苗族古歌平时是不轻易传唱的，只有在比较正式的场合，如祭祀仪式、婚丧嫁娶和传统的新年、假日、走客等场合才能唱诵，演唱古歌的目的在于传承民族的根谱和历史。在苗族，只有懂得古歌的人才有资格担任大歌师和大巫师。现实生活中的歌师、巫师、理老、寨老都是本地区村寨的族长和智者，他们都是苗族古歌的保存者、传播者和再创造者。

由于苗族文字的缺失，苗族古歌都是靠歌师、巫师、理老、寨老的口耳相传传承下来的，文字记录是晚近的事。现在所知最早记录苗族古

---

① 潘定智、杨培德、张寒梅编《苗族古歌》，贵州人民出版社，1997，第2~3页。

歌的是英国传教士克拉克，他于 1896 年在贵州省贵阳市为黔东南苗语设计了拉丁字母苗文，苗文设计出来后，他在几位苗语教师的帮助下，用这套文字记录了苗族史诗和民间故事，包括 17 个影响较为广泛的民间故事和史诗中的《洪水滔天》与《开天辟地》。

克拉克之后，日本人鸟居龙藏于 1902 年前往我国西南边疆，用民族学的视角和方法考察少数民族，获取了相当丰富的第一手资料，特别是获取了苗族的第一手资料，有较为重要的参考价值。

国内学者最早进行苗族人类学研究的是在 1933 年，凌纯声和芮逸夫组织力量前往湘西进行人类学调查，并出版《湘西苗族调查报告》，其中记载了苗族古歌。

新中国成立后，国家高度重视苗族研究，民间文学作为重要研究内容受到广泛重视，诸多苗族史诗研究成果得以出版（见表 3-3）。

表 3-3　苗族古歌重要研究成果一览

时间	作者	研究内容	登载刊物	成果类型
1951 年 10 月	钟华	贵州苗族的民歌	《少数民族文艺论集》	论文
1956 年 8 月	马学良、邰昌厚、今旦	蝴蝶歌	《民间文学》	论文
1956 年 7 月	吴德坤	姊妹歌	《民间文学》	翻译
1962 年 1 月	唐春芳搜集整理	开天辟地歌	《山花》	诗歌
1959 年	中国作家协会贵阳分会筹委会	苗族古歌集	《民间文学资料》	诗歌集
1959 年	中国作家协会贵阳分会筹委会	苗族古歌	《民间文学资料》	诗歌集
1960 年 10 月	杨芝、马学良	洪水滔天歌	《民间文学》	诗歌
1958	贵州省民间文学工作组	苗族文学史	出版物	著作,未完成
1984 年	文化部、国家民委、中国民协	中国民间歌谣集成	《中国民间歌谣集成》《中国民间故事集成》《中国谚语集成》	著作

二　苗族古歌与苗族大迁徙

据我国古代的神话故事和历史文献记载，蚩尤是 5000 年前九黎部落联盟的首领。《尚书·吕刑》说："蚩尤惟始作乱。"注曰："九黎之君，号曰蚩尤。"《史记·五帝本纪》正义引孔安国语："九黎君，号蚩尤是也。"《龙鱼河图》载："黄帝摄政前，有蚩尤兄弟八十一人……威震天下。"关于苗族的族源、源流，三苗与九黎的关系，古文献也有记录。《山海经·大荒南经》曰："大荒之中，有人名曰驩头。鲧妻士敬，士敬子曰炎融，生驩头。驩头人面鸟喙，有翼，食海中鱼，杖翼而行……有驩头之国。"《山海经·大荒北经》曰："西北海外，黑水之北，有人有翼，名曰苗民。颛顼生驩头，驩头生苗民。"《国语·楚语》曰："三苗复九黎之德，尧复育重、黎之后，不忘旧者，使复典之，以至于夏、商。"有关九黎部落所处的时代与势力活动范围，古文献记载更明确。如《山海经·大荒北经》："蚩尤作兵伐黄帝，黄帝乃令应龙攻之冀州之野。"《国语·晋语》载："黄帝以姬水成，炎帝以姜水成。成而异德，故黄帝为姬，炎帝为姜，二帝用师以相济也，异德之故也。"《史记·五帝本纪》载："蚩尤作乱，不用帝命，于是黄帝乃征师诸侯，与蚩尤战于涿鹿之野，遂擒杀蚩尤，而诸侯咸尊轩辕为天下，代神农氏，是为黄帝。"《路史》载："帝榆罔立，诸侯携贰，胥伐虐弱，乃分正二卿，命蚩尤宇于少昊，以临西方，司百工。德不能驭，蚩尤产乱，出羊水，登九淖，以伐空桑，逐帝而居于涿鹿，兴封禅，号炎帝。"涿鹿，系今河南涿郡。①《史记集解》引《皇览》说蚩尤被杀后，埋于寿张，谓之蚩尤冢。寿张在今山东境内。

根据以上文献可知，以蚩尤为代表的九黎部落，原居黄河中下游北岸之冀州平原。而各地苗族古歌，也有关于苗族原住在黄河流域的描述。

①　《水经注》卷十三《漯水》。

　　图腾崇拜，又作图腾主义。图腾系印第安语，意为"它的亲族"。原始时代，人们相信人同某种动物和植物之间保持着一种特殊关系，甚至认为自己的氏族部落起源于某种动植物，因此把它视为氏族部落的象征和神物加以崇拜。这也是起源于万物有灵观念的一种原始宗教信仰。

　　苗族以枫木为图腾，在古文献中有所记载。《山海经·大荒南经》载："大荒之中，有宋山者，有赤蛇名曰育蛇。有木生山上，名曰枫木。枫木，蚩尤所弃其桎梏，是谓枫木。"《云笈七签》卷一百《玄远本经》载："黄帝杀蚩尤于黎山之丘，掷械于大荒之中，宋山之上，后化为枫木之林。"苗学专家燕宝等依此认为枫木乃蚩尤氏之图腾。枫木（树）崇拜在黔东南地区流传最广。现存关于枫木（树）崇拜的译文主要有燕宝选编《苗族古歌》中的《枫木生人》，马学良、今旦译注的《苗族史诗》中的《枫木歌》。关于苗族的族源，还得从苗族的枫木崇拜说起。

　　《苗族古歌·枫木歌》是一首关于物种起源的神话诗，其中心内容是关于苗族起源的。"世间万物多，来源只一个，若要知典故，来唱枫木歌；枫木生万物，才有你和我。若要知典故，来唱枫木歌。"枫木歌讲最早的时候，地上什么都没有，只有一棵白枫树。巨人榜香犁耙天下，将枫木栽在香两婆婆的水塘边，枫树很快长大了。东方飞来鹭鸶和白鹤在枫木上做窝，它们偷吃了水塘的鱼秧，香两婆婆说枫树偷了她的鱼，枫树不认账，双方便请理老打官司。理老调查发现，做贼的鹭鸶和白鹤飞跑了，就判枫树是窝家，要砍伐枫树。枫树被砍倒后，派生出各种各样的东西，枫树心生出来只蝴蝶，蝴蝶生下十二个蛋，十二个蛋孵化出苗族的远祖姜炎、雷公、老虎、水牛、大象、老蛇、蜈蚣等十二个兄弟，这只蝴蝶就被当作苗族的始祖，枫树心就是蝴蝶妈妈的家。① 至今，在苗族中仍有普遍崇拜枫树的习俗。贵州从江岜沙苗寨，在老人死后的当天砍树制作成棺木，停尸一般不过夜，葬不垒坟，而是在墓上种一棵名

_____

① 贵州省民间文学组整理，田兵编选《苗族古歌》，贵州人民出版社，1979，第 185~197 页。

贵的枫树或樟树。苗族把生命当作一次愉快的旅行，生从树中来，死后灵魂又回到树中去。苗族崇枫习俗还反映在苗族迁徙的过程中。在择地而居的时候，有些苗民每迁到一个地方，都要先栽一棵枫树，如果枫树成活，便长久地定居下来，如果不能成活，则继续寻找适宜居住的地方。

苗族古歌也记载了苗族的卵生神话及苗族的蝴蝶崇拜。《苗族古歌·枫木歌》中榜留、妹留"游方十二天，成双十二夜，怀十二个蛋，生十二个宝"，这十二个宝包括人、神和兽。在所有的古歌中，以马学良、今旦《苗族史诗》收的"蝴蝶歌"组最全，包括《蝶母诞生》《十二个蛋》《弟兄分居》《打杀蜈蚣》《寻找木鼓》《追寻牯牛》《寻找祭服》《打猎祭祖》。

在长期的口耳相传中，苗族古歌必然会发生信息失真，或者称为流传变异。同时，随着经济社会的发展，每一代演唱者必然会下意识地联系当时的社会生活、文化内容、意识形态等进行再创作，这必然会使古歌的内容发生改变。而如何将古歌的原生态内容从当前的文本内容中提炼出来，掌握古歌的内容是如何在历史演变中逐渐发展成这样的，必然要给予时空序列上新的考察。

三　苗族古歌的文化价值

苗族古歌在苗族人民的生活中占有重要地位，是苗族文化、历史、民俗得以传承的最重要的方式和手段。苗族古歌中均有创世、万物与人类起源、射日月、洪水滔天、兄妹成婚等相关内容，反映出苗族的社会生产发展进程和苗族人民朴素的世界观。田兵在选编《苗族古歌》的时候肯定道："这些古歌，在研究苗族族源、风俗习惯、古代社会、民族迁徙等都是有一定用处的。它的历史价值，还可能远远超过文学价值。"①因此，对苗族古歌的研究至少有如下文化价值。

---

① 贵州省民间文学组整理，田兵编选《苗族古歌》，"前言"，第2页。

一是有利于研究苗族宗教文化。苗族的宗教文化主要是原始宗教文化，人文宗教主要指伊斯兰教、基督教和佛教，这三大教基本上没有影响到苗族。因此，研究苗族古歌对于研究苗族宗教文化具有一定意义。

二是有利于研究苗族的民族心理。苗族把"龙""神"等比作看得见、摸得着的山川大地，是依靠自然、敬畏自然的民族心理的结果，是尊重自然与协调自然的民族心理的体现。

三是有利于丰富中华史诗的内容。研究苗族古歌对于增强民族凝聚力、自信心，古为今用，发展社会主义新文化，丰富中国的龙文化，具有重要的现实意义和深远的历史意义。

四是透过对苗族古歌的研究，可以挖掘和深入分析苗族的历史文化。如苗族思想史、苗族发展史、苗族法律史、苗族迁徙史，都可以从中受到启发，寻找答案。

第三节　唐德海民歌文本的特征

一　强烈的民俗性

"民俗在本质上是一种带有鲜明特色的、沟通传统与现实、物质生活和精神生活的文化现象。"① 无论是苗族歌师的演唱文本，抑或是其他民族歌师的演唱文本，还是唐德海演唱的民歌文本，均体现出强烈的民俗性，这种民俗性包含了民族民间文化的历史演变，展示着民族民间文化的稳定性与变异性，呈现出厚重的历史文化底蕴。但必须注意的是，随着唐德海角色（歌师、理老、巫师等多重角色）的转变，其民歌文本所体现的民俗性的侧重点②截然不同（见表3-4）。

---

① 王志鲲：《弘扬民俗文化精髓　打响民俗文化品牌——浅谈翔安区民俗文化的传承与发展》，《群文天地》2013 年第 4 期。

② 乌丙安：《中国民俗学》，辽宁大学出版社，1985。笔者认同乌丙安先生关于民俗的分类，即经济的民俗、社会的民俗、信仰的民俗和游艺的民俗。

表 3-4　唐德海民歌文本民俗性的侧重点

角色	代表作	侧重点
歌师	《陶尧好地方》	经济的民俗、社会的民俗、游艺的民俗
理老	《议榔词》	社会的民俗
巫师	《巫词》	信仰的民俗

作为歌师，唐德海的民歌文本源于生活，止于生活，其民俗性侧重于经济、社会和游艺。唐德海演唱的苗族民歌与生活息息相关，从不同角度反映了他所在区域的苗族人民的社会生活、伦理道德和社会关系。如唐德海演唱的《陶尧好地方》，是苗族人民在田间地头进行劳动耕作时所唱的歌。

田坝水汪汪，河水闪银光，水车吱吱响，陶尧好地方。①

作为理老，唐德海演唱的民歌文本以歌词为理据，以评理为目的，被称为语言的法律（口耳相传的法律），② 亦为民族习惯法。如唐德海演唱的《议榔词》以民歌文本为手段，化解了诸多矛盾，体现出社会的民俗。

旧年岁已过，新年岁到来。

已过的岁月，地方也稳定，寨子也和谐，地方不混乱，寨子不复杂。

上到今年来，地方成迷雾，寨子像雨淋，地方不稳定，寨子不和谐。

有人思想坏，有人道德差，像牛拱坏圈壁，偷盗破坏地方。

乱造歪歪理，破坏榔规约。地方不答应，寨子不容恶。

① 《黔东南文史资料选辑》第 1 辑，第 196 页。
② 谢晖：《法律的意义追问——诠释学视野中的法哲学》，商务印书馆，2003。

集齐榔约之寨，齐聚榔约之人，走路要齐步，扭头要一边。

舂他像舂药，捶他像捶砂。捆他晒太阳，闷他深水潭。

他痛他才晓，他死他才知。才教育地方十六，才警示寨子十五。

众人听我言，众人听我论，

有律在古代，有例在祖先。论古律来听，说先例才知。

天上有天理，天下有律例。放弃天上理，专讲天下例。

在林屯地方，有个阳久寨，有个阳杰寨，

久公才来论，杰奶才来说。论物几十样，说事百多条。

论到牛马骡，说到猪狗羊；论到鸡鸭鱼，说到虾鸟虫；

论到坡山林，说到菜草柴；论到土与田，说到沟水渠；

论到公奶婆，说到子孙媳；论到亲友情，说到众乡邻；

论到说话亲，论到学语言；说到用古理，说到用正确。

山梁是山梁，山谷是山谷，路就是条路，沟就是条沟，

雨水是雨水，泉水是泉水，田鱼是田鱼，河鱼是河鱼。

奶就是奶，河鱼是河鱼。奶就是奶，妻就是妻，

亲戚是亲戚，朋友是朋友，你的是你的，我的是我的。

各家种各家吃，各家织布各家穿。不有懒惰思想，不有盗贼之心。

哪个有邪恶思想，哪个有盗贼之心，钻别人田捉鱼，偷别人山林木，盗别人家猪羊，进别人家劫货，抢妻夺子等恶行。

地方不答应，寨子不容恶。用地方榔规条例，集地方榔规众人。

拿他身来示众，捉他体来示法，他痛他才晓，他死他才知。

才教育地方人众，才警示案例人多。地方才不混乱，寨子才得和谐。①

---

① 政协雷山县文史资料委员会编《苗族歌手唐德海歌文选编（未刊稿）》，唐德海唱诵，唐千武、唐千文翻译，2008，第116~137页。

作为巫师，唐德海演唱巫词时不仅要有丰富的祭品，而且有严格的禁忌，歌词长调均是轻微细语、不拖声音，体现出苗族人民的原始宗教思维，如唐德海演唱民歌《巫词》时，语调低沉、低平忧伤，体现出信仰的民俗。

刀砍死的，枪打死的，火烧死的，跌岩死的，前五里，后五里，人家在杀猪宰羊等你，现给你们点水饭吃，你们有堂归堂，有店归店，无堂无店，你们去归扬州扬县，不再来缠扰我家。

二　自觉的认同感

"文化自觉"是由费孝通先生最先提出来的。他解释说："文化自觉，意思是指生活在一定文化中的人对其文化有'自知之明'，明白它的来历，形成过程，所具的特色和它发展的趋向，不带任何'文化回归'的意思。不是要'复旧'，同时也不是主张'全盘西化'或'全盘他化'。自知之明是为了加强对文化转型的自主能力，取得决定适应新环境、新时代的文化选择的自主地位。"① 文化自觉是人类基于不同文明之间的现实矛盾和冲突而做出的理性选择和价值取向。文化的现代化是一个不可阻挡的、不以人的意志为转移的历史必然趋势。全球化为增强文化自觉提供了最大机遇，民族意识的觉醒是民族文化现代化的内在动力。

传统既可能是一个民族向前发展的阻力和包袱，也可以成为向前发展的动力与源泉。若以主动的、自觉的姿态对民族传统进行反思，那么对于现代化来说，传统与现代是相互贯通的。唐德海的民歌文本对民族文化具有反思和提升的作用，它从整体上把握民族文化，对民族文化进行盘点。

唐德海的民歌文本并非封闭的，而是开放的，它在苗族民族文化资源的

---

① 费宗惠、张荣华编著《费孝通论文化自觉》，内蒙古人民出版社，2009。

基础上，剔除了不合时宜的成分，吸收当代文化新内涵，实现了传统与现代文化的融合，创造了新的、蕴含时代气息的民族文化。此举改变了民族文化在现代化进程中的弱势地位，增强了民族文化的影响力。只有对民族自身的文化做及时、必要的分析和肯定，民族文化才会建立起文化自省机制，才不会失去活力，才会真正成为民族的精神支柱，振奋民族精神。如唐德海演唱的《凯里是个好地方》，生动活泼地歌颂家乡、歌颂政府。

从古到如今，哪有现在好。好了还要好，靠毛主席领导。

黔东南苗侗十六县，自治州建成新面貌，州府设在凯里城，凯里实在好。

凯里是个好地方，平坦又宽广，田中鲤鱼肥，塘内荷花香。

排排高楼平地起，四面都是玻璃窗。玻璃映出行人影，个个脸上放红光。

街心花园大十字，四条大街真宽敞。白天车马穿梭过，晚上青年来"游方"。

还有芦笙坪，建在大街旁，专等节日到，斗牛赛马忙。

踩鼓跳芦笙，还把戏来唱。歌声永不断，热闹传四方。

凯里是个好地方，座座工厂傍农庄。

工厂自动化，野草变纸张。农业机械化，保证多打粮。北门老龙井，自古往下淌。

自从安了抽水机，翻坡过坳水朝上。自来水管遍全城，不用挑水水满缸。

将来还要修铁路，火车通到苗侗乡。将来还要通汽船，好似游龙上清江。

凯里好啊好地方，二百万人民朝你往。不等太阳落，电灯亮堂堂。

花针落地不用找，白天夜晚一个样。

好地方啊凯里城，州府傍着清水江，州府傍着香炉山，山高水深万年长。

让它永远矗立，让它名传四方，凯里真是个好地方。①

苗族民歌的曲调大多承袭传统唱法，歌师的主要成就不在于曲调的更新，而在于歌词的创作、修饰与提高，所以曲调的变化很少。因此，唐德海区别于其他歌师的核心要素在于歌词，事实上，从《唱红军》到《集体道路好》，再到《山河才是主》无不体现出唐德海的民歌文本时时刻刻与国家政策的变动、行政权力的变化紧密结合在一起，可以说，唐德海的民歌文本随政策的变化而变化（见表3-5）。

表3-5　唐德海不同时期的民歌文本

时间	背景	歌名
1949 年前	解放前红军经过	《唱红军》
1949 年前后	临近解放时期，土匪要求唐德海入伙，唐德海用歌声拒绝	《我愿死后埋在青山下》
1954 年	唐德海当选自治州政府委员（1953 年）后	《苗家跟着共产党》《苗乡变了样》
1956 年	唐德海被任命为文化馆副馆长	《你们两夫妻》
1956 年	毛泽东提出探索中国社会主义建设道路的任务，全国开始集体化道路	《集体道路好》
1966 年	"文化大革命"开始，唐德海被批斗	《乌云挡不住太阳》
1978 年	改革开放	《喜为"四化"唱起来》
1979 年	前往北京向国家领导人献歌敬酒	《献上苗歌九箩筐》
1980 年	弥留之际	《山河才是主》

---

①　黔东南苗族侗族自治州文化局文学艺术研究室编印《民族民间艺人会议诗歌创作选集》，1962。

第四章

传统语境的自歌自唱

民间场域中的歌师，同当下现代性语境中的歌星、歌手等群体有着严格或本质上的区别。在传统语境里，苗族歌师更多的是指本民族内部能够演述和传唱本民族古歌、民歌的民间文化艺人，他们的产生、出现和存在都只能在苗族的传统空间内。

第一节　民间场域中的苗族歌师

一　苗族歌师

歌师，仅从字面上理解，就是唱歌的人。在本书中，苗族歌师主要以演唱苗族传统歌谣为主。在黔东苗语中，人们一般把具有某种特殊技能的人称为"xangs"。如称善于加工银饰者为"xangs nix"或"xangs dangt nix"，称善于打制铁质农具者为"xangs hlet"或者"xangs dangt hlet"，称善于打制家具、起房造屋者为"xangs det"，称精通本民族古歌、情歌、酒歌等民间歌谣并能声情并茂地演唱者为"xangs hxak"。①
由此我们可以看出，这里对苗族歌师的界定有着特定的含义，通常是指
苗族内部拥有较好的嗓音，掌握较丰富的乡土文化知识，具备较强的演
唱天赋和能力，并且广受当地民众欢迎的古歌文化传人，如理老、活路
头、鼓藏头等，这类人相对较少。在苗族传统文化语境里，还有一些民
间歌手，相对于 xangs hxak（歌师）来说，他们往往不会唱古歌、民歌，
但能即兴演唱一段本民族的曲调，这类歌手在苗族村寨较为常见。本书
所指的歌师是前面的那一类。这类歌师往往是半职业性的，既从事农业
生产劳动以维持生计，又经常参加婚礼、葬礼、节庆等重大场合的古歌
演唱。苗族歌师不受性别和年龄的限制，男女皆可，长幼皆有，但往往
以男性为主。他们熟谙苗族的人文历史、生活习俗、乡规民约、宗教
信仰等，是当地乡土知识分子和保护与传承民族文化的主要代表。② 正
如乌丙安先生所言："他们不仅拥有丰富的民俗知识和参与民俗活动的
经验，而且还在社会群体中，在大多数接受习俗化养成的承受者（受
众）中获得信赖荣誉和崇敬。"所以，他们才"维护着族群地方文化的
血脉"，在潜移默化中成长为"民俗文化传人和习俗社会规范的主要支
配力量"。③

　　在黔东南苗族主要聚集区，人们对歌师有比较严格的要求和标准：
第一，必须具备清晰、洪亮的嗓音，这是一个人成为歌师的基本条件；
第二，必须具备丰富的乡土文化知识，包括人文历史、生活习俗、人情
世故、宗教信仰、乡规民约等；第三，必须掌握和精通苗族古歌的内容
与含义，并能够生动诠释；第四，必须具备较强的语言表达能力、思辨
能力、表演能力以及创作能力；第五，必须具备收徒授徒、培养新一代
歌师的教育传承能力，因为他们肩负着传承苗族民间文化的责任和义务；

① 李锦平：《苗族语言与文化》，贵州民族出版社，2002，第 121 页。
② 符红宇：《当代湘西苗族歌师研究》，硕士学位论文，中南民族大学，2011。
③ 乌丙安：《民俗学原理》，辽宁教育出版社，2001，第 288~289 页。

第六，必须具备处理各类重大事件和各种矛盾纠纷的能力，能够帮助处理和解决民族内部各种重要事务和突发事件。只有同时具备上述六个条件，在苗族社区里才算得上是严格意义上的歌师，才能够赢得当地民众的认可和尊敬。当然在此基础上，那些擅长演唱苗族古歌内容的歌师就可以被称为古歌师，例如在黔东南的施秉、台江和剑河等县，民众对古歌师的界定，不仅要看其能否记住古歌的大量篇幅、谙熟古歌的确切含义，而且要看声音是否优美、富有吸引力，能否教会徒弟进行传唱。[1]

在苗族传统文化语境里，歌师有着崇高的地位，虽然其具体数量我们无从得知，不过可以明确的是，几乎每个苗寨都会有一个或几个能说会唱的歌师。通过 2009 年黔东南州丹寨县王凤刚收集整理的《苗族贾理》一书对苗族歌师的统计，我们可以看出该县部分村寨苗族歌师的分布状况（见表 4-1）。

表 4-1　《苗族贾理》中的歌师

序号	民歌篇名	出现页码	歌师
1	序贾篇	第 2 页	杨应安、金毓元、余育中
2	创世篇	第 16 页	吴玉金、金毓元、潘有富、杨应安、潘正云
3	洪水篇（上）	第 151 页	吴玉金、金毓元、余应中
4	洪水篇（下）	第 206 页	吴玉金、金毓元
5	迁徙篇（上）	第 238 页	吴玉金、金毓元、杨应安、潘正云
6	迁徙篇（下）	第 322 页	吴玉金、金毓元、杨应安、潘正云、杨炳文、潘玉详
7	村落篇	第 379 页	余应中、吴玉金、杨炳文、潘玉和
8	婚姻篇	第 433 页	吴玉金、陈金才、余应中、杨炳文
9	案件篇	第 493 页	陈金才、杨应安、杨炳文、余育中、王启荣、潘正云
10	祭鼓篇	第 586 页	王启荣
11	巫事篇	第 638 页	薛春鼎、潘玉和、王启荣
12	《贾》结语	第 741 页	潘正云、余应中

资料来源：王凤刚搜集、整理、译注《苗族贾理》，贵州人民出版社，2009。

---

[1]　罗丹阳：《苗族古歌传承的田野民族志——以黔东南双井村"瑟岗奈"（Seib Gangx Neel）为个案》，博士学位论文，中央民族大学，2011。

二　歌师演唱的传统语境

对于民间文艺的叙事语境与演述场域，巴莫曲布嫫提出了史诗传统在场、表演事件在场、演述人在场、受众在场，以及研究者在场等"五个在场"的概念。其中，在史诗传统在场的阐释中，她认为："诺苏史诗演述有着场合上的严格限制，这就规定了表演事件的发生主要体现于仪式生活。在送灵大典上，史诗演述既出现在毕摩的仪式经颂之中，同时也出现在以姻亲关系为对净的'卡冉'雄辩中，伴随着人们坐夜送灵的一系列仪式活动。"① 同样的，苗族歌师在演唱苗族古歌时，对"传统在场"有着较为严格的要求、规范以及禁忌。演唱时，主客双方须对坐，采用盘歌的问答形式进行。这种演唱形式潜移默化地影响和决定了苗族歌师在演述苗族古歌时，必须注意语言要求和演唱环境，通常情况下都是在节庆、婚礼、葬礼和亲朋好友聚会等重大场合中演唱，对非正规场合有严格的禁忌。对于"传统在场"环境下的苗族古歌演唱，已故苗族歌师唐春芳指出：

　　苗族唱古歌，多半在节日、走客或农闲这三种场合。其中以走客喝酒时唱古歌规模最大，情绪最高。过去苗族走亲戚时，主客双方都要准备好歌手，如客边找到出名的歌手，走客就要三天三夜才回转，如果找的歌手懂的歌并不多，则一天一夜即回转。这种风气，炉山县凯棠乡（今凯里市旁海镇凯棠村——引者注）与台江县革一乡一带苗族地区仍然保存着。对唱的双方，有时是主客双方的歌手，但有时也是客边的歌手。

　　唱歌时，堂屋里摆着长形的大条桌，桌子底下放着水缸似的大酒罐，桌子上面摆满各种杯盘和菜肴。对唱歌手分坐两边，其余的人用苗歌来形容，则是"八层人坐，十层人站"，主人的屋里挤得水泄

---

① 廖明君、巴莫曲布嫫：《田野研究的"五个在场"——巴莫曲布嫫访谈录》，《民族艺术》2004 年第 3 期。

不通。这些群众，有的抱着学歌的目的而来，有些为了听歌手优美的歌声而来，有些为了一睹歌手的风采而来，有些为了看热闹而来。总之，一个个眉飞色舞，兴高采烈。唱歌的甲方唱出一段以后，要是乙方解答不了，就要罚喝酒；反之，甲方答复不出乙方的歌，也要喝酒。正式唱歌之时，全屋鸦雀无声地注意倾听，但遇到有趣的地方，群众就发出愉快的笑声；遇到精彩的地方，群众就发出"好啊""老实好啊！"等等赞叹声；唱到悲惨的地方，特别是唱到祖先含辛茹苦，创业艰难的地方，群众则嘘吁叹气，有的吞声引泣。但遇到一方唱输了，要罚酒了，大家突然喜笑颜开。满屋"噫——噫——"地喝彩助兴起来，巨大欢乐的声浪，响彻数里之外。[①]

具体而言，苗族歌师演唱的传统语境主要包括重要节庆、重大事件、人生礼仪以及亲朋好友聚会等。

苗族节日众多，在黔东南苗族地区，常见的传统节日就有"苗年"、"鼓藏节"[②]、"龙舟节"等，这些众多的节日，都是歌师演唱的重要场合。[③] 鼓藏节是雷公山区域和月亮山区域的苗族的一个祭祀性节日，该节日仪式烦琐、程序较多，不同的仪式有各自不同的唱词。

在寻鼓阶段中，歌师唱道：

春天到来暖洋洋

---

① 转引自罗丹阳《苗族古歌传承的田野民族志——以黔东南双井村"瑟岗奈"（Seib Gangx Neel）为个案》，博士学位论文，中央民族大学，2011。

② 苗族古代社会有许多源于一个男性祖先的氏族组织，黔东苗语称这种氏族组织为"Jiangd"，汉语音译为"江"或"藏"。传说苗族从东方西迁时，每个氏族都置有一个木鼓，敲鼓前进以互相联络，避免掉队。鼓，黔东苗语称为"niel"，因而黔东苗语又称这种氏族组织为"Jiangd niel"，汉语音译为"江略"，意译为"鼓社"，音意合译为"鼓藏"。因此鼓藏节是苗族祭祀祖先的节日，祭祖也即是祭鼓，鼓多为木头制成，由于过鼓藏节的时间间隔十多年，若是鼓保存不好，就要砍树添置新鼓。

③ 李锦平：《苗族语言与文化》，第191页。

早春人勤田中忙

姜央吆牛把田犁

啄木鸟啄木声悠悠

象妈妈木鼓响咚咚

姜央专心在犁田

不曾听到鼓声隆

妹妹阿仰听到了

忙叫姜央耳放聪

那是祖母鼓声响

鼓声咚咚在林中

姜央丢牛阿仰守

跟寻鼓声进山冲

见鸟啄木响咚咚

央随咚咚舞兴浓①

到了砍树制木鼓阶段，歌师会唱：

祭司来到了

来到鼓主家

与鼓主同坐

客人也来了

亲朋也来到

大家互相邀

一个约一个

像春笋萌芽

① 杨元龙搜集、整理、译著《祭鼓辞》，贵州民族出版社，2011，第64页。

个个一样好

英俊又彪悍

寻路上山坡

去把鼓树找

新制祖宗鼓

漂亮的才要

上大山去寻

进箐林去找

未遇好鼓料

再进山冲寻

好树找到了

找到制鼓树

祖宗挺高兴

斟酒来敬鼓

倒酒敬祖宗

亲朋大家饮

众客一齐喝

亲友举碗把酒干

祖宗见了最欢喜

先祖看见最高兴

最合鼓主的心

最合祭司的意

最乐亲友的情

大家朝月亮升起的地方望

一轮红日冉冉升起在东方①

---

① 杨元龙搜集、整理、译著《祭鼓辞》，第139~140页。

国家在场与地域文化：歌师唐德海及其传人研究

　　苗族鼓藏节一般杀牛祭祖，牛是连接祖宗与人间的献祭之物，在杀牛祭祖阶段，歌师要面对牯牛，高声念诵杀牛的唱词：

　　　　　　　宽角的牯牛啊

　　　　　　　今天日子好

　　　　　　　今夜是良辰

　　　　　　　今天祭祀蝴蝶妈妈

　　　　　　　今夜敬献各位祖先

　　　　　　　你尾部旋很美

　　　　　　　你头上角很宽

　　　　　　　用你这旋美的水牯祭祀榜奶

　　　　　　　拿你这宽角的牛王敬献留奶

　　　　　　　吉时牵你出圈

　　　　　　　良辰拉你出栏

　　　　　　　牵你去祭祖塘

　　　　　　　拉你去祭祀坪

　　　　　　　牛去（死）不摆尾

　　　　　　　马去（死）不摇鬃

　　　　　　　牯牛啊

　　　　　　　听了你放心走

　　　　　　　说罢你乐意行

　　　　　　　宽角旋美的牯牛啊①

　　杀牛祭祖是鼓藏节最重要的仪式，之后，鼓藏节即将进入尾声，全寨相安无事，皆大欢喜，那么歌师就要唱《祖宗保佑》来为鼓藏节

---

① 杨元龙搜集、整理、译著《祭鼓辞》，第163~164页。

收尾。

祖先都来了
老人都来到
各位先祖母
各位先祖公
人人欢喜
个个高兴
人人笑眯眯
个个喜开颜
吃饱胀登到颈项
喝醉沉睡到三更
吃饱要保老少平安
喝醉要护村寨安宁
像渔网把村子盖严
像鱼罩把寨门围牢
保人人长寿
佑户户发财
人人长命百岁
户户发财添丁
祖母保佑人人聪明乖巧
祖父附身个个发子发孙
祭祀祖先今天止
祭鼓仪式今夜停①

---

① 杨元龙搜集、整理、译著《祭鼓辞》，第 168 页。

苗族传统社会里的重大事件指的是农事活动、出生礼、婚礼、丧葬等，这些重大事件也是歌师出现的重要场域。苗族是一个农耕民族，在"起活路""撒秧""开秧门"等重大农事活动中，活路头①或歌师在举行祭谷神仪式时，都会演唱不同的唱词。

在起活路时，活路头或歌师会唱道：

> 正月要过去了，
> 二月要来到了，
> 鸟儿叫了，
> 燕子飞来了，
> 开始做活路了。②

之后，活路头会在自家田中央插上打结的茅草，路过的人看到，就知道是活路头已经起活路了，于是，各家各户便可以动土开荒，开始劳动生产了。

在撒秧时，活路头或歌师会唱道：

> 谷子姑娘啊（即谷神），
> 你在家（谷仓）睡很久了，
> 现在鸟儿叫了，
> 花也开了，
> 你该出来了！
> 我撒你三把在前面，
> 你要长得很好，
> 我撒你三把在后面，

---

① 传统苗族社会里掌管农业生产的头人。
② 黔东南州民族研究所编《中国苗族民俗》，贵州人民出版社，1990，第 523 页。

你也要长得很好。

露水养你的叶子，

泥土养你的根，

你会长得很好的。①

这样的唱词，用以祝愿谷子和谷神在田里苗壮成长，祈求秋季到来时有好的收成。这种仪式充分体现了山地农耕民族浓厚的原始宗教信仰。

在开秧门时，活路头或歌师会唱道：

哪家母亲最勤快？

我家母亲最勤快。

我家母亲请来了姑娘（谷和谷神），

到我家田边，

插在田里头，

这地方很好，

姑娘可以安心在这里，

今天有白刺来保护你，

虫不会吃你，

鬼怪不会害你，

你会长得很好。②

念毕，歌师插白刺和茅草于田中。这样做主要有两层含义：一是警示，告诉行人这块田已经插秧，不要随意践踏；二是祭谷神，祈求谷神保佑禾苗长得快、长得好，秋天到来时能大丰收。

苗族歌师是半职业性质的，没有专职工作，没有固定收入，绝大多

---

① 《中国苗族民俗》，第 524 页。

② 《中国苗族民俗》，第 524~525 页。

数时间都在从事农业生产劳动以维持家庭生计，一旦遇到重要的人生仪式，只要有人发出邀请，即使再忙，他们也都会抽出时间前往。在人们看来，古歌演唱既是他们的兴趣又是他们的职责，参加各种重大活动演唱古歌，既能履行他们对当地民众应负有的责任，也可以提高他们的知名度和社会地位。

婚礼现场无疑是苗族歌师表现自身高超苗族古歌演唱技艺和水平的场域。作为熟悉民族文化的歌师，他们很乐意看到两个彼此欣赏、互相爱慕、感情恩爱的年轻人走到一起，寻到幸福。因此，当寨内或寨外某家孩子结婚或是出嫁时，只要向他们发出邀请，他们都会准时参加。在婚礼中，有很多重要的环节必须要由歌师来完成，如丹寨县境内苗族某家小伙子要娶亲时，在"讨鸡"（即定亲）当天，要安排家族内年纪较高、阅历最多、歌唱得最好的一男一女陪同前往，以便能够顺利应对女方家届时"无理"的发难。到女方家后，男方这边的歌师会寻找机会向女方家人演唱《讨鸡歌》，其内容是：

> 没有土地不成人，
> 没有媳妇不成家。
> 我找南又找北，
> 找东又找西，
> 找到你们家，
> 看你们的姑娘长得好，
> 求你们让给我家做媳妇。
> 拿什么来作证，
> 添酒来作证，
> 拿什么来定亲，
> 一对公母鸡，
> 它们来定亲。

> 谁家要变心，
>
> 鸡的嘴巴硬，
>
> 鸡的心公平，
>
> 由鸡来评理。①

　　在对唱过程中，会出现很多有趣的小插曲，过程一波三折，但这并不影响"讨鸡"的顺利进行。等到各种事宜最终敲定后，男女双方便可以为接下来的婚礼张罗准备了。

　　婚礼过程当中，"吃拦门酒"这一环节很是热闹有趣。在亲舅爷②进新郎家门前，新郎家就会安排人在每一道门的门口摆好米酒，歌师就站在米酒旁边，当亲舅爷走到跟前时，其中一位歌师就会唱起迎客歌：

> 今年年成好，
>
> 今天日子佳，
>
> ……
>
> 我选这日子，
>
> 邀请客人来，
>
> 邀请亲朋等，
>
> 在等着你们。
>
> 盼像盼星星，
>
> 盼像盼月亮，
>
> 等你们把姑娘送来，
>
> 盼你们把媳妇送到。
>
> ……
>
> 没有哪样献，

---

① 《中国苗族民俗》，第 441 页。

② 亲舅爷，不仅指女方家的兄弟，也指送亲的客人，包括女方的姐妹、叔叔婶婶等。

> 只有两角酒，
> 请你喝干净。①

走在前面的亲舅爷听到后，要恭恭敬敬地接过牛角酒，并把酒喝干净，送亲的人也要一一喝过牛角酒，才能走进堂屋。男方家安排拦门酒，有其特殊目的：一是表示热忱；二是对苗族传统婚礼习俗的继承。

婚礼中最为重要的环节，可能要数"掐祖宗饭"了。届时，新郎家会准备好各种祭品和礼品，如米酒、猪肉、糯米饭等，并邀请一位阅历丰富、德高望重的歌师来进行演唱，演唱内容通常是：

> 贵亲迎我们，
> 贵戚接我们，
> 还有贵祖宗，
> 来陪我们住，
> 我们太感谢。
> 用我的粗手，
> 来掐贵米饭，
> 糯米白生生，
> 先敬祖宗们，
> 祖先快接受，
> 领我们情意。
> 姑娘今天到你们家，
> 成你们的人，
> 望亲家照料，

---

① 《中国苗族民俗》，第 422 页。

望祖宗保佑，

让她成家立业，

让她繁衍子孙。①

　　歌师唱完后，"掐祖宗饭"也就结束了，婚宴正式开始，亲朋好友们可以直接就餐。

　　传统上，苗族内部没有成文的规章制度，但口头传承的乡规民约内容丰富，如"榔"就是苗族社会内部强有力的社会组织，它对内可以维护社会秩序，保护私有财产和维系道德伦常；对外可以抵御外来侵犯，维护当地民众的人身和财产安全。与此同时，寨老、理老在组织、主持寨上诸如公益、议榔等重大活动，调解处理诸如财产、婚姻等民事纠纷，以及在执行民间习惯法方面发挥着积极的作用。② 歌师也在其间扮演着重要的角色，起着举足轻重的作用。

　　在苗族社区里，歌师在婚姻纠纷中发挥的作用是比较大的，他们担负着调解人的重要职责。歌师不仅能够演唱较多的苗族古歌、民歌，通晓当地苗族的历史、习俗、乡规民约等，还具备较强的语言表达能力、思辨能力、调解能力，这些能力越突出，歌师的知名度和信誉就越高，也就意味着他们完全能够担负起婚姻纠纷调解人这一职责。他们演唱的苗族古歌，不仅传述了苗族历史，解释了苗族风俗，而且还可以解决现实生活中民众之间的各种矛盾冲突、婚姻纠纷、财产纠纷等。

　　在黔东南的丹寨县，每逢本寨有夫妻不和、非离婚不可的事情时，就会请歌师来调解，他们唱道：

你家的扁董，

无萤火虫照路，

---

①　《中国苗族民俗》，第453页。

②　贵州省丹寨县地方志编纂委员会编《丹寨县志》，方志出版社，1999，第189页。

无蜘蛛牵丝，

无点水雀做媒，

无卓鸟为妁，

无鸡做嫁礼，

无鸭做嫁物，

无舅舅送嫁，

无舅妈送亲，

蛙各从你岩头跃来，

鸟各从你枝头飞入。

你心各愿连彼心，

你坛各愿配坛箩，

金竹各喜欢水竹，

小伙各喜欢姑娘，

各喜欢在放牛坡，

各相爱在藏鼓崖，

美如四两银项圈，

恰似金鞍配骏马，

自娶进你门，

自迎进你屋。

你拍水鱼才跑，

你拍掌鸟才飞。

……①

　　这段唱词表明对于苗族内无媒无妁的婚姻，离婚时无须给女方赔偿。通常情况下，歌师吟诵这样的唱词，就表示苗族认可若有如下理由就可

---

①　王凤刚搜集、整理、译注《苗族贾理》，第559~560页。

离婚，如懒惰、偷盗、家庭暴力、婚外情以及别的能为人所理解的理由等，这可看作夫妻离婚的"合法"依据。例如民国初年，在丹寨县长青乡某苗寨某女和某男的一段婚姻纠纷中，家境富有的男方因嫌弃娘家比较穷的妻子，就以她有偷摸行为作为休妻的理由。经过双方歌师辩唱，男方拿不出妻子偷摸的证据，最后没有离成。

三　歌师演唱的内容

英国人类学家马林诺夫斯基（B. K. Malinowski）认为，一切原始社会都很显然地具有两种领域：一种是神圣的领域或巫术与宗教的领域，一种是世俗的领域或科学的领域。① 如果从文化神圣与世俗的角度来看，苗族歌师的演唱内容也可以划分为"神圣的歌唱"和"世俗的歌唱"两个领域。

神圣的歌唱涉及宗教、祭祀、祭祖等内容，这类演唱必须限定在特定的时间和空间，并且有着极为严格的禁忌。比如下面这首《封寨》的唱词：

来封这寨上的路口，

来封这坳上的通道，

封路姑娘聪明伶俐，

塞坳后生身强体壮，

封路全寨人人富有，

塞寨全鼓户户安康。

来封这寨上的水井，

来盖着村上的水塘，

封井姑娘聪明伶俐，

---

① 参见吴天婉《云南文山瑶族度戒舞刍议》，《民族艺术研究》1993 年第 1 期。

> 盖塘后生身强体壮，
>
> 封井全寨人人富有，
>
> 盖塘全鼓户户安康。①

　　歌师一般是在鼓藏节正式开始的那天早上演唱这首歌。演唱时歌师须右手执剑、左手端盛有米酒的牛角，走到寨子水井边，对着用树枝盖好的井口念念有词，从此不许任何人来井里取水，直到下次歌师来念开井词，才能开井饮水。类似这些在特定的时间、空间，针对演唱对象的神圣歌唱，在苗族民歌里比比皆是。苗族学者杨元龙在其搜集整理的《祭鼓辞》一书"采风感言"中，谈到了搜集这类唱词的艰辛，他说：

　　　　为抢救、搜集月亮山地区苗族吃鼓藏的祭鼓辞，笔者退休后，重返月亮山采风，决心把祭鼓辞搜集到手。由于工作关系，笔者与许多祭司已经很熟，但当笔者向他们说明来意，并请他们给予提供时，没想到却被他们拒绝了。他们说，他们可以给笔者古歌、故事，就是不能给祭鼓辞。问其原因，他们说，杨主任（笔者曾任榕江县民族事务委员会副主任），不是他们不肯给，因为不是吃鼓藏的时候，念不得。祭鼓辞要在特定的时间（日、时、辰）、特定的地点（房屋中柱、大门内外、牛圈、杀牛塘、树脚等）、针对特定的对象（祭品、牯牛、牛圈、大门、枫香树、水井、敲牛叉等）才能念。现在念了，祖先听到后，就认为寨子在吃鼓藏，就会来参加。如果不见有木鼓，看不见牛打架，不听芦笙响，姑娘不跳舞，更不见敬献给他们的鼓藏牛，寨上冷冷清清，一点不热闹。那样，他们就会生气，家神野鬼就一起来找大家的麻烦，就会搞得人丁不安、六畜不宁，哪个敢啊！

---

　　①　杨元龙搜集、整理、译著《祭鼓辞》，第 121 页。

又如，苗族古歌里的《洪水滔天》也不是随便就能唱的，如果要唱就得在屋外而不是在屋内，而且要杀鸡宰鸭后方能进行，有歌是这样解释的：

古歌有十二首，

《洪水滔天》别唱了，

昏天黑地难得走，

任你选唱哪一首；

如果要唱洪水歌啊，

把鸭杀了摆地上，

鸭子杀死再开口。[1]

再如，被誉为"苗族百科全书"的《苗族古歌》，内容丰富，有严格的演唱禁忌。苗族歌师在演述时，一般都会紧密结合演述场景，从具体事宜出发，条理有序地进行。因此，歌师在不同场合势必会演唱不同的歌词，才能避免触犯职责规定的和民间约定俗成的演唱禁忌。同时，歌师为了避免多重身份在一次活动或仪式上同时出现，必须时刻注意自己目前所处的场合和扮演的角色。比如当一对夫妻因为纠纷而要离婚时，女方家会邀请一两个歌师同男方家对唱《霸道奴》，在这种场合，歌师只能扮演歌师或婚姻纠纷调解人的角色，而不能扮演其他角色；双方歌师只能对唱《霸道奴》，而不能对唱其他形式和内容的民歌，否则会招致大家的不满和谩骂。

在节庆、葬礼等重大场合，苗族歌师在演述苗族古歌时是非常严肃和庄严的。演述所涉及的内容较为广泛，一般是从开天辟地和人类起源开始，一直唱到人们的日常生产生活情况，例如《开天辟地》的开头是这样唱的：

---

[1] 马学良、今旦译注《苗族史诗》，中国民间文艺出版社，1983，第239页。

我们看古时，

哪个生最早？

哪个算最老？

他来把天开，

他来把地造，

造山生野菜，

造水生浮萍，

造坡生蚱蜢，

造井生刚蝌，

造狗来撵山，

造鸡来报晓，

造牛来拉犁，

造田来种稻，

才生下你我，

做活养老小？

姜央生最早，

姜央算最老，

他来把天开，

他来把地造，

造山生野菜，

造水生浮萍，

造坡生蚱蜢，

造井生刚蝌，

造狗来撵山，

造鸡来报晓，

造牛来拉犁，

造田来种稻，

才生下你我，

做活养老小。①

　　歌师在演述《开天辟地》这样的篇目时，其内容主要是苗族传统社会的历史与文化，因此得严肃、认真、投入，不能出现漏字、忘词、断句、断章等错误，并要尽可能地把苗族的历史完整地演述清楚，避免有含糊和歪曲。

　　与此相反，世俗的歌唱就是苗寨村民在日常生产生活中演唱的歌，这类歌的内容宽泛，演唱时比较轻松、自由，不受严格的限制。演唱内容往往是人们对现实生活的一些感触，包括快乐、幸福等追求美好生活的主题。例如苗族人热情好客，每当家里有贵客来访时，主人便同本家族姑娘、媳妇，端起酒碗去客人堆里逐一敬酒，敬酒时如有客人推辞，主人便会唱起酒歌，客人听了，也会即兴回唱。

　　主：

天不黑我不慌着敬酒哟，

天黑了我才把酒来敬亲友。

虽然水酒淡得象（像）清水一样，

我还是手脯弯弯，双手端到亲家口。

亲家，请你不要嫌它味不稠，

不然我端酒的手就要害羞；

亲家，请你快张口吧，

你不可怜我这端酒的手已酸得发抖，

也要可惜这盛酒的杯子就要抖落打破，

---

①　潘定智、杨培德、张寒梅编《苗族古歌》，第2页。

你看它又圆又光多好的釉！

客：

今天日子好，富贵又吉祥。

发财得象（像）城里的商人，

家业就象（像）鲤鱼下蛋一样。

今天是个猪牛满圈的好日子，

是个人丁兴旺的好日子，

喇叭唢呐都吹来庆贺，

铜鼓也敲得咚咚响。

吉日把我们召来，

就象（像）军号把军人呼唤，

士兵们纷纷集合一样。

往日拿坩埚拢银来冶炼。

今天拿房子拢客来欢宴。

舅爷姑爹都拢来了，

人人穿着染得黑亮的衣裳，

个个都一样英俊漂亮。

姨妈姊妹都拢来了，

人人穿得花花绿绿，

个个苗条清秀。

我们今天聚拢在一堂，

象（像）米饭煮在一口锅，

象（像）酒菜摆上一张桌。①

_____

① 贵州省三套集成办公室主编，燕宝编《贵州苗族歌谣选》，中国民间文艺出版社，1989，第56~57页。

如果客人唱到这里还要推辞，主客就会不断地即兴对唱下去，直到客人把手中的酒一饮而尽，酒歌对唱才能结束。

第二节　苗族歌师的社会功能

苗族在历史上有语言而无文字，其传统与习俗的沿袭无不靠人们的口耳相传。众多的苗族歌谣蕴含着丰富的历史、天文、地理、宗教、教育、法律和人伦等知识。在苗族传统社会的生产生活中，歌师占有很重要的地位，每逢祭祀、年节、嫁娶、建房都要请歌师来演唱苗族歌曲，对于歌师的地位，苗歌里有唱词这样说道：

> 都说歌师好口才，千里迢迢我赶来。公歌好似画眉鸟，唱得老人乐开花，唱得妇女眉弯弯，唱得小伙想来比，唱得小孩笑嘻嘻，唱得白水变成蜜，唱得沙土成黄金，唱得行人不走动，唱得姑娘忘洗衣，唱得鲜花更娇艳，唱得鸟语更动听，唱得跛脚会走路，唱得哑巴说了话，唱得白天月亮出，唱得夜晚太阳明，唱得狠心人软了话，唱得蒙眼人明了心。不是我来说胡话，歌师是个乐歌人，您老要是教授我，您的恩情永不忘。[①]

因此，在苗族文化中，歌师不仅是民族文化的传承者、教育者，也是宗教的布道人、闲暇娱乐的参与人，他们无论走到哪里，都受到人们的热情款待。

一　传承功能

陶立璠指出："民俗文化是活的社会'化石'，它记载着社会发展的

---

① 三都水族自治县十大文艺集成志书办公室编《中国歌谣集成　贵州省黔南自治州　三都县卷》，内部资料，1990，第 207 页。

历史，体现出社会演变脉络和传承上的规律……就民俗的具体传承者来讲，他们总是把民俗事象作为'历史教材'，并通过某种方式或仪式传给后代，使子子孙孙牢记祖先的创造和公德。"①

　　作为苗族文化重要的传承者，歌师极为通晓自己民族的历史，并通过唱词使后代子孙了解本民族的过去。迁徙是苗族的文化主题，在《苗族史诗·溯河西迁》中，歌师是这样讲述本民族历史的。

<blockquote>

爹娘原来住哪里？

他们住在这样的地方：

大地连水两茫茫，

波光潋滟接蓝天，

处处平得像席子，

像盖粮仓的坝子，

爹妈原来住东方，

穿的什么衣？

吃的什么饭？

吃的清明菜，

穿的笋壳片；

老葛根当作饭，

崖藤叶作衣衫。

一晚要穿破九件，

九夜以后啊，

难找来补添。

要吃饭呢种苦荞，

要穿衣裙靠芭蕉，

</blockquote>

---

　　① 陶立璠：《民俗学》，学苑出版社，2003，第65页。

……

一窝难容许多鸟，

一处难住众爹娘。

火炕挨火炕烧饭，

脚板摞脚板舂粮。

房屋盖得像蜂窝，

锅子鼎罐都挤破，

快来商量往西迁，

西方去找好生活。[①]

　　世界是如何产生的？这是一个世界各民族都在试图解答的问题。在亘古时代，苗族人认为，宇宙中的日、月、星、辰、天、地是构成世界的基础，这从歌师的唱词里可以得到印证，例如在《苗族史诗·制天造地》一篇中，歌师唱道：

在那茫茫的太古，

天粘连着地，

地粘连着天。

黄乎凝成一块，

余庆凝成一砣，

好象一锭白银，

又象一个魔芋。

河水不能往东流，

金银也运不到西方

牯牛不能抵斗，

---

① 　杜卓：《苗族古歌的社会功能研究》，硕士学位论文，贵州民族学院，2010，第19~20页。

姑娘不能出嫁。

发愁啊，真发愁。①

又如，苗族出生礼中的"割脐带"习俗，在歌师的唱词里也有所反映。

割龙的脐带啊，

用的是生铜；

割雷公的脐带呢，

用的是博毒，

芭茅一下就割了；

割央的脐带用竹片；

割蛇脐带用石块。

还有那老虎可真凶，

不让谁去动，

野草灌木来割了。②

这里的"央"就是苗族始祖姜央，相传他出生时，接生婆用竹片为他割脐带。可以看出，苗族早在远古时代就懂得了具有消毒作用的竹片可以用来割脐带。时至今日，黔东南很多苗族地区的妇女仍在沿用这一古法来为新生儿割脐带。

苗族歌师通过各种演唱文本，对人类与万物的诞生、宇宙与世界的起源、生老病死与鬼怪妖魔的由来等，做了富有想象又富于哲理的解释，反映出苗族先民朴素的自然观和世界观，为本民族的文化传承做出了重要的贡献。

---

① 马学良、今旦译注《苗族史诗》，第8页。

② 马学良、今旦译注《苗族史诗》，第176页。

二　教育功能

作为苗族文化精英的歌师，他们熟谙本民族的历史文化、礼仪习俗和伦理道德等。在苗族民众的心目中，他们就是智者和能人，他们喜教乐传、不计报酬的奉献精神以及特殊的地位，使他们自然而然地成为苗族文化的捍卫者和阐释者。苗族歌师师徒传承的形式世代承袭至今，这种传承模式保证了苗族文化的纯正性和完整性。它以口耳相传的古老方式将地方知识和生活经验传递给新生代，并在传承过程中潜移默化地影响着个体成长和发展，发挥着特有的教育功能，对个体行为进行塑造，这在人的社会化过程中起到至关重要的作用。①

陶立璠指出："民俗文化的发明和传承本身，明显地表现出各民族民众的聪明和智慧，是各民族民众宝贵的精神财富。具体的民俗活动，不仅可以使本民族民众熟悉自己祖先所创造的历史文化，而且由于潜移默化的作用，使人们产生强烈的民族自豪感和民族自信心。"② 苗族歌师的唱词中总结了许多苗族先民的生存智慧。如《苗族古歌·浩劫复生》中生动记载了姜央与雷公争当大哥的故事。

> 雷说雷是个大哥，
> 央说央是个大哥；
> 雷公也是不服气，
> 姜央也是不服气，
> 两个相争当大哥，
> 争当大哥不相让；
> 争吵相骂千把句，
> 相拼相杀千把刀。

---

① 龙初凡：《侗族大歌知识产权保护探讨与法律保护分析》，《贵州民族研究》2005 年第 5 期。
② 陶立璠：《民俗学》，第 65 页。

愤怒填满胸中时，

雷放洪水淹天下，

姜央放火烧山坡。

……

姜央聪明心机高，

踩踏得动南沙桥，

桥面颤悠往下坠，

桥身颤抖咔咔叫。①

　　这首歌主要讲述了姜央和雷公争当大哥的故事，看似两个人的争斗，却蕴含着一则深刻的道理——不管是做人还是做事，只有凭借智慧和能力才能胜任，才能说服大众。

　　苗族尤为重视林木，歌师在唱词中对各种树苗应该如何栽种，以及种在什么地方均做了较详细的说明，例如对树的种植，歌师这样教育人们。

榜香栽树秧，松树栽哪里？杉树栽哪里？枫树栽哪里？

松树厚衣裳，不怕冰和霜，栽满大高山，四季绿苍苍。

杉树翠又绿，树干直又长，栽在大山冲，长大作栋梁。

枫树枝桠多，枫树枝桠长，枝叶大如伞，栽在山坳上，

苗家来歇气，汉家来乘凉。松树栽高山，高山着新装；

杉树栽山冲，山冲闹嚷嚷；枫树栽山坳，枫树不肯长。

……

枫树太淘气，喜欢栽哪里？栽在村子边，栽在寨子旁，

村边有个井，寨边有个塘，枝叶护村寨，树根保鱼塘，

---

① 《苗族古歌》，第519~534页。

枫树心喜欢，枫树长得快，一天三个样，三天九个样。①

费孝通曾精辟地指出："无论出于什么原因，中国乡土社区的单位是村落，从三家村起可以到几千户的大村。"② 苗族是一个传统的乡村社会，往往是聚族而居，一般以"鼓社"为单位，因此苗族村寨不仅是地域的共同体，也是血缘的共同体。苗族内部尤为强调家庭伦理道德教育，③ 如苗族歌师在《议榔理词》里所唱的：

> 公公是公公，
> 婆婆是婆婆，
> 父亲是父亲，
> 丈夫是丈夫，
> 妻子是妻子。
> 哥哥是哥哥，
> 弟弟是弟弟，
> 姐妹是姐妹，
> 妯娌是妯娌，
> 叔伯是叔伯，
> 各人是各人，
> 伦理不能乱。
> 要有区分才能亲切和睦，
> 要有区分才能成体统。
> 谁要如鸡狗，

---

① 杜卓：《苗族古歌的社会功能研究》，硕士学位论文，贵州民族学院，2010；贵州省民间文学组整理，田兵编选《苗族古歌》，第163~165页。

② 转引自贵州省民间文学组整理，田兵编选《苗族古歌》，第163~165页。

③ 李建军：《苗族理词文化与功能》，《中央民族大学学报》（哲学社会科学版）2007年第6期。

> 大家把他揪，
>
> 拉拉杀在石碑脚，
>
> 教乖十五村，
>
> 警告十六寨，
>
> 不痛不觉悟，
>
> 不死不知厉害。①

　　这样的唱词能使每一个苗寨中的个体知晓苗族最基本的人伦关系，明确彼此在家庭中的角色规范。

　　韦克斯指出："几乎没有什么论题，会像如何看待我们的肉体所具有的性欲那样，引起如此之多的忧虑和愉快，痛苦和希望，争论和沉默……性的问题一直被当成一种'特殊情况'对待。"② 同样的性在不同的文化语境里，有着不同的文化含义。对于苗族而言，性是一个讳莫如深的话题，是一种让人有着强烈羞耻感的特殊情况。由于强烈的性羞耻观念，在苗族文化里，人们对性设置了很多的禁忌。对于黔东南苗族来说，人们在服饰、姿态以及行为等方面都要尽量回避与性有关的东西。已婚的夫妇不可公开做出亲密行为，不同辈分的人或者兄弟姐妹在一起时，不得谈论与性有关的话题。与性有关的事情都要用委婉语，例如把生殖器婉称为"laib vut wangb"，即"样子好看的"；把月经婉称为"hsot ud"，即"洗衣服"；把怀孕婉称为"hniongd jid"，即"身体重"。③

　　你进人家水田捉鱼，

　　① 转引自李建军《苗族理词文化与功能》，《中央民族大学学报》（哲学社会科学版）2007年第6期，第83页。

　　② 韦克斯：《性，不只是性爱》，光明日报出版社，1989。

　　③ 李锦平：《苗族语言与文化》，贵州民族出版社，2002，第213页。

你钻人家园子摘菜，

取人家坛底的腌菜，

舀人家甑底的米饭，

劫人家妻子在半路中。

……

你听希雄公，

他输佳在心里，

他输理在心中，

他吃佳吃不下，

他吞理吞不去，

就摆起肉来吃，

就端起酒来喝，

银子放进衣袖，

银两放进腋窝，

……

了结侵妻的纠纷，

结束占妻的案件。①

由上可见，苗族歌师的教育功能主要在于实现对苗族个体的内化控制。内化控制是指个人接受社会价值观念，并成为其人格的过程。"文化控制（内化控制）可以被设想为心灵的内化控制……例如：人们之所以有乱伦之忌，与其说因为害怕法律惩罚，还不如说因为一想到这种事他们就有一种强烈的厌恶感，而且在做这事时他们会感到羞耻。"② 正是通

---

① 潘海生《苗族理词在刑事诉讼案件中的运用》，《赤峰学院学报》（汉文哲学社会科学版）2012 年第 3 期，第 91 页。

② 转引自李建军《苗族理词文化与功能》，《中央民族大学学报》（哲学社会科学版）2007年第 6 期，第 85 页。

过歌师不断地演述本民族的道德伦理规范，人们从小就懂得了如何去遵守本民族的行为规范，从而达到人与人的和谐相处。

三 娱乐功能

在闲暇之时，苗族歌师常常利用自己熟知的东西给大家带来乐趣，比如唱歌、跳舞、讲神话故事和传说等。就苗族古歌而言，它为苗族人民提供了许多调剂生活的方式，例如每逢佳节，苗族人民可以通过欢唱苗族古歌来放松心情、释放压力，从而使内心达到相对平衡的状态。在这一过程中，苗族歌师往往扮演着重要的角色，他们经常以优美的旋律和铿锵的声音，给大家带来无限的欢乐。苗族学者王凤刚在《苗族贾师的故事》一书中，给我们详细地讲述了苗族歌师怎样与歌为乐。

1937 年，丹寨县有一女子离婚回到娘家，娘家人先后请了几个歌师来家里对唱，但都唱输了，家人不服，又请了另外一个苗寨的歌师陈金才来对唱。

陈金才约了歌友，晚饭后打着火把就来了，这时已经有不少人在此等候，还有两个酒坛放在歌场中间。于是，陈金才扯开歌喉，唱道：

谁听兄弟讲？

我听兄弟讲。

谁闻姐妹说？

我听姐妹说。

这寨上有个姑娘，

这山冲有棵直树，

有位端庄高贵的姑娘，

有棵挺拔的树，

花开大如月，

开满到云天。

谁听谁动心？

我听我动心。

谁闻谁羡慕？

我听我羡慕。

这阵我们才来，

来到姑娘的寨坪，

好比泉水流到了水缸，

好比河虫游进了须笼，

……

唱到此时，歌场很快密密麻麻聚拢了观众，大约有三四百人，有的还是听了歌声从外寨赶过来的。只见陈金才个子矮小，才二十多岁，刚唱了一首，对方歌师对他有些轻视，接着唱起来询问陈金才。

不知你们从哪里来，

不晓你们来自何方，

要知人也有个名，

藤也有个名，

草也有个名，

你村寨也有个名。

客你来呀快快来，

来呀来呀快快来，

快把贵府来报明。

陈金才这才明白对方是在考问他能否答出自己寨子的古名，由于知晓的歌比较多，陈金才胸有成竹地唱道：

> 你要我道出寨名，我这就道出寨名，
> 你静听我讲，我道来你闻，
> 我住在荣库地方，从党勇那里走来，
> 我听清了吗姑娘？你听清了吗朋友？

对方唱道：

> 可爱的客人，你真是能说会道，
> 你住在荣库的地方，从党勇那里来，
> 你可真会吹牛哇，我们真会信了吗？
> 你找的不对，你射的不准。
> ……

他们就这样一直对唱到第二天早上，周围有很多村民听得入迷，竟然忘记了赶路回家。

类似这样的情景在苗族地区很常见，歌师优美的歌声、机智的唱词，无不为村寨的人们带来欢乐。

四　宗教功能

恩格斯说："宗教是在最原始的时代从人们关于自己本身的自然和周围的外部自然的错误的、最原始的观念中产生的。"[1] 苗族信仰原始宗教，原始宗教信仰主要包括鬼神崇拜、祖先崇拜和自然崇拜。宗教对苗族文化的影响十分明显，比如苗族歌谣中的宗教唱词相当丰富。为了求得平安和健康以及内心的平衡，苗族往往把愿望和追求等寄托于祖先和万物神灵，希望通过祖先和神灵来完成心愿。因此，举

---

① 《马克思恩格斯选集》第4卷，人民出版社，1972，第250页。

行祭祖祭祀活动已经成为他们生活中的一个重要组成部分。苗族的祭祀活动具有一定的时段性、民族性、地域性以及庄严性等，例如苗族的鼓藏节，一般来说，每十三年举行一次，既庄重又神圣，往往由当地的寨老和鼓藏头来主持。大多数情况下，他们均由本民族内部推举产生。苗族聚居区的寨老和鼓藏头通常有一种"特异功能"，对于某些方面，他们要比本民族的其他同胞更为熟知，常被族人尊为德高望重之辈，不仅熟知本民族文化，同时还能以"说"和"唱"的形式来描述和解读本民族的文化。

因此，许多苗族寨老和鼓藏头具有成为歌师的能力，同样许多歌师也成了苗族村寨的寨老和鼓藏头，他们在苗族的日常生活中具有多重身份，扮演着许多角色。例如在鼓藏节祭祀活动过程中，他们不仅认真组织本民族同胞开展祭祀工作，同时还负有传达阴、阳间的信息的责任，即把民族生活现状通过某种特殊的语言和行为传递给祖先与神灵，希望得到他们的保佑和庇护。除此之外，他们还通过类似的方式，将祖先和神灵的旨意传达给子孙后代，因而苗族歌师在祭祀活动中具有特殊的作用和地位。

"祭祀祖先是各兄弟民族信仰世界的永恒主题，从神人体系的建立到金银拟人化生命成长的历程，英雄祖先遂成为苗族传说记忆的话语或核心内容。即使金银的发现和运载，亦无非是作为一种美好的象征奉献给祖先，活着的人亦因此可以获得祖先更多更好的惠泽。祭祖是人们神圣庄严的精神生活或信仰活动，一些神圣性的构成要素是必不可少的，苗族在祭祖活动中，木鼓和牯牛是必备的器物，二者非同寻常，均具有神秘性和神圣性，因此无论获得或发现，都必须经历一番曲折和艰苦。"[1]苗族史诗中唱道：

---

① 罗正副：《神人体系与祭祖信仰——〈苗族古歌〉的信仰世界解读》，《当代文坛》2011第3期，第114页。

走出大门到房角，碰见白鸡在祭祖，有个鼓儿响得好。勇休试着敲，姜央试着跳，勇敲起来不顺手，央跳起来不合脚，这是后代的锣哩，不是祖先的鼓啊。先人的鼓在纠利，我们快找去！

走到池塘角，碰见鱼儿在祭祖，有个鼓儿响得好。勇休试着敲，姜央试着跳，勇敲起来不顺手，央跳起来不合脚，这是后代的锣哩，不是祖先的鼓啊。先人的鼓在纠利，我们快找去！

走到田坎边，碰见青蛙和长虫，它俩在祭祖，有个鼓儿响得好。勇休试着敲，姜央试着跳，勇敲起来不顺手，央跳起来不合脚，这是后代的锣哩，不是祖先的鼓啊。先人的鼓在纠利，我们快找去！①

从唱词中，可以看出苗族的祭祖祭祀活动具有庄严性和神圣性，表达了对祖先的崇拜和敬畏。

第三节 "招龙"仪式中的苗族歌师实录

一 "招龙"的情况概要

流传于贵州省雷山县西江镇控拜、麻料、开觉、乌高等村的"招龙"仪式，是一项由鼓藏头和巫师（歌师）主持、村民参与，规模较大的祭祖活动。虽然笔者对"招龙"仪式早有所闻，但由于诸多原因未得观之，终于在 2011 年 11 月碰上一次，可谓难得一遇。下面即是对开觉村"招龙"仪式的实录。

开觉村是雷山县西江镇的一个苗族村寨。截至 2010 年底，有 589 户 2306 人，户数、人口在全镇 21 个村中仅次于千户苗寨，是全镇第二大村。若以妇女所穿裙子的长短作为支系划分的标准，开觉一带的苗族属

---

① 马学良、今旦译注《苗族史诗》，第 204 页。

长裙苗支系。

开觉现任鼓藏头由鲍家的勾扎担当，勾扎 50 岁左右，系本寨的精神领袖，据他介绍：

招龙节（抬龙节）是祭祖节。苗语叫"弄勒达昂"，其意就是为本寨招回"龙神"。这种龙神是隐于千山万壑中的"龙"，是代表祖先神灵的。招龙节每十二年过一次，时间是猴年（申年）二月的猴日。

据说这一支族的先祖在狩猎时来到控拜这一带，看到这里林木繁茂，土地肥沃，水源丰富，适于作物种植，于是这支苗族的先祖定于猴年二月的猴日携带家族迁居此地。后裔们为了纪念祖宗和适居的这个日子，就定于每隔十二年的猴年农历二月猴日为"招龙节"。

过节的前一天，要举行一种仪式，即全寨男女老幼，要到离寨子不远的地方去"招龙"。

其时，由一巫师念念有词加以祭礼祷告。祭毕，人们用事先剪好的小白纸人和小三角旗沿路插回，意为把龙招引入寨，这样能使人丁繁衍，六畜兴旺，稻谷丰收，全寨能消灾免祸。第二天，由鼓藏头牵头组织安排，选择一大肥猪，指定一个子孙齐全、贤达有威望的人当杀猪屠手。

猪杀过后，把肉切成细块，由鼓藏头细数全支族户数，把肉穿成若干小串，放入一大锅中煮后，分给各家各户，每户一串带回家中，烧香洒酒，用此肉祭供祖宗神灵并给全家食用。至于亲朋赶过来过节，那点肉不够吃，则自家另外杀猪待客，给客人送猪腿。每一个家族杀一头猪祭祖，那是表示家族子孙团结和睦。节后亦组织跳芦笙、铜鼓的节日活动，非常热闹。

"招龙"仪式，一般由鼓藏头主持，巫师（歌师）作为副手主要出现在仪式的重要环节，尤其在请祖宗、念唱祭祀词等场合。这次的巫师是勾杨。勾杨现年约40岁，年轻的时候不善言辞，身体很不好，在村民看来，他是一个比较木讷老实的人。在20多岁时突然生了一场大病，病愈后他竟奇迹般地会了很多苗族古歌古词，还声称看到了祖宗的神灵，刚开始，村民对他半信半疑，在后来的一个清明节，村里一户人家要立碑，请他做仪式，勾杨像巫师一样即席编歌，叙述了亡者的生平，颂扬他的为人。

今天二月申日，
今夜二十八。
今天是吉日，
今夜是良宵。
我们才来立碑，
来立碑给金伯

午年二月，
金伯诞生。
他勤劳手巧，
心明眼亮。
他从未读书，
也会算账。
古理古规他通晓，
酒歌情歌他会唱。
他选风水，
家家说好，
测算日辰
个个说准。

他能说会道，
心直口快。
人们常常喊他
去说理，
天天请他
去断案。
西江开觉一带，
他最有名气。

解放前夕，
他当三个月保长。
解放后，
他当五年村长。
当保长他正直，
当村长他积极。
修欧相沟他带头，
大家评他当模范，
他会种烤烟，
政府聘他当技术员。

59 年亥年，
冬月间月底，
他到麻江开会，
散会转回家，
途中突发病，
病越来越重，
来到涨赶住，

带话把他接，
接他才来到。
以为天把他会好，
谁知他每况愈下。
牙关紧闭不吃喝，
从此瞑目离人世。
他去世于亥年，
腊月初六日。
仅五十多岁，
五十四整整。

从前灾荒年景，
个个缺少衣服穿，
家家粮食不够吃；
现在好年好景，
家家粮食堆满仓，
寨寨笙鼓震天响。
人间怎么好，
阴间也怎么好。
我们吃饱穿暖，
金伯也健康无恙。

今天是吉日，
今夜是良宵。
我们为金伯立碑，
我们帮金伯修房
金伯保佑我们长命富贵，

金伯保佑我们聪明睿智。

比别人富裕，

比别人聪明！

二　"招龙"的核心仪式——村寨祭龙

平时木讷老实的勾杨这一唱，在寨子引起了不小的轰动，村民们开始相信他确实能沟通神灵，能和祖先对话。慢慢地，村里做各种仪式也愿意请勾杨去念巫词，从此，勾杨就成为村里小有名气的巫师。在今年的"招龙"仪式上，鼓藏头就请他来做副手，负责整个"招龙"仪式的巫颂。

今年，"招龙"仪式的举行时间是 11 月，仪式内容较多，其中最重要的是村寨祭龙。11 月 15 日凌晨 3 点，天还未亮，笔者只见鼓藏头、巫师和村上几个寨老提着两只公鸡（一只白、一只红，白的用来念送鬼词，红的用来念招龙词）、若干猪肉、几块豆腐、两把蜡烛、一沓香纸，行色匆匆地前往寨外的一座山上。由于笔者是女性，按照苗族禁忌，妇女不能参加这样的村寨祭龙仪式。后来，据寨老勾里说，开觉村的祭龙词和别的村寨的祭龙词有所不同：别的村寨是直接从招龙词开始，包括开天辟地、请祖宗，到保佑全寨平安结束；而开觉村的祭龙词是从念诵送鬼词开始，接着才是招龙词。巫师念诵的招龙词大同小异，但勾杨的送鬼词却引起了笔者的注意。后来笔者请懂苗语的学者翻译整理了其中的一段，大意是这样的：

兮啊兮，

吓啊吓，

病的是人，

去的是人，

有银难保身，

有金不保命，

伤心才踢岭，

哀伤才恨坡。

龙要啊宰血，

雷要啊砍绳，

神仙来指路，

巫师啊开口。

病的是人，

去的是人，

白鸡来陪葬，

胖猪来埋，

黑布吊天，

白布垂地，

灵魂附贼啊！

蜘蛛愚蠢，

爬在衣角，

抓住裤腰，

用脚快蹬，

用手快抹。

拍过棺材咀，

退过棺材板，

退过茅草叶，

退过我巫刀。

打了就美，

退了就好，

还有胞兄弟，

还有众胞兄，

鬼魂跟贼啊！

蜘蛛愚蠢，

爬在衣角，

抓住裤腰，

用脚快蹬，

用手快抹。

拍过棺材咀，

退过棺材板，

退过茅草叶，

退过我师刀。

打了就美，

退了就好，

还有十二路，

和五亲六戚，

鬼魂附贼啊！

蜘蛛愚蠢，

爬在衣角，

抓住裤腰，

脚快脚蹬，

手快手抹。

拍过棺材咀，

退过茅草叶，

退过巫刀，

打了就美，

退了就好，

还有那客人，

还有那游寨，

鬼魂跟贼啊！

蜘蛛愚蠢，

爬住衣角，

抓住裤腰，

脚快脚蹬，

手快手抹。

拍退棺材咀，

退过棺材板，

退过茅草叶，

退过巫刀。

打了就美，

退了就好，

摆古给你听：

摆理给你晓，

有个天公公，

他有九千岁，

有个螺丝奶，

她活七万年。

一年梳次头，

一岁蜕层皮，

梳头转美貌，

脱皮又年少，

退丢水桶，

退来肮脏，

美媳妇来说，

你不退在你银床，

退在你金牙床，

脱皮在我水桶，

退在我水缸，

搞得肮脏，

象什么样。

天公发了怒，

在堂屋赌咒，

在灶房开言，

叫老蛇去生，

叫蛇类脱皮，

做活坏庄稼，

挖地损坏苗。

人老会死，

树老会枯干，

不摆不知古，

不说不明理。

摆给你听：

讲理给你晓，

说两句传名，

道两句传后。

一个时辰是一世，

一天两天是一世，

一月两月是一世，

一岁两岁是一世，

一二十岁是一世，

三四十岁是一世，

五六十岁是一世，

七八十岁是一世，
九十百岁也是一世。
沟渠交给你，
指路给你走，
不要在门上站，
不要把房屋看，
关好大门，
关好粮仓，
寨间关牢，
抵严寨门，
关好田坝，
抵好田庄。
到地方扬州，
到偏僻杨县，
到那小人寨，
到那有人庄，
到地方拖天，
到地方来吊地。
从此起，
从此上，
公鸡前面走，
你就后面跟，
上坡就拉尾，
下坡拉肢翅，
飞过一岭，
跳过山坡，
到太阳岭，

到凉风坡，

岭五层，

坡七堆，

公鸡前走，

你就后跟，

上坡拉尾，

下坡拉翅，

见岭就飞，

见坡就跳，

到毛虫岭。

蛊虫坡，

公鸡前走，

你就后跟，

上坡拉尾，

下坡拉翅，

见岭就飞，

见坡就跳，

到绿色岭，

到白雪岭。

到天绿地阔，

云层地大，

那水又大，

寨脚水宽，

来船才去，

过了大水，

过了水边。

到了天王殿，

房成双。
到了石板店，
绿石崖。
到了西天上，
天门开才去，
天开雷才走。
到了芦笙坪，
到了铜鼓场，
见芦笙不要站，
见铜鼓不要望。

公鸡前走，
你就后跟，
上坡拉尾，
下坡拉翅，
见岭就飞，
见坡就跳。
到了一店二店，
到了三店四店，
到了五店六店，
到了七店八店，
到了九店十店。
你去天王殿，
去到天王家，
来到天仙府，
来到天仙阁，
老的在上边，

年青在下边，
死人在中间，
送你来天仙府，
送你来天仙阁，
陪着转九泉，
巫师退归路。
见岭就飞，
见坡就退，
退到天王家，
退到天店，
见岭快飞，
见坡快跳，
退十店到一店，
退到踩鼓堂，
退到芦笙坪。
见岭就飞，
见坡就跳，
退到顶天寨门，
退到西天边，
退到绿石岩，
退到石门板，
退到双层屋，
退到神仙府。
见岭就飞，
见坡就跳，
退到大水边，
退到云层边，

退到天缘地宽，

退到绿雪坡，

退到白树岭。

见岭就飞，

见坡就跳，

退到毛虫岭，

退到蛊虫坡，

退到坡七堆，

退到岭五层，

退到凉风坡，

退到太阳岭。

见岭就飞，

见坡就跳，

退到寨头拉地，

退到那寨拖天，

退到有人寨，

退到小人寨，

退到杨县，

退到扬州。

见岭就飞，

见坡就跳，

退到大地，

退回人间，

退回来就美，

退回来就好。

对于为何念诵这段送鬼词，笔者很困惑，后来问及巫师勾杨，他解释道："要招龙了嘛，寨子上一到过节就有很多鬼魂来讨吃讨喝，这些鬼魂你要是不送走，在节日期间，他们要出来捣乱的，一捣乱，寨子就不得安宁，人们就会生病。为了能把祖先顺利招过来，就得念这些词把鬼魂们送走，这些词可以为他们指路，翻山越岭，回到祖先曾经居住的地方，然后送到目的地了，再念招龙词把他们请回来，这样，他们就不再在寨子里捣乱了，寨子也就平平安安了。"

三　"招龙"的目的——祈福求愿

勾杨念送鬼词花了一个多小时，之后鼓藏头勾扎开始杀红公鸡，用生血祭祖先，随同祭祀的用品还有鸡头、鸡肝、鸡肉和糯米饭等，祭品摆放好后勾杨开始念招龙词。招龙词从开天辟地开始，到人与鬼神的诞生，然后请求山神帮助实现全寨的愿望等，最后一段是这样念的。

今天祭祀榜奶，

今天祭祀留奶，

祭各位祖母，

敬各位祖公，

构皮垫睡暖和也要起，

稻草盖身舒服也要行。

来的时辰好，

走的日子佳，

拿铜盆洗手，

拿铜鼓洗脸。

走出寨子路口，

行出村庄路头，

走过鱼儿产卵的沙滩，

来到螺蛳汇聚的龙塘，

顺着沙滩慢慢走，

顺着塘边缓缓行，

来到牛懂寨，

来到南牛村，

来到通兑，

来到雷堆，

来到等九，

走到落外。

经过波弯坳，

来到整益冲，

来到生引，

来到迷计，

经过方郭，

来到养也，

越过山脊野岭，

攀爬悬崖峭壁。

走过山溪，

沿着河岸，

寒冬不怕冻，

酷暑也要行，

祖母说快走呀公，

祖父说快行呀奶，

明天就走，

日落才停。

走过一地又一地，

越过一村又一村，

那里是奶的好住所，

那里是公的好住地。

走到展西，

来到展火，

走到遮晒，

来到丢汪，

走到展松，

来到古号，

走到古仰，

来到古痛，

来到苟呆，

来到南菜，

奶已到村子，

公已到寨上。

你们顺水上来不空走，

你们爬坡攀岩不枉行，

我有宽角的肉摆地上，

更有旋美的肉放火塘，

牛肉分三堆摆，

水酒分三份放，

仅你们尽情吃，

够你们尽情喝，

吃要吃个饱登胸，

喝要喝个醉倒地。

念毕，勾杨和勾扎一起在地上插上小纸人，一路上插着小纸旗，这样龙神就可以被引到寨上保佑人丁兴旺。到此，"招龙"仪式算是结束了。

第五章

歌师传统与国家在场

　　高丙中认为，"'个人'通过符号建立自我，'社会'作为实体必须同时是抽象的符号存在，'国家'是想象的共同体。我们通过仪式能够最清楚地看到，个人、社会和国家与其说是分立的，不如说是共生的：个人在社会中，在国家中；社会在个人中，在国家中；国家在个人中，在社会中"。① 个人作为社会中的个体，在其一生中，总会和国家有着这样或那样的互动，尤其在"家国同构"的中国，国家在场在个人身上最显著的特征就是个体身份的张扬与凸显。

第一节　苗族歌师的传统传承方式

　　苗族悠久的历史和文化大多是通过口耳相传的方式保留下来的，口传心授的传承方式，是通过传承人的口头传授而得以代代传递、延续和

---

① 高丙中：《民间的仪式与国家的在场》，《北京大学学报》（哲学社会科学版）2001年第1期，第42页。

发展的，这使苗族文化传承表现出顽强的生命活力。

　　歌师作为民族文化的重要传播者，在民族文化的保护、传承、延续、发展中起着举足轻重的作用，一个优秀的传承人应该是在民族文化传承过程中有能力做出文化选择和文化创新的人物，受到一方民众的尊重与传颂。现实生活中，歌师、巫师、理老、寨老都是本地区村寨的族长和智者，他们都是苗族古歌的保存者、传播者和再创造者。

　　对于传承方式，学界有着不同的认识。刘锡诚认为非物质文化遗产的传承方式大体有四种：群体传承，家庭（家族）传承，社会传承，神授传承。群体传承，有的时候是指在一个文化区（圈）的范围内，有的时候则是指在一个族群的范围内，众多的社会成员（群体）共同参与传承同一种非物质文化遗产门类或形式，或反过来说，某一种有众多社会成员（群体）参与其中的非物质文化遗产，显示了组成这个群体的共同的文化心理和信仰。所谓家庭（家族）传承，主要表现在手工艺、中医以及其他一些专业性、技艺性比较强的行业中，指在有血缘关系的人们中间进行传授和修习，一般不传外人，有的甚至传男不传女，但也有例外。所谓社会传承，大致有两种情况：一是以师傅带徒弟的方式传承某种非物质文化遗产，如某种手工技艺、戏剧曲艺；二是没有拜师，只靠常听多看演唱、表演、操作，无师自通而习得的。对于神授传承（托梦说、神授说），他们不承认故事是学来的，而是通过做梦受到神或格萨尔的启示，使史诗故事降于头脑之中，从此便会说唱。①

　　徐永安认为口头文学的传承主要有两种类型：一是社会传承，二是家族传承。② 李立认为传承人的传承来源是指其讲述、演唱作品内容与艺术

---

　　① 刘锡诚：《传承与传承人论》，《河南教育学院学报》（哲学社会科学版）2006 年第 5 期，第 25~30 页。
　　② 徐永安：《范世喜：一个武当山移民家族的故事传承人》，《湖北民族学院学报》（哲学社会科学版）2006 年第 1 期，第 64 页。

的直接与间接来源，即师承关系。包括师缘传承、地缘传承、亲缘传承等。① 索晓霞指出贵州少数民族文化传承方式中有一种重要的形式是一对一的传承，这种方式体现在苗族的生产、生活和一些特殊技艺的传承中，包括民族语言、饮食、服饰、建筑、生产等各方面。但是一对多的传承方式也很重要，民族宗教文化的传承就是通过一对多的形式来实现的，因为宗教文化作为一种意识形态，已经深入民族思想意识，形成民族心理认同，深深地影响着民族的社会生活。②

一 家族传承

1. 唐千达（唐德海的大儿子）

唐千达已经去世了，他是在生活中耳濡目染感受和学习苗族文学的，作为长子，他和父亲在一起的时间最长，继承了父亲所演唱的许多苗族古歌，但是唐千达已经去世，也没有留下演唱的作品，所以对他的了解比较少。

2. 唐千通（唐德海的二儿子）

唐德海的二儿子是四个儿子中唯一得到父亲真传的，现居陶尧地区。当地人如果需要请歌师或者鬼师，就会很自然地想到他（见图5-1）。以下是和唐千通老人的谈话。

> 问：你和你父亲是怎么学唱歌的？
>
> 答：在家也唱，有客人来也唱，立房子唱一种，过年过节唱一种，老人去世唱一种，他唱我就跟到学。
>
> 问：你父亲唱的你都会吗？

---

① 李立：《绛州鼓乐的民间传承人——在民间语境中的传承变迁研究》，《歌海》2009年第3期，第108页。

② 索晓霞：《贵州少数民族文化传承方式初探》，《贵州社会科学》1998年第2期，第42~43页。

图 5-1　唐千通夫妇

答：基本上都会。

问：老人家，你有徒弟吗？

答：有，在寨子里有教他们唱。

问：寨子会唱的多吗？

答：也有，不多。

问：像古歌会唱的不多吧？

答：是的，好多不会唱了。

问：老人家，你们感觉现在苗族的习俗、文化等的变化是怎么样的？

答：越来越好，现在自由了，不受限制了，放心也不害怕了，以前是不准用鬼的，尤其是"文化大革命"的时候，现在放心了。谁家请都不怕了。

问：对于鬼师这个身份，大家是怎么看的呢？

答：迷信都不好，是不准搞的。

问：老人家，你子女情况如何？

答：两个儿子四个姑娘。姑娘都在农村，有个儿子和媳妇有工作。

问：他们都会唱歌吗？

答：只会唱酒歌和情歌。现在家里女儿也唱歌，但只会一部分，比如酒歌、嘎别福歌等，"招龙"等仪式的都不会了。儿子都不会唱了。家里人都讲苗语，但不怎么会唱，孙女喜欢唱阿幼朵的歌，现在流行的。

问：老人家，你觉得现在唱歌的情况怎么样？

答：因为我们老了，声音不太好了。我们唱的老的歌，新的歌他们不用了。现在的年轻人不懂，喜欢讲新式的，旧的那些他们也不用，也就不学了。有的记忆好的也能记得全。

问：你们那个年代和现在唱歌有什么不同？

答：那时候唱哦，经常唱，走客的时候唱几天几夜都在唱，酒歌都是带起唱，一个接一个地唱，大家都唱。现在唱得少，现在年轻人说我们别啰唆，吃了就赶紧走，不等我们慢慢唱了。我们唱的歌都不同，嫁姑娘唱一种，接媳妇唱一种，过年过节唱一种，走客唱一种，有很多。

问：那你们现在什么情况下唱？

答：现在我跟唐炳武经常有人来采访，会在调查的时候喊我们唱。

问：那你们唱的歌有改动吗？

答：没有，老的歌是没有改的，该怎么唱怎么唱。就是有的唱什么建设好的话，有事物的话，有点改动，这种新的做适当调整，老歌都没有变的。

问：那么你们的小辈有兴趣学吗？

答：也有的想学，叫我们唱，说教一点，怕以后没有了。

问：你对父亲的回忆是怎样的？

答：看见什么就能编成什么歌来唱，非常灵活，而且出口成章。我们都没那么灵活。

问：唐德海教你唱歌没？

答：没有，只是他唱，我自己学，因为那时候记性好，多听多记也就记住了。旧社会的时候，觉得学那些都不好，都没有学。后来政府号召，但只是老人爱学，年轻的都没有兴趣。

问：你是传承人吗？

答：我是县级的苗族酒歌非物质文化传承人，但是没有奖金奖励。

3. 唐千文（唐德海的三儿子）

唐千文曾是雷山县陶尧小学的老师。1996 年，其创办了苗族语言文字保护传承陈列馆，陈列馆建于雷山县陶尧小学内，陈列室在二楼，一楼留给学校做教室和教师办公室。他主要负责收集和整理苗族文字方面的材料，以及编辑材料和安排布展（见图 5-2）。

图 5-2　唐千文和笔者

唐老师认为很多人是不了解苗族文化的，尤其是不了解苗族的语言文化，认为苗族是没有文字的。但是就在这个陈列室里，唐老师整理和陈列了苗族的 13 种文字，保存了许多苗族文字手抄本，用事实证明苗族是有文字的，是伟大的民族，是文明的民族。有许多专家和学者来参观过陈列室，日本龙谷大学国际文化学研究科佐竹绘美和老师须藤护也到过陈列室，还向唐千文老师学习了苗语和苗文，佐竹绘美还通过了雷山县民宗局的考核，获得了"苗文学习结业证书"。

有着 38 年教龄的他，一直坚持做好苗族语言文字保护和推广工作，积极组织和引导学校师生与广大青年，用苗文收集了大量的苗族民间文学资料，通过用苗文办报刊、写信发文等方式，将苗文应用到生产、生活各个方面，辅导苗寨苗文脱盲，参与双语教学，获得 2009 年全国少数民族双语教育先进工作者的荣誉称号。

问：为什么要做民族语言文字工作呢？

答：苗族文字内涵丰富，意义深刻，要不断地推广和发展，否则就要消亡了。

问：那你们平时做些什么收集呢？

答：我们主要收集以苗文为主的苗族的民间文学资料，包括文艺、医药、农业等。

问：那乡里有什么民族文化保护方面的工作呢？

答：我们有乡苗文推进领导小组，我是副组长，还有苗文编译室，我是主任，另外还有苗文俱乐部等，乡里领导还是很重视的。

问：那都做些什么具体工作呢？

答：我们举办苗文师资培训班，由教师教授苗文，现在都是双语教育。我们出版了《陶尧苗文报》，为白岩苗文俱乐部出版了月刊《苗岭映山红》，编辑苗文剧本《仰妮悲歌》，打印苗族民间故事、酒歌、情歌小册子等。

问：苗文俱乐部？都有些什么活动？

答：举办苗文墙报、苗文科技读书会、苗文夜校，还有苗语文娱比赛啊。

问：除了这些，你们还做些什么呢？

答：我们还举办苗文农用科技读书会、苗语歌咏会、苗文灯会、苗语电影晚会等。

问：那好丰富啊，你们用了很多心思。

答：是的，苗文推广很重要，我们都很有感情，也愿意去做。

4. 唐千武（唐德海的四儿子）

唐千武曾担任过雷山县雷山中学校长、雷山县老年大学校长、雷山县苗学会常务副会长兼秘书长等职务（见图5-3）。

图5-3　唐千武和笔者

问：唐校长，那你现在从事苗族文学的具体什么研究工作？

答：全方面的研究，包括苗族巫词、理词等。我的文章《关于苗族文学的保护与传承浅议》中说苗族文化类别很多，比如歌舞文化、丧葬文化、婚俗文化、服饰文化，还有娱乐方面的斗牛等文化。清以前，雷山是化外之苗，没开化，是无人管辖的地方，君王管不到的地方，苗族是自己管理的，那怎么治理呢？凭借三个方面的支柱。一是宗族的制度，我们苗族吃牯脏，13年吃一次，通过这种方式来维系宗族，让大家互相交流、团结和谐。每个宗族在不同的年吃，都轮得到，各个亲戚到吃牯脏的时候都在相互交流、礼尚往来。本身就是祭祖，通过祭祖来维系宗族团结。二是方老、寨老、族老制，把这个地方有名望的人选出来，组织这个地方的工作，方老中有寨老、族老，是这个家族中辈分高的人，每当大家遇到问题，就通过寨老来议事，寨老主要是处理民间的事，像行政村的村委会主要是沟通政府工作，村委会向镇政府和县政府负责，寨老和方老向各地方的民众负责。三是议榔制，就是法律的制定和颁布的意思，在整个地方的几个寨子中，方老本身就是榔头。为了这个地方的社会安宁，通过榔和立，拿一些米、酒凑钱买牛，组织各个寨有影响的人，不是全部人，由方老——榔头来念，念完后杀牛，在座的喝酒吃肉，再把肉分到寨子里的每家每户。过去户数少，一个寨子也就十几户，现在发展到几十户了，整个片区也就二三百户，你家吃了这个肉，你家就要对榔规榔约遵守负责，你家如果有人偷摸，或者教唆人家夫妻不合的，就按榔规报请方老、寨老、理老，经过审问后，该怎么处理怎么处理。苗家在过去的时间都是这样来维护自己的管理，因为这样，有事就议，反正违反哪条就按哪条处理就行了。

比如当时张秀眉起义，苗族遭到侵犯了，即使苗族没有军队，我们也不能束手待毙，我们也要组织人打，打得赢就打，打不赢就跑钻山。于是方老号召把老人和妇女先送到深山老林里，组织其他青壮年打。当然都是没有训练的民众，一般是打不赢的，都败在清朝政府的军队下，所以1728~1730年，清朝派贵州总督张广泗来拓宽苗疆，这里属于丹江厅，也就是来扩大这个丹江厅。在苗族打仗很多，打不赢也只有屈服，清朝为了让苗族不再反抗，就安屯设堡。雍正年间，采取的是两个方式，一个是以夷治夷，由土官来统治，后来为巩固清的统治，就派流官来取代。流官就是中央直接派官员来管，取消土司制，称改土归流。当时我们这是生苗地区，还没有统治，本地也没有土官，为了防止你反抗，就安屯设堡，安了12个屯堡800多户的汉兵，每个地方十几户，拨苗族的好田给他们，如果大家没反抗就各自生活，相安无事。

现在的榔规没有增加的，村规民约也是按它制定的，作为辅助性的规定，现在都是按法律了。

问：你们子女知道的这方面多吗？

答：没有了，现在他们接触的都是党的政策、国家政策，研究法律法规，村规民约的话，特别是八几年后出生的，根本就不知道这些东西了。

问：你们继续传承是因为什么？

答：一是因为我们本身是苗族，对我们的民族还是很有感情的，苗族虽然没有文字，但是我们许多东西都是通过口耳相传传承下来的，我们都是因为对本民族的感情才来传承我们的文化。二是因为我们觉得各民族有各民族的文化，我们苗族的文学也是不同的，不能丢掉我们的文化。虽然我是学中文的，汉文化还是不错的，但是我也必须研究苗文化，这个民族的文化也要和其他民族的文化一样，共同发展、共同保留、共同传承。一个民族没有文化就没有根了，没有根的民族实际上就没灵魂了，我们之所以建立苗学会、传承民族文化就是本着这种思想和情感来做的。像这两个老人，唐千通和唐炳武，因为苗族本身就是信自然宗教，老的、年轻的都崇拜祖宗神灵和天地神灵，山水、天地的自然崇拜，人们一旦有什么三病两痛，虽然现在有乡医院、县医院，但是作为心灵安慰来讲，他们还是会求助于祖宗神灵或者天地鬼神，于是病了就想到是不是有鬼来缠，他就会请这些巫师去念。巫师之所以去做这些事，一是因为他们认为这是做善事，是帮助别人减轻痛苦，给病者家属心灵安慰，心灵安慰是最好的良药，很多人就是通过这种心灵安慰病好了，其实没有什么特别的科学依据，所以他们认为是他们的责任、义务。二是因为他们去给别人做这些事也可以帮助生活，人家也送一点米或者一点钱，12块或者120块，12块也可以得几斤盐巴，够他们家至少可以吃一个月啊。三是因为苗家既然有人相信这些东西，那这些东西就不能丢，所以他们念巫词、办巫事。他们六七十岁了，在寨子里也有四五十岁的来继承这个事，这个传承还在继续。

问：说到传承，你们认为在传承过程中保留了什么？改变了什么？

答：像巫词就全部保留，没什么创新的，但是酒歌是在不断的传承中传唱的，面对不同的人可以通过词义的改变来创新。创新最大的是情歌。不同时代，男女的向往、需求是不同的，对新生活的要求不同。比如说在旧社会，情歌就保持在苗族是个农耕民族，谈相爱的时候，（他用苗语唱了几句）——我能的你来成双，我们俩就到田里去栽秧，能的个蚂蚱来我把它烧好了一人一半。这样也是开心的，后来到解放后，党号召开荒种烤烟（美烟），（他接着唱）——我们俩去响应党的号召去种烤烟吧，种了烤烟到供销社卖，得钱以后我给你妹妹扯花衣服、哥哥买新衣裳。现在很多人下海到广州，那唱词就变了，（他又唱了几句）——你我两个成双，我们到广州去打工，得钱回来起新房子，回来养我们的孩子。这些都是在不断创新的，并没有停留在那个时代。

像在民俗上，也是有改变的，比如结婚，我们是有两种，一是私奔，一是父母之命、媒妁之言。那就是先通过游方私订终身，再征求父母意见，如果父母同意，那就明媒正娶，白天就大方地结，有人接有人送，几百号人热闹地把女方接过去；如果女方父母不同意，那晚上男方就到你家来，你把衣服丢下来带你跑，到男方家里了杀猪请亲戚朋友来吃饭，那就生米煮成熟饭了，那也没有办法了。讲究的是事实婚姻，再说什么也是事实了。而且那时候都只找本族的男女相恋，对汉族敬而远之，也是被汉军打怕了，不想找汉族的。就算自己遇到汉族的合心了，父母也不会合心的，回家了众人所指，自己也不舒服，所以都不找汉族的。但是到现在不同了，苗族许多青年到沿海打工，遇到天南海北的人，不管是哪里的人，合心也就可以了，父母也没意见了。一开始虽然语言交流不通，但是后来也会慢慢好的，现在的婚姻很自由了，像原来那样晚上私奔的也就少了。

还有苗族的铜鼓舞、芦笙舞也在创新，如果按农村的，那就是你在陶尧看到的那种，大家站成一圈，慢悠悠地随芦笙缓慢的曲调在跳，苗家准确地说是"踩芦笙"，而不是跳芦笙。但是如果搬在舞台上就改变了，乐曲的改变，舞蹈动作的改变，还有词调的改变就有所发展，就有创新了。电视台说的那种苗族锦鸡舞、铜鼓舞，剑河的水古鼓舞，台江的反排芦笙舞，实际上在舞台上已经改变了，很夸张了，比如像反排舞，那些妇女扭来扭去，实际上是把西方摇滚舞的动作融到了当中，基本上失掉了原本的东西，改变了原来的韵味，只能留存一些东西，在传承中创新了。

再有苗族的吊脚楼，不管是栏杆还是窗台，各方面基本都改变了。苗族的房子，特别是二三百年前的房子都比较低矮，现在看西江的房子层层叠叠，实际上是在1942、1943年的时候，由于国民党军队把寨子烧了，我们又重起的，房子就比以前大了。后来又这烧了点，那烧了点，实际上真正的房子没那么大，而且现在的房子都是砖木结构了。我们认为这是内部现代化，外部保留民族韵味。

问：那请问唐校长是怎么收集父亲的这些资料的？家里还有别的资料吗？

答：就是那几十本民间文学，因为老人家过去用的老皇历，被作为"四旧"书收了，还有连环画也被收了，其他的是在文化馆、省民间文学研究会潘光华那里收集的，还有自己原来的一些笔记，东收西收也就那么点。

问：你们几个儿子，包括现在你的儿子女儿，他们会讲苗语吗？除了正常的生活学习，有对唐德海的东西研究和收藏吗？

答：没有了，六几年唐德海被打成"牛鬼蛇神"以后，都觉得这些文学是祸害，不敢再学。到改革开放，国家关注非物质文化遗产以后，我们几兄弟也这种年纪了，再去学也学不了了，从1963年到1973年，再到1983年，20年，我们都老了。

问：我上次来，看过鼓藏节的都是些老人，家里年轻的都没从雷山回这里来过节吗？

答：也来的，过年过节都来的。你来的时候快结束了，他们都走了。

问：那你们在家里还唱歌吗？

答：唱的，吃饭喝酒的时候都在唱。

问：都会唱吗？

答：我儿子会唱点，但是女儿不会唱了，孙子们只会讲一点苗语，也很少讲，多讲汉语，更不会唱歌了。但是唐德海的儿媳们都唱得很好，而且有模有样的。

问：那您对父亲的印象怎样？

答：我的爸爸唐德海很灵活的，会唱歌，有苗族的朋友，又能与汉族融合，有汉族的朋友，沟通能力很强的。刚解放的时候，县委县政府要找一个懂苗族文化又能沟通苗汉的人，就找到了我父亲，其中还出现了找错人，找到唐登海的故事。后来才知道，我父亲才是通晓苗族文化的人，能言善唱，就把他叫到政府了。雷山当时召开了七次各族各界代表大会，除了第一次搞错人了，后面六次他都参加了，被选为人委委员，也就是政府委员。那时候分为县委和人委，人委就是政府，县委就是党委。

二　师徒传承

唐德海作为当地知名的歌师，也有很多的徒弟，其中比较突出的就是唐炳武了。唐炳武老人年纪有些大了，说话和唱歌都不是那么清楚，和老人的聊天进行得也很慢，大部分的记录都是通过录音和摄像回去整理的（见图5-4）。

图5-4　唐炳武夫妇

问：怎么跟师傅学的？

答：街上的理老，处理偷摸的，还有结婚的也是喊理老，还有民间纠纷，都喊理老。唐德海说得好，大家都请他，于是农闲的时候就跟他学。我小的时候记忆很好，他一唱我就懂了。他唱的基本上我都学了，现在身体不好不唱了。

问：拜师有什么仪式吗？怎么才能称之为师傅？

答：就是口耳相传，跟到起唱。比如杨幼甲说理好，很有名，喜欢学的人就在心里多记，很有心，跟到起听，每句话怎么说的，自己多记，如果没记得的，就再回头问一下，就可以喊为师傅了。去年雷山过苗年，有请两个老师去教唱歌，如果喊我去，我也会唱。说是师傅，其实就是在旁边听，不像汉族一样要行拜师礼，还要送礼，没有这些。比如你会唱，我就听，记不住就问，主要是跟到学。比如你是巫师，你觉得我可以，在巫师驱鬼的时候，你需要助手杀鸡杀鸭啊，那杀的过程中我听就行了。

原来我经常到家里来，边听边聊边记，不懂的就问。看山势水势、葬人在哪、起房子在哪风水才好，苗族很讲究这些。比如在家里无聊了，看出太阳了，就带上山去教，回家就讲歌词啊，理词啊。唐老被请去当鬼师，就喊我去当助手，多听多记，有心几次就记下了。

问：你和师傅唱歌有什么不同？有改动吗？

答：我和师傅差不多，当时我的大伯唐登文也会唱，我就是跟着唐德海和他唱的，得他两个的东西学。我的汉话不好，讲苗文好。

问：那你现在会唱多少？

答：古歌、理词、民间宗教、嘎别，他的歌词我基本上都会，但是我现在老了声音不好，很少唱了。

问：那在什么情况下请你唱呢？

答：很多都是在单位唱，计生局也有请来唱，地税局也有，也唱很多感谢共产党的。但是寨子里很少唱，如果请到我才去。

问：你唱的歌有没有收录？

答：没有。

问：师傅唱的新民歌你知道吗？在当时影响大不大？

答：知道，师傅唱的都是歌颂共产党的、感谢共产党的、感谢政府的。

（老人随口唱了几句，意思是：共产党像太阳，乌云都过去，共产党像太阳，一照全国人民都高兴）

问：现在的年轻人会唱吗？

答：没有了，不太会了。我也是传承人，吊脚楼建构技艺传承人。

问：是因为你会设计吗？

答：我从 1965 年开始搞设计的。去年都有几处房子，今年没有了。

问：那你有徒弟吗？

答：有，10 多个，寨子里有几个，阳苟有几个。他们年轻人是乱搞，比如房子有两丈宽，我是有公式算的，但是他们是干估，估计大概。我在我们虎阳村起（立起）40 多项房子，加上其他的我起了 150 多项房子，都是我设计的。

问：你唱歌有徒弟吗？

答：有，我们虎阳有三四个，搞民间的、宗教的有几个。像我们民间起房子后，必须唱一首古歌，才能吃饭吃酒，如果没唱就不能吃。（老人又随口唱起来，说是鲁班留下的歌词）在我们州政府起吊角楼的古歌比赛，我得了一等奖。

问：你是怎么成为传承人的？

答：我是从 1965 年开始搞吊脚楼的，是非物质文化传承人，当时评选非物质文化传承人，还出题考我。（乌丙安等老师作为面试考官）问在苗族、汉族、侗族中为什么汉族没有芦笙？我们几百人分开答，我回答说以前三个民族都在一起跳芦笙、跳鼓，大家放鼓的时候没放好，有个姑娘过路的时候鼓倒下来打着了，人们就把芦笙和鼓砍成几节。汉族说他们不要芦笙了，要铜鼓和喇叭，到六月份和七月半的时候来祭祖。侗族也说不要，只要一尺二的芦笙、一尺二大的小鼓，小鼓在端午节的时候用。苗族说他们要一排二尺长的芦笙、一排二尺长的鼓，十三年过一次鼓藏祭祖。三个民族各要各的。我们祖宗来了以后，只和从江那边的开亲，从江那边远，要三四天才能到家，所以现在女方是 30 人送，男方是 30 人接，非常隆重。考官说我答得对，让我做民间非物质文化遗产吊脚楼的传承人，省级的有 5000 元奖励。

还有其他问题，比如少数民族的祭酒是谁发明的？我答是相高和力落。又如苗家立房子要唱首古歌是哪个发明的？我答是江九高发明的。再如吊脚楼是哪个发明的？以前没房子。我答是江九高发明的。

问：为什么会去学建吊脚楼的呢？

答：更多是为了生活，因为仅仅靠做歌师，收入还是有限的，建吊脚楼是手艺活，收入也多些，加上人家搬新家的时候还可以请我唱歌，我也是可以继续唱歌的。

三 政府传承

随着非物质文化遗产越来越受到重视，政府也加大了对民族民间文化的保护。政府主要处于决策、组织、统筹的地位，通过一些政策性的方式来保护民族民间文化。苗族文学以口头传承为主，因此必须加大对传承人的保护才能使口头留下的民族文化保存和延续下来，政府也在积极开发和启动非遗传承人的发掘、保护与传承工作。

以下是对唐炳武老人的采访。

问：你们现在唱歌是政府需要，还是自己喜欢，还是生活需要？

答：一般的话就乱唱，如果是嫁姑娘、接媳妇、立房子，是必须要我们唱的，那是非唱不可的。同时，人家需要我们就要去，红、白喜事都要请去看。请到我们才去，不请我们不会去的。

问：像结婚请您去唱的话，拿什么给你们呢？

答：拿一张毛巾或者一段红布或者一点钱。前几天，杨正委家接媳妇请我去唱歌，他条件好点送了我120元。

问：你是吊脚楼的非物质文化传承人，那政府有什么奖励没有？

答：有，第一年5000元，第二年8000元，都是省非物质文化传承单位给的。当时评定传承人的时候，是先推荐，再考验，再评定，后发证书，考核是2008年在凯里州政府里。州级的是3000元，省级的是5000元，国家级的是8000元。因为我是省级的，那省里和州里都要发，就一共奖励8000元。

问：还是给家里有很大帮助吧？

答：那肯定的，改善很多了，政府很重视我们。

问：你们现在还在种田吗？生活上怎么安排的？

答：有，我们有田、菜、山林，都要自己种。我们自己安排生活。

以下是对唐千通老人的采访。

问：你们现在唱歌是政府需要，还是自己喜欢，还是生活需要？

答：请到我们才去，不请我们不会去的，比如政府搬新楼，或者采访什么的就去。一般结婚、立房子是必须要我们唱的，因为非唱不可。

问：像结婚请您去唱的话，拿什么给你们呢？

答：拿一条毛巾或者一段红布或者一点钱。唐炳武说，前几天杨正委家接媳妇也请他去唱歌，他条件好点送了120元。

问：你还住在父亲的老房子里吗？

答：没有，我自己起了的，老房子是两个兄弟在住。

问：那你们平时唱歌都没有留下照片、光碟或者录音吗？还有记录文本吗？

答：没有，有照的也是政府拿着，没有给我们，其他的就没有了。

问：那你们有没有想过政府支持把你们唱的东西记录或者备份下来？

答：我们老了，也想把这些留下来，但是没有谁来给我们录，没有谁关心这些事。

问：那你们不是理老吧？

答：村里有调解委员会的，会去讲道理，会去调解。

问：那村委会调解的依据是什么呢？

答：那就是多年保留下来的、大家都认可的村规民约。村委会依照处理就可以了。

问：那这些村规民约是怎么留下来的？

答：村规民约是按榔规写的，按榔规处罚还严重些，法律处罚还轻些。村规民约也参照法律，法律处罚也参照村里的榔规。应该说现在的更全面，许多规定都是为了解决社会、生活、文化的发展，稳定正常秩序，保证大家的群众山林、财产及农牧业生产不受侵害等方面的问题，能更好地解决实际问题，因为大家都认可，所以很合理。

第二节　顺应潮流的歌师唐德海

一　身份的国家在场

身份，在社会学的定义中，指的是社会上一个人的家庭出身、社会角色和社会地位，具体来说，可分为外在身份和内在身份两种。外在身份指的是社会、政府或他人接受和认可的某个人在社会、群体或国家中的角色和地位，即别人认为"我是谁"。我们在日常生产生活中扮演的身份一般都是外在身份。内在身份指的是自我的身份意识或身份感，也就是我们通常所说的自我认同，即我认为"我是谁"。① 前者具有约定俗成性和外在强制性，后者具有主观性。

在民间文学中，"歌师作为说唱文学中的叙事主体，在叙事过程中有着多重身份。首先是叙事人的权威身份，在叙事过程中主导着整个故事和情节，同时还扮演了主要人物和次要人物，并在他们之间转换；再次作为旁观者，对人物和故事做了评价；另外还充当故事与听者之间的中介。在创作过程中，还要根据本民族的文化特色对口传文本进行整理编辑和文化整合。歌师叙事者身份的多样性体现了口传文学的主要特征"。②

唐德海作为传统的苗族文化精英，在其人生历程和现实生活中，既有内在身份又有外在身份。以 1950 年为界，之前唐德海的内在身份除了是一位普通的农民，还兼任歌师、理老、巫师等。从 1901 年出生到 1950年雷山解放的近 50 年时间里，唐德海在青少年时期学习、学歌、成家、持家，在中年时期失意受挫后，继续努力学歌、持家。总之，在这一段时间，唐德海的人生轨迹基本上是平淡的、安静的。在此期间，唐德海更多的是学习传唱本民族的民间文学艺术，例如很多传说故事，包括《九皋和珍福》《杨大六和张秀眉的故事》《夜明珠的故事》等；贾理词，包括《道理歌》《太阳和月亮打官司》《离婚纠纷理词》等，以及传统歌即古歌，包括《开天辟地》《嘎别福歌》等。唐德海在劳动生产之余，通过学习苗族古歌、飞歌、贾理等，不断地丰富自己的民间歌艺，逐渐

---

① 李立：《寻找文化身份：一个嘉绒藏族村落的宗教民族志》，云南大学出版社，2007，第19 页。

② 郎雅娟：《侗族说唱文学中歌师的叙事者身份研究——以〈秦娘美传奇〉为例》，《贵州民族学院学报》（哲学社会科学版）2009 年第 2 期，第 41 页。

成为苗族传统文化的精英。对于这一时期唐德海的生存状态，他的后人这样说道：

> 那个时候，他老人家每天干完活就回到家，该干什么就干什么，一有空他就去别人家唱歌，碰到外面的寨子有唱歌特别好的人，他就把别人喊到家里来，热情招待，他们一喝醉了，就相互学歌，他那个时候也很讨厌那些国民党（官员），有的当官的听说他能说会唱，想请他去唱，他总是推辞，也没去。

从唐德海后人的这段访谈中可以看出，这个时候的唐德海像一个远离政治的隐者，他只钟情于他的传统生活世界而无旁顾。

解放后，随着中国共产党的民族政策在包括雷山在内的苗族地区的施行，以及国家政权把民族传统精英纳入国家体系，唐德海的身份由内而外不断地得到张扬与凸显，其身份也就由民族在场转换为国家在场。

1950年9月雷山县获得了解放，苗族人民开始当家作主，从此苗族摆脱了受歧视、受侮辱的历史。这一时期，唐德海编唱了很多歌唱共产党和新中国的民歌，主要有《歌唱红军和解放军》《苗家跟着共产党》《抗美援朝歌》等，表达对共产党和新中国的热爱。由于其掌握丰富的苗族民间历史文化和口头文学，且能言善辩具有较强的处事能力，在当地婚姻纠纷、山林纠纷、财产纠纷等方面处理得比较好，受到党和政府的高度重视。1952年，雷山县建安乡政府聘请其参加陶尧村的民间调解工作，并将他选为村调解委员。1953年，他参加了由政委李新三、县长王春智、局长杜志轩主持的苗族自治区筹备会议，并在会上多次就苗族的历史、习俗等问题进行发言，得到领导重视，此后被选为第四届到第七届的雷山各族各界代表大会常务委员会委员。1954年，唐德海出席雷山县第一届人民代表大会，掩饰不住人民当家作主的喜悦心情，他这样唱道：

我在年轻的时候，
身上没有件衣裳。
裤子破烂啊，
像个鬼一样；
披着蓑衣啊，
身心好凄凉！
来到场坝上，
来到芦笙场，
碰到树苗啊，
没心去栽种；
碰到情人啊，
无意去成双。
一年也流浪，
两年也流浪，
直到寅年和卯年。
我们才得到解放。
共产党来啦，
苗家变了样：
分田分地我们种，
苗家心里亮堂堂。
你们年轻后生啊，
个个脸上泛红光，
你们年轻姑娘啊，
穿上花衣多漂亮！
走到场坝上，
来到芦笙场，
碰到树苗啊，

> 你们有心去栽种；
>
> 碰到情人啊，
>
> 你们有意去成双；
>
> 你要出嫁啊，
>
> 嫁个勇敢的儿郎。①
>
> 你要娶妻啊，
>
> 娶个勤劳的姑娘。
>
> 听我忠告啊，
>
> 你们身心才舒畅。
>
> 你我身心舒畅啊，
>
> 才知我的一片好心肠。

这首叫《苗乡变了样》的新民歌是唐德海首次参加人民代表大会时唱的，唱词朴素，但唱出了当时苗族人民当家作主的心声，不久就在全县流传开来，影响很好。

1956 年，唐德海被选为雷山县人民委员会委员，列席省政协一届二次会议，同年被任命为雷山县文化馆副馆长，唐德海从此正式进入了体制内的轨道。1958 年，唐德海获黔东南州"先进文化工作者"荣誉称号，同年被选为州人民代表大会代表。这期间，是其新民歌的丰产期，其中有《跟我成对种烤烟》《集体道路好》等各类歌曲。他以自己新的身份，即国家工作人员的身份，进一步传唱苗族民间歌曲，并通过授徒、搜集整理的方式将其传承下来。1959 年，他积极配合贵州省文联的唐春芳收集、记录、整理苗族古歌、贾理、议榔词、嘎百福歌等近 5 万行，为苗族民间口头文学的整理、传承与发扬贡献了自己的力量。

---

① 《黔东南文史资料选辑》第 1 辑，第 199~200 页。

1966 年"文化大革命"爆发，身为县文化馆副馆长的唐德海也随之掉进了万丈深渊。作为文化的黑线人物，他被关进了"牛棚"接受教育，被诬为"旧思想、旧习惯、旧风俗、旧文化"的"四旧"头子，常被拉去戴高帽游街、游乡。尽管遭受了折磨，唐德海的歌谣里依然饱含开朗乐观，在《乌云挡不住太阳》里，他这样唱道：

> 受冤莫心慌，挨斗莫悲伤，
> 地裂泥巴补，云遮有风推。
> 云散见太阳，太阳亮堂堂。
> 好人自有路，坏人丑下场。

在十年"文化大革命"期间，唐德海深受责难，但从 1968 年被允许归家闲居到 1976 年，他仍然以一个乡土知识分子的身份向唐炳华、唐炳武、唐千通等人传授苗族古歌、酒歌、嘎百福歌和贾理词、巫词等，积极培养了苗乡新一代文化传承人。1978 年，他给县文化馆文工团的演员、海政文工团的歌唱演员姬荣等教授苗族情歌、飞歌，如《小小豆留木》《不知田水干不干》等，继续为苗族民间口头文学的搜集整理传递薪火。1979 年 2 月，唐德海彻底平反，恢复名誉、恢复工资。3 月，他参加省第三次文代会，被选为文联委员。9 月出席"全国少数民族民间歌手、诗人"座谈会，受到华国锋、邓小平、叶剑英等党和国家领导人的接见。其间在大会上演唱了《献上苗歌九箩筐》《我的幸福情，用歌唱不尽》等苗歌，由中央电视台向全国播放。

晚年，在平反后，唐德海利用其文化馆馆长的身份，继续搜集和整理了大量的苗族民间歌谣，当然，这时候的唐德海也不忘创作新民歌来表达对国家的关注，在《喜为"四化"唱起来》一歌中，他这样唱道：

山林绿茵茵，梯田水汪汪，雷公山脚下，苗家好地方，打倒"四人帮"，苗寨喜洋洋。铜鼓咚咚响，芦笙声声唱。年青小伙子，朝气又豪爽；年青的姑娘，穿戴多漂亮。苗家多欢乐，飞歌唱不断，曲曲绕山梁。春返苗家寨，党的恩情啊。山高水样长，越活越年青，喜为"四化"唱。①

唐德海用"山林绿茵茵""梯田水汪汪""铜鼓咚咚响""芦笙声声唱"，小伙子"朝气又豪爽"，姑娘们"穿戴多漂亮"，以及此起彼落、悠扬悦耳的"飞歌唱不断"来表达"春返苗家寨"的喜悦，把"苗家好地方"和"苗家多欢乐"这一绚丽多彩的景象生动形象地展现在人们的面前，也真实地反映了国家的变迁。

二　民歌的国家叙事

袁国兴指出，中国现代文学作品大多被笼罩在一种革命的氛围中，这里所说的"革命"不是一般的思想意识，也不是有具体主张的理论宣传，而是作品情境中体现的情感倾向。正是在这个意义上，我们发现中国现代的许多作品在"时间"的意义上被寄予了象征的含义，事件在时间轴上具有了特定的价值指向，由此彰显了它的"革命"。②从唐德海一生的民族文学传承与创作经历来看，其民歌的内容也经历了从民族叙事到国家叙事的转变。

新中国成立前，包括雷山在内的贵州省黔东南地区是苗族的主要聚居区，虽然清代以降，国家力量已经渗透到地方，但由于国家力量有限，在文化上黔东南的苗族一直没有被纳入中央王朝的国家化进程，因而被人称为"生苗"，生苗因为缺乏国家力量的在场，其文化也相对地体现出民族性和原生性。在这样的场域中，作为民间歌手的唐德海，

---

① 《唐德海故事歌谣选编》，第 186 页。
② 袁国兴：《中国现代"革命"文学叙事倾向》，《北方论丛》2005 年第 1 期，第 33 页。

其传承和创作的民歌叙事主题大部分都带有民族性，例如下面的《太阳和月亮打官司》。

在很久以前，远古的时候，老天合着地，大地合着天。天地是一块，天地是一片。放不进巴掌，钻不进耗子，不够蚂蚁住，螃蟹爬不进。东边不流水，西边不通风，没有路可走。有个老公公，名叫"翁扭你"。有个老婆婆，名叫"翁扭金"。婆捡芭茅杆，扛肩顶着天，提手碰着地。滑脚跌倒了，牛见很好玩，牛哈哈大笑，马见很好笑，马哈哈大笑。牛笑掉了牙，马笑落了角，婆婆很生气，婆婆很冒火，恨公公三天，气公公三夜，公公对奶说："你气我什么？"婆婆对公说："你做公不象，你作父不成，造天不象天，设地不象地。我去捡芭茅，来当松稿点。放在肩上扛，扛肩顶着天，提手碰着地，滑脚跌倒了，牛看见牛笑，马看见马嘲，我是很生气，我是很冒火。才恨你三天，才气你三夜。"公听了生气，公听了冒火。东有银水河，西有金水江，他去银水河，运来三船银，他去金水江，运来三挑金。"拉帕"掰天地，一手撑住天，一手撑住地，叫"拉留"来溶，请"拉当"来铸。造金柱支天，造银柱撑地。才成四方地，才成圆圆天。那时天地间，白天没太阳，晚上没月亮。拉留又来铸，拉当又来造，炼金在石窝，铸成太阳样；炼银在岩凹，铸成月亮样；蒸气成云雾，碎金碎银撒，成了满天星，榜养抬太阳，不尤挑月亮。抬往天上安，太阳安得稳，时时圆溜溜，月亮安不好，边歪来边翘。月初和月末，月亮变成角。太阳造在前，太阳是哥哥，月亮造在后，月亮是弟弟。太阳长大了，长大找婆娘。长大找妻子。天地的女子，只有仰阿莎。说起仰阿莎，她是好姑娘。她在水井生，她靠泉水养。她长得漂亮。裙子圆又圆，褶纹如水波，裙带长又长，好象彩云飘；眼角青杠叶，咀唇红润润，牙齿白生生，额腮桃花色，鬓发如丝线。她窈窕美丽，世上美如双。太阳天上找，太阳地上寻，找到仰阿莎。乌云棒太阳，亲自来做媒，仰阿莎愿意，她嫁给太阳。太阳是理老，他会讲道理。他从东到西，为人解纠纷，给人去断案。一年又一年，很久不回房。月亮长大了，也要找婆娘，仰阿莎漂亮，月亮心怜惜，天天去帮忙。白天帮抬水，晚上帮舂谷，砍柴和割草，都是月亮帮。月亮真情意，感动仰阿莎，仰阿莎心想："自己的丈夫，应该是月亮"。月亮心意决，离开太阳家，嫁给了月亮。月亮仰阿莎。从水沟里逃，到嘎两家去。太阳回家来，回来找老婆，东边找不见，西边找不着。见鸭在田坎，揍鸭三巴掌，把鸭咀打扁。鸭子哭着说："我沿田坎走，只知找虫吃，不知仰阿莎，去向不明白。"太阳匆匆找，碰狗在门边，打狗三扁担，狗立耳朵诉："我只知守贼，不守仰阿莎，去向不清楚。"太阳急急找，遇猫火炕边，打猫三扫帚。猫拱背诉苦："我只守耗子，不守仰阿莎。你看树枝上，去问猫头鹰。"枝上猫头鹰，是个叫丧鸟。它在寨头叫，女的有灾祸；它在寨脚叫，男的要遭殃。太阳寻过去，猫头鹰回答："你赶快回去，找六两熟肉，找九串长鱼，找七斤花鱼，找来送给我，我就告诉你。"太阳去筹办，得九串长鱼，得七斤花鱼，猫头鹰难提，猫头鹰无法，它对太阳说："你再按条件，给我尖咀壳，给我花裹腿，给我铁爪子，给我圆亮眼，我白天睡觉，夜里喝蚊子。我就告诉你。"猫头鹰条件，太阳全满足，猫头鹰才说："自田里的水，自家里的人，月亮心计恨，偷你的婆娘，拐走仰阿莎。从水沟逃走，到嘎对地方。"太阳追踪去，去到了嘎对，看见仰阿莎。正踩杵舂米，一下进门去，一下出门来。来回共三次，银项亮闪闪，太阳看见了，心冒三丈火，拿起弓和箭，对准仰阿莎，想要射死她。锈水抓住弓，锈水夺过箭，"你杀你的妻，就宰我的妹，死了你的妻，亡了我的妹。拜把两银子，头钱留我要。水中鱼最大，果鱼和仲鱼；山上兽最大，野猪和野马；祸事中最大，拐别人妻子。害别人子女。月亮胆子大，他拐你妻子，官司算最大。你去拜理老，请理老断案；你去请理老，道理来评判"……

　　这是唐德海搜集整理的一首苗族理词歌谣，其叙事主题是婚姻与婚姻诉讼，也是在苗族传说中逃婚私奔引起的第一起婚姻纠纷案例。在这个婚姻叙事中，仰阿莎从水井中出生，后来经乌云做媒，嫁给了太阳，成了太阳的妻子。仰阿莎出嫁后才知太阳是懒汉，靠给人说理断案过日子，且经常从东往西去断案，几年不回一次家。仰阿莎失望、落寞、悲伤。月亮是个极勤劳的小伙子，他看仰阿莎伤心寂寞，于是常去帮她挑水舂米，帮她做各种劳动。朝夕相处，仰阿莎喜欢上了年轻勤劳的月亮，月亮也对她从同情到爱慕，爱上了仰阿莎。于是仰阿莎跟着月亮私奔了。太阳听说后回家看不见仰阿莎，不服气，于是找来理老来断他和月亮的婚案，最终理老还是以感情好为由把仰阿莎判归月亮，使有情人终成眷属。

　　类似于这样的民族叙事在唐德海搜集的民歌里比比皆是。

　　从1949年10月1日毛泽东在天安门城楼上向全世界庄严宣告中华人民共和国成立的那一刻起，中国的历史和文学进入了一个新的时期。"作为一个国家现代化的基本目标，化作了以人民为主体的总体化实践。国家情感和国家逻辑是这一总体化实践的基本结构，总体化实践常常是以总体化计划、总体化动员甚至是总体化运动的形式展开的，如社会主义改造运动，'大跃进'运动，等等。而作为总体化实践的要求，个人必须成为国家组织的一员，个人'小我'必须通过人民化、国家化而成为'大我'。相应地，个人情感必须上升为人民情感，个人写作必须成为民族国家的象征行为。"[1]

---

　　① 尹昌龙：《重返自身的文学——当代中国文学思潮中的话语类型考察》，广东人民出版社，1999，第100页。

1950 年，朝鲜战争爆发，战火烧到了鸭绿江边，在中国共产党和政府的领导下，中国人民开始了抗美援朝。这时候的唐德海不仅捐钱捐物，还创作了许多民歌来表达对这一事件的关注，在《抗美援朝歌》中，他这样唱道：

> 美帝国主义，存心侵中华，挑起战争火，烧到鸭绿江。美帝心不良，美帝野心狼，不把它打退，国家遭祸殃。英明共产党，毛主席眼亮，号令志愿军，消灭美国狼。志愿军战士，心坚斗志昂，在朝打美帝，不怕死和伤，战斗日夜忙。苗族好男儿，要积极报名，参军上前线，到朝鲜战场，扛起刀和枪，争取打胜仗。我们在后方，要听党号召，积极大生产，争取多打粮，支援志愿军，打败美国狼。中国江山固，千秋万年长。①

1954 年，雷山获得解放不久，苗族人民当家作主，从此告别了受欺压、受歧视的历史，为此，唐德海创作了《苗家跟着共产党》。

> 乌栖在青山，鱼不离水塘。
>
> 禾苗靠土壤，娃儿靠爹娘，
>
> 苗家有今天，全靠共产党。
>
> 皮麻砍去了，还会有桩桩，
>
> 旧社会的苦，我们怎能忘？
>
> 过去如苦瓜，现在蜜如糖。
>
> 河水顺道流，葵花向太阳，
>
> 苗家跟着党，幸福万年长。②

---

① 《唐德海故事歌谣选编》，第 177~178 页。
② 《唐德海故事歌谣选编》，第 177 页。

　　20世纪50年代，举国上下以最热情、最朝气的力量投入到了一系列国家经济建设活动中，国家中的每一个人无不受到鼓动和激励。作为新中国积极劳动的一分子，唐德海创作了长诗《公路修到雷山城》。

　　雷山高山高，雷山峡谷长，沟壑山水连，道路不方便。雷山到凯里，来回三四天，若上贵阳去，来回二十天。土产销不出，外货进来难，盐巴和布匹，运来靠双肩。民国后几年，官衙曾叫喊，说要修公路。路要通雷山。第一次叫喊，要与台江连，从控拜过来。我们老百姓，听从官衙令，家家出劳力，涌到台江边，修了一两年，官吏贪路款，组织不得力，群众自解散。第二次叫喊，又要修公路。路与舟溪连，经排肖过来，直接通雷山。百姓听修路，合心中意愿，派款心也愿，派人心也愿。胡闹一两年，与前次一样；路线经常变，你修一小节，我修一小段。宽窄不成路，高低不能连。钱进官吏袋，百姓苦不堪！共产党来了，人民得解放。人民政府好，要把路修通。人民不能忘，这是五六年。县人民政府，调集西江区，调集丹江区，调集大塘区，三区好男女，组成修路团。区长来带队，县长当指挥，沿着巴拉河，修路开大战。各族好青年，日夜垦山崖。火把照山谷，晚上搞夜战；白天歌声雄，干劲高如天。男的擂铁锤，女的握钢钎，当当凿坚岩，嚓嚓抠炮眼。炸声响如雷，隆隆声不断。没到两个月，路坯成条线。小固鲁寨前，全是青石崖。砣砣岩石坚，块块硬如铁。指挥部意决，组成突击队。复员解放军，形成一个连。全部党团员，个个冲在前。半身吊空中，挥锤打钢钎。一包包炸药，放入炮眼中。声声响不断，山崖变路面。二月到八月，路坯成路面。一条穿山路，凯里到雷山。雷山通车了，民众都来看。男女和老少，个个笑开颜。小孩跟车跑，老人摸车眼，汽车一声鸣，人退几丈远。个个都稀奇，瞪着不放眼。雷山通车了，雷凯紧相连，过去两天路，来回几袋烟。东西车运来，货物堆成山，山货车运来，草木变成钱。姑娘买花衣，小伙换新装。生活变了样，感谢共产党。①

在"文革"结束不久后，唐德海又创作了一批以国家叙事为主题的歌谣。唐德海创作的众多以国家叙事为主题的歌谣，使他作为一个民间歌手最终被纳入了国家体系，他的创作不仅得到了本民族同胞的肯定，也获得了国家的高度评价。雷山县革命委员会副主任在唐德海的追悼会上致悼词，具体如下。

今天，我们怀着极其悲痛的心情，来悼念民间苗族歌手、县文化馆副馆长唐德海同志。

唐德海同志生于一九〇一年十月，享年七十九岁。解放前务农。解放后，任过县人民代表、县人民委员会委员、州人民代表、州政协委员、省政协代表。从一九五六年至今，任县文化馆副馆长。

唐德海同志参加工作后，在县文化馆工作期间，曾协同省、州在雷山、凯里、台江等地搜集民间文学资料和历史上苗族英雄张秀眉的故事，以及提供了许多歌谣，并刊登在省文联编的《民间文学资料》上。唐德海同志生前在工作中积极宣传党的民族政策和党的有关方针政策，协助政府调解了不少民族纠纷和山林纠纷以及家庭纠纷，为党为人民做了大量有益的工作。一九七九年十月光荣地出席过在北京召开的全国少数民族民间歌手、诗人座谈会和当选了全国第四届文代会代表。

唐德海同志的逝世，使我们雷山失去了一位民间老歌手和好同志。我们要化悲痛为力量，在以华主席为首的党中央领导下，为四个现代化贡献力量。

唐德海同志安息吧！②

---

① 《唐德海故事歌谣选编》，第180~183页。
② 《唐德海故事歌谣选编》，第201~202页。

第三节 国家对苗族文化传承人的甄别与鉴定

一 苗族文化传承人面临之困境

传承是歌师的本质特征。"所谓'传承',意味着民俗文化信仰,知识、道德、经验和技能以及历史记忆等等的跨世代的延展,它既指民俗或文化在时间上传衍的连续性,即历时的纵向延续性,也可用来指民俗文化的传递方式。"① 在传统社会,由于环境的封闭性,歌师对歌与文化的传承自成体系,环环相扣,永不停息。在现代语境下,歌师及其文化的传承却面临严峻的危机。对于苗族歌师而言,其生存境遇不容乐观,总结起来,有以下几个问题。

一是歌师年龄偏大,传承后继无人。尽管歌师在苗族传统社会里受人尊重,声望颇高,然而随着时间的流逝,会唱本民族传统古歌、古词的人却越来越少。在田野调查中,苗族歌师唐德海的后人唐炳武也坦言,任何人都可以学唱苗族古歌,也没有什么特别的身份限定。但是在唐德海去世后,能够演唱苗族古歌的人是越来越少了,很少有年轻人能够完整地演唱像唐德海唱的那样很长的古歌了。表5-1是贵州省台江县对苗族古歌传承人的统计。

表5-1 台江县苗族古歌传承人统计

单位:岁

姓名	性别	年龄	工作单位或家庭住址
张玉超	男	58	县苗族文化保护办
李德成	男	57	县苗族文化保护办
张德成	男	65	台江县民族中学

① 钟敬文主编《民俗学概论》,上海文艺出版社,1998,第13页。

姓名	性别	年龄	工作单位或家庭住址
刘八九	男	66	施洞镇芳寨
方少保	女	37	革东镇方家村
滕东艳	女	36	台拱镇朗等村
杨胜英	女	35	老屯乡长滩村
唐正福	男	60	方召乡反排村
杨胜花	女	33	老屯乡长滩村
邰胜建	男	65	台拱镇台拱村
李 飞	男	56	南宫乡交包村
姜故代	男	92	施洞镇巴拉河村
张定祥	男	75	施洞镇岑孝村
吴秀英	女	58	施洞镇芳寨
王安江	男	62	台盘乡棉花坪村
张昌汪	男	50	革一乡大堂村
熊胜达	男	55	台拱镇桃香村
徐德生	男	49	南宫乡展丰村
姜乃九	女	52	老屯乡稿仰村
姜志英	女	52	老屯乡稿仰村
唐噢波	女	36	方召乡反排村
姬报周	男	35	台拱镇张家村

资料来源：余未人：《苗人的灵魂：台江苗族文化空间》，黑龙江人民出版社，2005，第52页。

二是相关运动对歌师文化及其传承的影响。如在"文化大革命"时期，很多苗族歌师不敢传歌，徒弟也不敢学，这对苗族歌师及其文化的传承是一个沉重的打击。例如苗族西部大型英雄史诗《亚鲁王》的传承人之一——贵州省紫云县的杨再华。在"文革"期间，他为了去舅舅家学唱《亚鲁王》，只能白天干活，晚上借口去亲戚家帮忙，就这样学习了十多个晚上，后来走漏了风声，被别人跑到村支书家去告状。好在村支书是个好人，事后偷偷对杨再华说："你以后要注意，要学会隐蔽，要是有领导和我一起抓到你在现场，我可救不了你了。"① 从这个案例可以

① 杨正江：《亚鲁王》，中华书局，2011，第15页。

看出，在"文革"期间学唱苗族古歌可不是一件容易的事。类似这样的事情在当时还有很多。

三是外来文化冲击了苗族歌师原有的传承体系。由于苗族历史上没有文字，苗族古歌古词的创作与传承只能靠口耳相传。古歌大多在民俗活动如鼓藏节、婚丧仪式、亲友聚会、民间节日中演唱，演唱者多为老年人、巫师、歌师等，通常以比赛的形式进行，可以几天几夜连续表演。但随着经济社会的发展以及各种电子产品进入苗族村寨，外来文化强势进入传统文化领域，苗族人民的文化价值取向由一元向多元转变，歌师所肩负的娱乐功能在与外来文化的比较中处于下风，歌师对苗族村寨不可替代的作用遭到瓦解，导致他们"满腹经纶"却无用武之地。

除了以上三个原因，还有一个重要的原因，就是苗族现存歌师不尽如人意的生存环境、艰难的人生境遇以及在学歌过程中的各种艰难困苦，让现代语境中想学唱苗族古歌古词的人望而生畏。苗族歌师王安江就是这样的典型。

王安江，这个著名的苗族歌师，生于 1940 年 12 月 19 日，台江县台盘乡棉花坪村人，农民，苗族歌师。

王安江穷，是由于他 38 年来一直痴迷、苦恋苗族古歌的搜集整理。没有足够的精力来支撑这个家，妻子、儿子、女儿相继离他而去……为了搜集苗族古歌，王安江历尽沧桑，吃尽苦头，甚至险些搭上性命。尽管如此，王安江仍在苦苦追求……

有人说，王安江疯了！也有人说王安江"走火入魔"！

"对歌" 遭屈辱，　他选择了古歌

王安江的家，地皮凹凸不平、坑坑洼洼，我们随便抓了个破凳子坐下与他攀谈。交谈中获悉：他今年 73 岁，满脸花白胡子，披肩的花白头发，显得格外苍老。他给我们搬来了搜集的 16 本约 0.5 米厚的苗族古歌手稿，向记者叙述着他这一生搜集、整理古歌的坎坷悲壮的心路历程。

1954 年，15 岁的王安江在台江城关翠文小学毕业，县教育局聘任他到本县泗柳小学当民办教师，任教 3 年后，调到其他小学去任教。1962 年困难时期，他被下放回家劳动，王安江与妻子杨荣美男耕女织，一家人过着平静的生活。

1967 年苗年节，棉花坪一位青年从嘎养虾苗寨娶来了一个媳妇。按当地风俗，13 天后男青年家要组织 10 多人陪送新娘回门，王安江成为陪送者之一。当陪送新娘的人们到新娘家喝了"拦门酒"进屋坐定后，寨上的人就带着酒菜陆续汇集到新娘家来陪客。宴席伊始，新娘家摆起了长条桌，把鸡头、鸭头摆在陪送新娘的客人的面前，要他们唱歌开席。这下，陪送新娘的男方客人傻了眼，大家都不会唱，只好依俗出钱请新娘寨子的人代唱开席古歌。唱完开席古歌，宰割条桌上的熟鸭，夹给在场的人吃了之后，便开始吟唱《开天辟地》《运金运银》《跋山涉水》等古歌。古歌唱法一般是主问客答，或客问主答，此起彼伏，不能应对者则遭罚酒。不到半夜，陪送新娘的男方客人醉得东倒西歪，同时还被新娘寨子的人嘲笑了一番。

这件事，让王安江刻骨铭心。他说，就是这次陪客遭到嘲笑，才让他走上了搜集、整理苗族古歌的这条路。生在苗乡不懂苗族古歌真是奇耻大辱。于是他暗下决心，自己不仅要成为一名出色的歌手，还要把苗族的这一优秀传统文化传承下去。

那时起，一家 8 口人的吃穿问题全靠妻子和大女儿来支撑。而王安江除了每天跑到 10 多里外砍一两挑柴火，余下的时间全部投入到古歌搜集整理中。两年下来，王安江家里的经济撑不住了。一天，妻子杨荣美对他说："那些古歌平时又不能当饭吃、当钱用，再这样下去，我们只有像别人那样到处乞讨度日了。"王安江深知家中穷困，但他还是咬紧牙关说："讨饭是小事，怕的是耽搁了古歌的搜集整理!"

王安江叙述到这里，站在一旁的三儿子王赞噙着眼泪告诉记者："1997 年的一个夜晚，大姐王英实在熬不住这种苦日子。瞒着父母亲，悄悄让我从破墙翻进屋里拿了几件衣物送给她就出了嫁。"

大女儿走了后，王安江家里的重活、累活全都压在妻子杨荣美的肩上，全家 7 口人的吃饭穿衣，大儿子、二儿子的读书费用，全靠妻子来承担。为了一家人的生活，杨荣美只好咬紧牙关硬撑着。她利用农闲外出湖南、广东、北京、上海等地乞讨，一次，她在上海乞讨期间被列为"三无"人员，收容所将她拘留长达半年之久。就在被收容拘留后不久，加上长期超负荷的劳作，杨荣美染上了肺病。

生活在贵州黔东南自治州一带的苗族，因长期无文字记载，他们只能用心记，口头传唱历史，用古歌来记载民族文化。但在苗族村寨中，能用心和口头传承文化的能人或歌师已为数不多了。在王安江最初迷恋古歌时，很多苗寨都还有歌师健在。现在，许多苗寨的歌师已相继去世。苗族古歌已走向了"人亡歌灭"的险境。

为能较系统、完整地搜集苗族古歌，王安江总是脚穿草鞋，没日没夜地走村串寨拜师学歌。1984 年的一天，84 岁高龄的老歌师顾沙病重，危在旦夕，他请人把王安江叫到病榻前，拉着他的手说："我可能不行了，方圆几十里的苗寨中，只有你能继承我的歌师位子。俗话说，前人不撄古，后人失落谱。你千万千万要记住这两个问题，一是你一定要担起歌师的重任，把我的古歌传承下去；二是一定要把古歌传给下一代人，让苗族古歌世代相传下去！"老人临终的一席话，让王安江震动颇大，同时也深知自己的责任重。在最后的一天一夜里，老人向王安江传授了深藏心底的几首古歌，然后才安详地闭上双眼。

为完成顾沙老人的遗愿，为寻找"党告坳"（传说中苗族迁徙到黔东南时，各支系议榔分居的地方。一直是苗族人民心中的圣地）这一圣地，更好地理解苗族古歌，王安江曾无数次寻觅，在每次苦旅中，他都吃尽了苦头。

一次，他从榕江出发探寻到雷山，又从雷山辗转到剑河、台江。在辗转奔波的旅途中，他几乎身无分文。饿了，找一些野果来充饥；渴了，捧一把山泉来润喉；困了，依在稻草堆、牛圈旁过夜；冷了，躲进山洞里御寒。经过无数的艰难困苦，王安江终于在四县交界的剑河县久仰乡巫仰苗寨附近找到了党告坳。

王安江了解到，那里至今还保留有一块"午饭田"，由当地苗胞逐户轮换耕种，收获后用于接待外来的寻幽访古、缅怀祖先的人。

为了苗族古歌的传承，王安江在走村串寨回到家后，常常利用农闲的夜晚组织寨里的古歌爱好者聚在一起，教他们学唱古歌，探讨古歌的奥秘。

亲人相继离去

在一次去搜集苗族古歌的路上，王安江因没钱买票在火车上被列车长逮住，经询问，王安江的故事打动了列车长，破例让他免费乘车。这位列车长还对他说："只要你愿意，送你上北京都行。"

就在他满腔热情地投入古歌搜集时，1992年7月，妻子和大儿子相继离世。二儿子王彦、四儿子王灵，背井离乡踏上了打工之路。二姑娘王菊香整日整夜地躲在家里不敢出门，经人穿线，偷偷在一个黑夜里跑出家门远嫁他乡……

有人对王安江发出了质疑：这样痴迷地搜集苗族古歌图的是什么？图名吗？你并没有出名！图钱吗？你也没有捞到一分钱！王安江回答的仍然是那句老话："那就是为了完成顾沙老人的遗愿，要把苗族的古歌传承下去，决不让苗族古歌失传。亲人可离我而去，古歌却是我一生的守望!"

三儿子王赞见年迈的父亲遭受接二连三的打击,怕父亲伤心过度生出意外,就主动来安慰王安江,并表示要积极配合鼓励他重振家业。于是,王赞跑到广东去打工,挣得了几千元,先后买了两头牛。然而,买来的两头牛却先后死去。无奈之下,王安江父子只好向亲友借牛犁田。看到父子俩悲惨的遭遇,二女儿的亲家公主动给他送来了一头黄牛犁田。

为维持生计,王安江与儿子商量,先后将妻子杨荣美遗留下的衣物、项圈手镯变卖了,才得以解决家里的吃穿问题。

生命垂危, 不忘古歌出版问世

王安江几经努力,终于将流传于苗族民间的《开天辟地》《跋山涉水》《仰阿莎》《嫁女》《诓婴歌》《打菜歌》《造纸歌》《丧亡歌》等12部苗族古歌整理出来了。16册古歌手稿共320页76800行384000字。除此外,还搜集了其他研究资料10余万字。虽然如此浩大的古歌材料整理出来了,但该如何整理出版,去哪筹集出版经费呢?

王安江没有更多的办法,唯一的想法就是:乞讨!拿定了主意,王安江带着三儿子王赞,背着10多公斤重的部分书稿外出乞讨。他们从凯里爬火车到广州,途中没钱买饭吃,就在铁道边拣从火车上丢下的垃圾包内的馒头、吃剩的食物来充饥。父子俩就这样饱一顿饥一顿,来到广州、深圳等地乞讨。一次,父子俩在深圳市龙华镇乞讨时,城管人员发现王安江穿着草鞋,背着破烂的牛仔包,认为他俩是乞丐,便将王安江的书稿抢来扔进垃圾里,一把火给烧掉了。王安江因为书稿被毁整整一个月茶饭不思。

王安江的精神崩溃了!他拖着沉重的步伐和疲惫的身躯,由深圳赶到广州火车站,想在那里寻觅一些从火车上丢下来的食品垃圾充饥。在恍惚的行走中,王安江被人猛推了一把,他才忽然清醒过来，一辆列车与他擦肩而过。拉他的人说："好险哇！如果你再朝前迈一步，你的命就呜呼哀哉了！"

在深圳，因书稿被焚，王安江也无心乞讨，揣着讨得的几百元钱，准备搭车返乡。当他来到广州火车站时，被几个混混盯上，并挟持他到一个僻静处，对他一阵拳打脚踢，将身上400多元钱搜个精光！

从广州回到家，王安江没有气馁，一边继续整理原已复印的另一套手稿，一边奔走相关部门寻求出书门路。

2005年11月，王安江突然病倒了。为了治病，儿子王赞找到妻子的娘家去求援。凑得了3000元，把病重的王安江送到台江县医院住院。台江县四大班子的领导到医院看望他，决定由县里给王安江垫付医疗费。经检查，王安江患了严重的风湿心脏病和冠心病。在病危之际，王安向县里提出了三个请求：一是希望县里能帮助他出版苗族古歌；二是请求县里能给他购置一副送终的棺材；三是自己可能很快离开人世，按照苗家风俗，将自己送回老家安然升天。王安江的请求，在场的县领导应允了。10余天后，奄奄一息的王安江又奇迹般地好了。

台江县委书记杨德涛责成台江县委宣传部牵头，组织县内精通苗族文化的人组建"王安江古歌出版筹备改稿小组"，协助王安江对其手稿进行修改和整理，用两三个月的时间整理复印出版。今年9月，奥申委顾问廖晓义女士到台江获悉王安江的动人事迹后，承诺愿为王安江出书之事牵线搭桥。10月初，王安江的出书问题再一次引起黔东南自治州州委书记廖少华的高度重视，自治州委、州政府研究决定：拨款20万元为王安江出书，以了却王安江老人多年的心愿，让这12部传承了几千年的《苗族古歌》世世代代传唱下去……①

---

① 吴一文：《三十四载心不改，十部心史传颂民间》，http://blog.sina.com.cn/s/blog_49f44791010004nb.html。

二　国家与苗族文化传承人的互动

从以上对苗族歌师王安江艰难困苦的人生的叙述中可以看出，想要成为一名歌师及歌谣搜集者，在现代语境中确实不容易，这种"不容易"实际上体现在国家相关政策制定与苗族文化传承人评价、反馈和再输入的过程中。当相关政策符合苗族文化传承人之可持续发展时，可以提高苗族文化传承人的积极性，他们的行为反过来也会强化相关政策（见图5-5）。

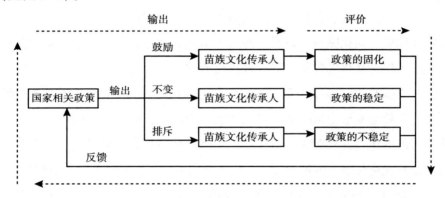

图5-5　评价、反馈和再输入

近年来，歌师及其文化的困境引起了国家的高度重视，其生存环境发生了较大的改变。在贵州这样一个多民族、多文化的省份，大量的工匠师、工艺师、舞师和歌师长期活跃在民间，但没有在社会上得到应有的认可。这不仅不利于民间艺人的成长，也不利于民间艺术的保护。事实上，在国家与苗族文化传承人之间一直都不是零和博弈，而是始终保持着非零和博弈，这是由于苗族文化历经几千年的完善和发展，始终能够在汉文化和自身文化之间找到需求平衡点，始终能够在主流文化和亚文化之间找准定位，始终能够在国家政策的引导或排斥下进退自如。这种现象并非偶然的，而是苗族文化传承主体，亦被称为歌师的群体对自身文化的强烈认同和对本民族文化的包容接纳，同时，也体现出苗族文化对本民族群体的内聚力和控制力。正如费孝通所说：

> 文化自觉是一个艰巨的过程，只有在认识自己的文化，理解所接触到的多种文化，才有条件在这个正在形成的多元文化的世界里确立自己的位置，经过自主的适应，和其他文化一起，取长补短，共同建立一个有共同认可的基本秩序和一套与各种文化都能和平共处、各抒所长、联手发展的共处原则。[1]

事实上，苗族文化传承人以歌为本，通过歌声培养民族自主性，巩固民族认同感，强化民族适应性，构建了本民族文化自觉的基础，能够在社会变迁中保持文化的自我觉醒、自我反省和自我创建。同时，受以家庭本位主义为核心的"差序格局"社会秩序的影响，离苗族文化传承人越近的群体，在社会变迁中保持文化稳定性的能力越强；反之，离苗族文化传承人越远的群体，在社会变迁中保持文化稳定性的能力就越弱。仅以当前国家与苗族文化传承人的博弈而论，两者之间至少进行了两个层面的博弈。

一是身份的博弈。众所周知，我国长期以来的二元社会结构决定了生活在农村的民间艺人难以进入国家评价体系，不能享受"单位人"的待遇，换言之，作为具备专业能力的民间艺人不被国家所承认，也享受不到国家赋予其恰当身份的待遇。为此，苗族文化传承人通过呼吁、建议等方式，要求国家政策弥补这一空缺，使苗族文化传承人享有相应的待遇和具备恰当的身份。如贵州省出台《贵州省民间艺人专业等级资格评审条件（试行）》《贵州省民间艺人专业技术等级资格评审工作实施办法（试行）》，规定凡是贵州省内各类在民间从事民族古建筑建设，民族工艺制作，民族歌曲、戏曲演唱，歌舞戏剧表演，民间乐器演奏的人员均可申报。[2] 这里需要注意的是，两个规定回避了二元社会结构，

---

[1] 费孝通：《对文化的历史性和社会性的思考》，《思想战线》2004年第2期，第6页。
[2] 潘晨光主编《中国人才发展报告（2012）》，社会科学文献出版社，2012。

去除了仅有"单位人"能享受的职称体系，实现了农业户口、农民身份的民间艺人通过有效途径获取恰当身份的转变，是苗族文化传承人与国家互动的非零和博弈，即国家政策赋予苗族文化传承人相应身份，鼓励苗族文化传承人传承文化、维护中华文化的多元一体；同时，苗族文化传承人响应国家政策，加大民族文化传承力度。如对于歌师的等级评定，《贵州省民间艺人专业等级资格评审条件（试行）》把歌师分为初级、中级和高级三类，具体要求如下：

（一）初级歌师：

1. 获得乡（镇）有关部门命名的民间艺人称号（提供原件）。

2. 须熟练掌握民族原生态唱腔，具有一定的演唱功底和技巧，得到社会认可，参加乡镇举办的民间演出3场（提供经乡镇确认的举办民间演出的剧目和名单及原生态唱腔的磁带或光盘）。

（二）中级歌师

1. 获得县级以上部门命名的民间艺人称号（提供原件）。

2. 参加县级以上部门组织的6场演出，在演出中处于指导和核心位置；或在县级以上部门组织的演出团体中，辅导演出人员50人以上［提供经县级以上政府确认举办民间演出的剧目和名单及相关证明材料］。

3. 独唱或合唱在县级以上相关比赛中获一等奖，市（州、地）二等奖，省级三等奖（提供独唱或合唱获奖的原件或复印件和有原生态唱腔的磁带或光盘）。

（三）高级歌师：

1. 获得市（州、地）级以上部门命名的民间艺人称号（提供原件）。

2. 参加省、市（州、地）部门组织的演出9场，在演出中处于指导和核心位置；或在省级以上部门组织的演出团体中，辅导演出人员50人以上［提供省、市（州、地）政府组织的演出原件或复印件]。

3. 参加国家级或在国外演出 2 场（次）（提供演出录像资料和演出剧目单）。

4. 原生态独唱获市（州、地）级一等奖、省级二等奖、国家级三等奖（提供获奖证书原件和磁带或光盘）。

5. 合唱处于领唱、指导和核心位置，获市（州、地）级一等奖、省级二等奖、国家级三等奖［提供在市（州、地）、省和国家获奖证书原件和磁带或光盘］。

通过国家政策，我们可以发现国家对文化传承人采取的是扶持初级歌师、强化中级歌师、鼓励高级歌师的激励措施，而非随意授予文化传承人相应身份。如初级歌师门槛较低，具备一定能力的歌师便可被纳入职称体系，而中级歌师则需要传承 50 名初级歌师方能评定，这正是国家政策认可文化传承人，文化传承人支持国家政策的有效途径和强力佐证。

二是各民族文化传承的博弈。贵州省是多民族省份，并非只有苗族文化传承人，还有其他多个民族的文化传承人，那苗族文化传承人如何在众多竞争中保持自身地位，维护自身文化稳定呢？近年来，贵州省各级政府加大了对民间文化的传承与保护力度，仅在省级层面，到目前为止，就已经先后进行了三次对包括歌师在内的非物质文化遗产传承人的国家鉴定与甄别。表 5-2 即贵州省第三批省级非物质文化遗产传承项目中的歌师传承人名录。

表 5-2　贵州省第三批省级非物质文化遗产代表性歌师传承人推荐名单

项目名称	姓名	性别	民族	出生年月	申报地区或单位
布依竹筒歌	罗福全	男	布依	1960.10	安顺市关岭县
苗族古歌	田锦锋	男	苗	1952.08	黔东南州台江县
苗族口头经典"贾"	李会堂	男	苗	1962.01	黔东南州丹寨县
苗族"刻道"	吴通贤	男	苗	1953.11	黔东南州施秉县

项目名称	姓名	性别	民族	出生年月	申报地区或单位
彝族古歌	杜元元	男	彝	1969.04	六盘水市盘县
亚鲁王	岑天伦	男	苗	1964.11	安顺市紫云县
亚鲁王	陈志品	男	苗	1952.07	安顺市紫云县
绕家呃嘣	许化明	男	绕家	1950.11	黔南州都匀市
布依族勒尤	吴天平	男	布依	1954.04	黔西南州兴义市
布依勒浪	潘昌国	男	布依	1973.01	黔西南州贞丰县
布依勒浪	王定权	男	布依	1966.06	黔西南州册亨县
布依族十二部古歌	韦光芬	女	布依	1963.05	黔西南州望谟县
布依族吹打乐	贺登奎	男	布依	1948.09	黔西南州兴仁县
姊妹箫	鲁国凡	男	布依	1949.05	安顺市关岭县
黔北打闹歌	陆恩权	男	汉	1949.05	遵义市余庆县
仡佬族哭嫁歌	王前梅	女	仡佬	1950.09	遵义市道真县
马场乡苗族大筒箫的制作与演奏	陶春学	男	苗	1975.12	六盘水市盘县
侗族大歌	罗婢云	女	侗	1937.05	黔东南州榕江县
侗族琵琶歌	吴德光	男	侗	1951.05	黔东南州从江县
苗族民歌(《苗族飞歌》)	刘礼洪	男	苗	1960.01	黔东南州剑河县
苗族多声部情歌	方少保	女	苗	1973.09	黔东南州台江县
布依族民歌(《好花红》)	王科国	男	布依	1966.02	黔南州惠水县
苗族《古歌》	吴倍鑫	男	苗	1976.12	黔南州龙里县

资料来源：贵州省文旅厅。

　　从表5-2可以看出，第三批贵州民间歌师传承人共有23名，其中苗族歌师就有9名，涉及苗族中部和西部支系。

　　国家层面对歌师的鉴定与认可，在一定程度上对苗族歌师及文化的传承与保护起到了积极作用，这也是国家政策与苗族民间文化传承人在"输出-反馈"系统中反复博弈所达到的最优状态。

第六章

苗族歌师的现代转型

按照社会学家丹尼尔·勒纳（Daniel Lerner）的定义，"过渡人"是站在"传统-现代的连续体"上的人，是指处在传统社会与现代社会中间的社会发展阶段、混合着新旧两种物质、有着双重价值系统的人。他们兼具传统人和现代人的某些心理文化素质与性格特征。

第一节　自我呈现的变迁

一　演唱场域的变迁

就传统苗族社区而言，苗族歌师演唱的场域往往分为室内和室外两种。一般情况下，苗族同胞在室内唱的主要是酒歌和古歌。苗族同胞对饮酒文化具有独特的喜爱，明代，曾有祭以牛酒的记载；清代乾隆间，有吹笛置酒以为乐的记录。每逢红白喜事、各种节日聚会以及客人来访时，酒是不可缺少的，且有酒必有歌。酒歌多以宾主间的互相谦让和恭维夸赞为内容，目的是活跃酒席气氛、助酒兴、表达宾主间的深厚友谊。

在室外，歌师唱的歌曲多为飞歌和情歌。一般来说，歌师室外演唱的场所主要在屋外和寨子周边的"游方坡"。游方坡一般设在寨子周围的缓坡地带，也有设在寨子中心开阔地带的。在传统社会，游方多在夜深人静的时候，寨外男青年三五成群地来到游方坡，以打口哨的方式发出信号，呼唤姑娘们前来对歌。姑娘们来到游方坡后，先是进行集体对歌。经过较长一段时间的往来，双方如果有了中意的人，他们就可以离群对歌。下面是两首过去在游方坡上比较流行的男女对唱的情歌：

男方："你寨树木高，棵棵栋梁材。你寨姑娘美，个个惹人爱。要是还没嫁，嫁到我们寨，善良又勤劳，生活真愉快。"

女方："我寨树木矮，难以长成材。我寨姑娘丑，难得有人爱。因此还没嫁，等待情人来。要是不嫌弃，由你挑着带。"

男方又唱："我们想你们，想得愁死人。真想娶你们，不知行不行。不要哄我们，随便乱答应。应了又不肯，干活难安心。"

女方应唱："想得烦死人，不是想我们。姑娘到处有，不知想何人。若是想我们，开口说真情。我们两颗心，永远不分离。"①

随着社会的发展和变迁，苗族歌师的演唱场域逐渐由乡村转向城市，演唱活动发起者由民间转向官方，整个演唱过程增添了许多现代性元素。如从 2009 年起，剑河县县政府就定于每年的六月六举办一次剑河民歌大赛，该民歌大赛由县文化馆主办，是一个以交流、展示、传承民歌为主要目的的民间艺术活动，一般在县城的仰阿莎广场举行。

---

① 吴正光：《郎德上寨的苗文化》，贵州人民出版社，2005。

2011 年，笔者观看了民歌大赛的苗歌演唱比赛环节，仰阿莎广场上华灯流彩，一派喜气热闹的景象，灯光和音响设备样样俱全。很显然，在这种现代化的空间里演唱苗族歌谣，和在传统苗歌演唱的空间很不相同。

二　演唱方式的变迁

在传统上，苗族歌师在演唱民歌时，如演唱的是飞歌和情歌，一般是很自然地站立，有时也可以坐着；如演唱的是古歌，基本上以坐姿为主，衣着也较为自然、随意。在旅游场景中的演唱和传统演唱方式有所不同。首先是着装，笔者多次在苗歌表演现场看到，参加表演的歌师一般都穿着较为华丽、整洁的服装，一些女歌师为了参加比赛，还特地穿上只有在重大仪式场合才穿的苗族盛装。2012 年夏天，笔者去千户苗寨进行歌师田野调查，恰逢当地在进行苗歌演唱，演唱的歌师有男有女，和传统的歌师相比，他们年轻漂亮、衣着华丽，演唱的苗族酒歌极为优美，赢得了观众的多次喝彩。但在笔者私下采访几个一同来观看苗歌表演的当地观众时，却听到了下面的一些回答。

> 我们（西江苗寨）是长裙苗，穿的裙子都是到膝盖下面的，哪里像她们（表演歌队队员），穿的裙子短得很，露着一个（条）个（条）的大腿，白白的，丑（极了），唱的那些也不是我们这里的东西（歌谣），一个个跳得动作那么快，像猴子那样一哈（会）扭这里，一哈（会）扭那里，我们以前唱歌都不像他们这样扭来扭去的，一点都不正经，人家游客不懂的，还说是我们这里的歌师开放（得）很。

> 她们唱的那些歌，难听得很，（歌词）说得那么随便，还有你看那个化妆，像老变婆一样，我们平时唱歌才不这样呢，我们也打扮，但都是干干净净的，不像这些，把脸上涂得花里花梆（花里胡

哨）的。

　　他们唱的那种（姿势）也不对啊，一个个勾肩搭背，你揣我，我揣你，以前在家可不是这样唱的，人家（歌师）男的站成一排，女的站成一排，隔有好几米远，正正规规的。

　　从村民的这些谈话中，旅游场景中的苗歌表演方式和传统苗族演唱方式的变化不言而喻。

三　演唱节气的变迁

　　苗族歌谣有其独特的演唱节气，十分有讲究，有些在过苗年、芦笙节、婚姻喜事、丧葬活动时才能演唱。以贵州著名旅游景点西江千户苗寨为例，其歌谣的演唱类型都以节日来规定。表 6-1 是西江传统节日及其对应的传统歌谣演唱类型。

表 6-1　西江传统节日和传统歌谣演唱类型

节日名称	节日时间及内容	可演唱的歌谣内容
祭桥节	桥神是生育之神，凡有桥的人家，每年的二月初二都要祭祀。祭品主要是鲤鱼、公鸭、鸡鸭蛋、糯米饭、米酒和香纸等。桥一般在村内外的要道上，祭祀时要把鸭血滴在桥上，插纸烧香为敬	祭祀词、祭桥歌
爬坡节	是未婚青年男女寻求配偶的节日，一般在清明节后的子日和午日开始，主要内容有对歌、斗鸟等	情歌、酒歌
姊妹饭节	姑娘聚会的节日，时间在每年农历三月二十日及其过后数天。这时寨上的姑娘，不论出嫁与否，都要聚集在一起，煮鱼、鸭、鸭蛋、五色糯米饭会餐	情歌、酒歌
吃新节	一般在农历六月的卯日进行，也叫吃卯。此时农忙季节已过，稻苗开始打包抽穗，节日须以鸡鸭鱼肉祭祀，主要内容有斗牛和游方，也是未婚青年男女游方求偶的节日	祭祀歌、情歌

节日名称	节日时间及内容	可演唱的歌谣内容
苗年	西江苗寨最隆重的节日，主要是为了庆丰收。有头年、大年和尾年之分，分别在农历十月、十一月和十二月举行。苗年要杀猪，同时辅以鸡鸭鱼肉祭祖。苗年期间要举行盛大的芦笙会，也是青年男女重要的游方求偶的节日	祭祀词、情歌、酒歌
鼓藏节	西江苗寨最重要的节日，每隔十三年举行一次，须过三年，分别是起鼓年、接鼓年和送鼓年，一般在农历十月进行。节日内容主要是杀牛祭祖，但现在以杀猪为主，是一个祭祀祖先的节日	招龙词、苗族古歌、祭祀词

资料来源：笔者根据相关文献及田野调查资料整理。

然而，在西江旅游资源得到开发以后，这些平时只有在传统节日才能听到的苗族歌谣现在却可以时常听见。为了配合旅游开发，西江苗寨还组建了一支古歌演唱队伍，成员的年龄都在 50 岁以上，有男的也有妇女，除了传统苗年节和鼓藏节，每逢有旅游团来观光旅游，古歌表演队都要在表演场上进行古歌表演。

四 自我呈现的变迁

"库利认为，自我呈现是人类的本能性情感之一。自我呈现的概念由戈夫曼在其研究社会行为与心理的'戏剧论（dramatigury）'中提出，是指调整自己的行为以给他人创造某个特殊的印象的过程，它泛指一般人行事时表现自己的方式，是社会行为的普遍特征。自我呈现是人际互动的基本条件，为了很好地交流与互动，人们必须去定义情境和将要扮演的角色。"[①]

正如前文所述，苗族传统社会中的歌师对演唱语境有着严格的要求和规定。在苗族传统社会里，歌师通常只能在鼓社祭、婚丧活动、亲友

---

① 王君玲：《试析个人博客中的自我呈现》，《新闻界》2009 年第 2 期，第 37 页。

聚会和节日等时间演唱,演唱的地点也只能在本村、本寨或本民族传统的文化空间内。同时,古歌演唱有严格的禁忌和要求,如演唱时,须分主客双方对坐,采用盘歌形式对唱,即一问一答;在丧葬场合中演唱的歌谣内容不能搬到婚姻节庆活动中来演唱,反之亦然;亲朋好友聚会演唱古歌时,也要注意长幼关系和性别关系,以免失敬于长辈或得罪在场的其他亲朋好友。古歌演唱场合和演唱禁忌是约定俗成的,歌师在演唱和听众在观闻时都要自觉遵守,无故不能触犯。

然而,随着外来文化的进入、经济的快速发展、文化的迅速融合以及为了满足旅游开发的需要,在国家力量的引导下,当地为了满足游客和文化猎奇者的需求,促使民族文化由以往的严格性、谨慎性和神秘性快速向现在的公开性、表演性和娱乐性转变,尤其是在政府力量的主导下,原本属于某个民族在特定时间、特定场域、特定人群中展演的苗族歌谣被公然搬到舞台上来,俨然成为一场不折不扣的民族文化表演,或者说民族文化娱乐表演。近些年来,随着旅游开发的迅速发展,这种民族歌谣娱乐表演活动越来越多。

案例 1

2008 年 5 月 2 日,由重庆市旅游局、万盛区人民政府主办,万盛区旅游局、万盛区民族宗教侨务办公室、万盛区文广局承办,区属八个乡镇协办的第十一届"万盛苗族踩山会'鸡鸣三省'苗族民歌大赛"在石林"万马奔腾"广场举行。万盛区苗族歌舞历史悠久,风格独特,山歌本土特色浓郁,丰富多彩,极具视听艺术魅力,深受广大观众、听众欢迎。其不仅是当地苗族的文化精品,也是全市民族民间文化大花园中的一朵奇葩。在苗族每年的踩山会上,歌舞表演、苗歌对唱、苗歌演唱等节目是苗族生活、婚姻、文化交流的主要表现形式,生动形象地展示了万盛区绚丽多彩的苗族文化。如苗族飞歌《绣球欢》,生动形象地描绘了苗族男女青年在踩山会上,或三五成群,或成双成对,真诚、热烈、欢乐、喜庆地抛甩绣球的场面，表达苗家儿女爱苗乡、爱家乡、互爱互亲互信的苗乡情。苗族山歌《山歌山花遍地开》展现了情歌对唱时，阿妹含情脉脉、面带羞涩，却掩饰不住其内心的激动和渴望；阿哥则迫不及待，手拿芦笙冲着阿妹走来，迎唱阿妹传达的情歌，两两对唱，以表情意，最后各自找到心爱的意中人双双回家。2007年，"万盛苗族踩山会"被列入重庆市第一批非物质文化遗产保护项目名录。

案例2

2009年10月26至27日，绥宁县鹅公岭侗族苗族乡举行了民歌大赛。比赛当日，绥宁县鹅公岭侗族苗族乡鹅公岭古戏楼前人山人海，热闹非凡，人们穿着节日的盛装，脸上写满笑容，大家在欣赏重阳节具有浓厚苗家侗寨特色的民歌比赛。情山爱海声声曲，激荡人间代代心。这次民歌大赛在九月初四、初五报名，到九月初九的十二时举行开幕式，九月初十决出特等奖1名、一等奖4名、二等奖10名、三等奖30名，整个过程盛况空前。

在此次民歌大赛中，最具特色的是歌赛形式：由男女侯章财、佘先妹领唱，第一轮比赛选手为男女自由组合唱，这一轮比赛从高分到低分决出60人，参加第二轮歌师比赛；第二轮歌师按抽签顺序进行比赛，淘汰15人出局，此轮比赛从高分到低分决出30人为三等奖，还有15人进入第三轮二等奖比赛；第三轮歌师按抽签顺序进行比赛，此轮比赛从高分到低分决出10人为二等奖，还有5人进入第四轮特等奖和一等奖比赛；第四轮歌师按抽签顺序进行比赛，此轮比赛从高分到低分决出4人为一等奖，1人为特等奖。

案例3

2012年8月28日，四川宜宾"唱响山歌——四川首届传统民歌大赛"宜宾赛区复赛在柏溪镇金沙江广场举行。来自宜宾市10县区的24个节目共计150名表演者齐聚一堂，将民歌的韵味唱得淋漓尽致。

苗族歌曲《朵荡之哟》勇夺第一，《亚罗卡德罗》等作品获得第二，

《金沙江下游船工号子》等作品获得第三。评委之一，四川省音乐家协会副主席兼秘书长朱嘉其表示，本次大赛更看重地道传统民歌，其他原创的非民族歌曲得分会相对较低，"不过很高兴看到有更多的年轻人加入传统民歌中来"。宜宾市文联主席黄则江也坦言，宜宾是传统民歌的宝库，今后要更多地挖掘和传承优秀民歌。

此曲（《朵荡之呦》）的收集整理者，是珙县民宗局办公室主任、苗学专家陶小平。他表示，这首歌是 2002 年在玉和苗族乡过梨花节时，偶然听到一位妇女唱起的，他立即就被此曲轻快悠长的旋律所吸引，于是当场就把这首歌记录下来。"朵荡之呦"是苗语中的感叹词，相当于汉语的"天哪"。《朵荡之呦》本是男女对唱的情歌，在现场改由 8 位苗族女孩多声部演绎，凭借古曲的优美旋律和演员良好的舞台表现，《朵荡之呦》的优美的音乐效果表现得淋漓尽致。

案例 4

2012 年 12 月 16 日至 18 日，"2012 婺源·中国乡村文化旅游节暨首届全国山歌大赛"在江西婺源举行。来自新疆、贵州、云南、吉林、陕西、内蒙古、江西以及婺源等 9 支代表队摘得本次山歌大赛金奖。

"2012 婺源·中国乡村文化旅游节暨首届全国山歌大赛"由中国民间文艺家协会、江西省文联、江西省旅游局、上饶市政府共同主办，江西省民间文艺家协会，婺源县委、县政府承办，来自四川、内蒙古、广西、新疆、上海、广东以及东道主婺源的 16 支代表队参加。

案例 5

2013 年 7 月 14 日，贵州剑河第七届仰阿莎文化节"园方杯"民歌大赛圆满落幕。经过 5 天的角逐，从 500 余名民间优秀歌师中决出汉语、苗语、侗语三种唱法 38 个奖项，诞生歌王歌后。

据介绍，本次以"千里寻音，唱响剑河"为主题的民歌大赛，旨在加大民族民间文化保护传承力度，发现民间山歌艺人，寻找"园方杯"汉族山歌、苗族情歌、侗族情歌的歌王歌后。

此次大赛共吸引了来自黔东南州 16 个县市的 500 余名民间优秀歌师参赛。通过 5 天的激烈的角逐，来自剑河县太拥镇的王兴凡和剑河县南加镇的黄海琴两名歌手，分别摘取"歌王""歌后"称号。

案例 6

2013 年 7 月 17 日 14 时 30 分，"国家级非物质文化遗产苗族古歌歌王大赛"在开怀碧档嘎苗族歌汇场正式举行。歌王大赛分会演唱组和对唱组两组，接受现场报名，排序演唱，来自台江、麻江、施秉等 10 余个县市的苗族歌者慕名而来，报名人数陆续增加。截至 2013 年 7 月 18 日，报名此次苗族古歌歌王大赛的已有 73 个节目。

该大赛预计于 2013 年 7 月 21 日结束，以淘汰赛和排位赛的方式评比出古歌歌王。一曲曲优美而神秘的苗族古歌在有着 500 年历史的碧档嘎苗歌传承基地飘荡回旋，似是对远古民族文化的呼唤，众多的苗族歌者在这里一展歌喉，我们期待当代的古歌歌王在一场场演唱角逐中脱颖而出。

从以上几个案例中不难发现，苗族歌师在以旅游开发为目的的语境下演唱民族歌谣时，演唱场域、演唱方式、演唱节气等都和传统语境有所不同。

第二节　旅游场域的歌师文化状态的变迁

一　旅游场域歌师文化状态的变迁

自我呈现是人们运用多种策略控制和把握自己外在形象的理论。自我呈现也可称为印象管理。通常，在不同的人际交往中，人们总是对不同的人展现不同的自我，以便给他人留下最佳印象。

戈夫曼对自我呈现理论做了较系统的阐述。他认为，每个人都有向他人表演自己的时候，每个人总试图在社会情境中保持良好的印象，以求得到肯定的评价。社会生活也要求每个社会成员通过合适的自我呈现，给他人一个可接受的角色形象。因而，每个人都可能有许多方式——其中有些方式是无意识的——来控制别人对自己的印象；每个人都有自我呈现的范围和策略，期望在社会活动中通过适当调节，保持良好的印象。例如，一个人会在社会场合避开某些话题或活动，因为如果他不这样做，就会给别人一种其他的印象，这是与他对自我的定义相违背的。他会以这种方式操纵情境，使他的自我得到满意的呈现。

马克·斯奈德把自我呈现这个概念扩展为"自我监察"。他认为，人们通过自我监察来控制言语和非言语的自我呈现。自我监察有度的差异。高度自我监察者（懂得自我呈现的人）会管理和控制自身的语言和非语言行为，以便做出与情境一致的反应，这种人随情境变化而变化，因而态度与行为的关联程度较小；相反，自我监察程度低的人，就不能很好地呈现自我，不大会随情境做出不同的反应，他们的态度与行为往往是一致的。

旅游语境的出现，使歌师的演唱场域、演唱方式及演唱节气发生了巨大的变化，促使苗族歌师文化向现代转型，出现了旅游场景中的歌师文化（见表6-2）。

表6-2 传统场景与旅游场景中歌师文化状态对比分析

序号	传统场景中苗族歌师的文化状态	旅游场景中的歌师文化状态
1	没有国家力量的参与，歌师演唱依靠的是内在的自我动力	国家力量主导或引导的活动，歌师演唱受外力的影响较大
2	自娱自乐为主，唱歌是生活的一部分，没有功利色彩	取悦游客为主，唱歌是文化展演的一个部分，经济目的明显
3	所唱歌谣和本民族的文化传统相互建构和呼应	所唱歌谣和本民族传统的演绎空间有距离，是旅游、现代性和歌师共同建构的产物
4	世俗的歌谣可以依据场合而唱，但神圣的歌谣必须在特定的时间和空间才能演唱，且演唱时须举行仪式	世俗和神圣的歌谣都可以唱，神圣的歌谣演唱前，并不需要举行特定的仪式

续表

序号	传统场景中苗族歌师的文化状态	旅游场景中的歌师文化状态
5	自然的演唱状态，坐着唱和站着唱依文化情景而定，服饰日常、随意	舞台化的演唱，服饰统一，坐或站取决于旅游场景的需要
6	唱词相对固定，歌骨是根本，歌花可以自由发挥，能体现出歌师对歌谣的传承性与能动性	唱词程式化，歌骨和歌花无变化，根据旅游需要，唱词有时会作一定改动
7	情歌对唱的人应是未婚的，且只限于特定的求偶对象，如果对其他人唱，会被本民族所不齿，要遭受舆论的谴责	已婚者也可以参加情歌的对唱表演，不再真正地为求偶对象而唱，唱词的听者主要是游客
8	发自内心的歌唱，主要是娱我、娱神	表演化的歌唱，主要是娱他和供他者欣赏和娱乐

二 "传统-现代连续体"中歌师的传承路径

一是明晰对非物质文化遗产进行教育传承和创新的社会价值。非物质文化遗产的传播特性使其具有扩散的特征，其历经千年形成的技巧、价值、意义在历史的长河中有的消散、有的改进、有的融合，导致我们很难对其进行全面、整体、系统的分析。因此，必须通过广泛的调查、深入的研究和分析，从历史演变、各种民间文化的传承谱系、区域分布、形态、文化内涵的角度科学合理地认定民间非物质文化遗产，为科学的保护措施提供准确的参考和依据。加强宣传，营造社区中非物质文化遗产保护的良好氛围。

二是学校教育引领社会教育、家庭教育。非物质文化遗产属于大众文化、民俗文化，是大众自己创造的草根文化，是大众自己享受的消费文化，大众是非物质文化遗产的保护主体。因此，应注意发挥大众在非物质文化遗产保护中的重要作用，让所有民众加入非遗的教育传承和保护，使其薪火相传。通过开班研讨、招收学徒培养后继人才；加强宣传，重在群众普及，通过社会教育、学校教育、宣传、文化移植服务、产品开发的方式，使非物质文化遗产成为群众日常生活的一个重要组成部分。

三是非物质文化遗产的活态性决定了非遗保护传承的必要性、重要性、多样性和复杂性。一方面，一些非物质文化遗产由于传承的缺失，已然面临失传。从文化人类学的意义上讲，有必要把这些非物质文化遗产用文字、影音等手段记录下来，至少留存文化化石。另一方面，非物质文化遗产始终在发展，与时俱进的非物质文化遗产对于打造多元化的文化环境具有重要意义，保护文化"活化石"对于增强民族的内聚力等具有重要作用。非物质文化遗产保护不同于有形文化遗产，有形的文物只要充分利用先进的科学技术便可以安全可靠地予以保护，而保存非物质文化遗产必须采取多种方式。当然，最重要的，是必须保存非物质文化遗产的完整内涵。同时，有必要用文字（书）、图片、音频、视频和其他媒体、数字信息技术，以及制造业的高新技术长期对非物质文化遗产相关资料进行收集、分类、编目，建立全面、系统、完善的档案。

四是重视非物质文化遗产教育传承和创新的核心载体。以人为本，建立科学有效的传承机制。创造条件，大力开展多种形式的传统文化和艺术遗产培训活动，鼓励传承人和学生结成师徒关系。充分利用各种学术资源，通过社会教育和学校教育，开展各种形式的传承活动。重视非物质文化遗产保护工作队伍建设，加强非物质文化遗产知识产权保护。研究和探索如何保存相对完整、具有特殊价值的古村落，培育传统文化生态保护区，探索非遗的动态保护模式。

第三节 "传统—现代连续体"的"过渡人"

一 作为"过渡人"的歌师

文化转型，是文化变迁过程中的突变，是文化发展阶段上质的飞跃，是从一种文化模式转变成另一种文化模式。① 苗族歌师的文化转型，也经历了一次从传统到现代的嬗变。因为在当今这个时代，"现代艺术成为民族艺术的主流，在民族艺术发展中开始占据主导地位，这是民族艺术现代转型的主要标志。民族现代艺术已经超越了民族传统艺术，成为民族艺术走向现代化的主要内容"。②

一般来说，传统歌师与普通劳动者的身份是共存的，在日常生产生活中，他们唱歌和教歌是出于天然的兴趣与自觉，歌唱的目的也仅在于娱己和娱神。但从时代背景来说，苗族现代歌师是文化全球化趋势下的产物，是苗族新型精英的代表。就年龄而言，他们较传统歌师年龄小，大多为"60后"或"70后"；就成长环境来说，他们和传统歌师一样，都扎根于民族文化丰饶的土壤，浸淫着厚重的民族歌谣氛围。和传统歌师所不同的是，这些现代歌师面对民间文化的市场化能够沉着应对、从容不迫，对现代艺术市场规律与演唱运作方式十分熟悉，从而在民族现代艺术的舞台上演绎着和传统歌师截然不同的歌谣文化。虽然同为民族文化精英，但这些民族现代歌师和传统民间歌师相比，其文化自觉意识更为突出，正如樊华指出："精英文化的主体是以作家、艺术家等为代表的，具有良好文化素养和专业技能，接受过现代教育的知识分子。随着大学教育的普及，各民族亦拥有自己受过现代教育的文化精英群体。在专业的文艺创作中，民族文化精英的主体意识觉醒，越来越注重少数民族艺术的文化价值和审美价值，努力创造能够担负起精神引导和文化批判功能、体现人类生存之'本真'追求的作品。这同时也在少数民族文化传承和民族认同意识的强化上发挥着不可或缺的功用。"③

---

① 龙先琼：《关于少数民族传统文化现代转型的思考》，《吉首大学学报》（社会科学版）1996 年第 3 期，第 88 页。

② 魏国彬、万晓萍：《中国少数民族艺术的现代转型》，《艺术百家》2007 年第 6 期，第 48 页。

③ 樊华：《文化转型与中国少数民族艺术的分化》，《思想战线》2009 年第 6 期，第 132 页。

二　苗族歌手阿幼朵现代转型的案例

就苗族而言，从 20 世纪 80 年代起，先后涌现出了一批因演唱本民族歌曲而出名的歌手，这些歌手一方面谙熟本民族的民间传统歌谣文化，在创作和传播等方面显现出现代性和职业化的特征；另一方面，他们对现代艺术的运作规则极为熟悉，例如歌手阿多、阿依、阿桑、侯艳琴和阿幼朵等，都在某种程度上实现了苗族歌师从传统到现代的转型。在这些成功转型的歌师中，阿幼朵堪称传统歌师成功转型的典范。

阿幼朵，汉名雷珍萍，著名歌唱家，第十一届全国人民代表大会代表，第九届全国少数民族传统体育运动会志愿者形象大使。阿幼朵出生于黄平县的一个普通家庭，小时候的家境并不是很好，但她天生有一副好嗓子，很快就成了当地小有名气的歌手。从小学到初中，她都是班里的文艺骨干，常常参加学校里举办的歌唱比赛，屡屡夺冠。但是由于家境窘迫，阿幼朵初中毕业不久就外出打工了。1999 年，阿幼朵回到苗岭山城凯里，抓住机遇，在当地一次青年歌手比赛中，用她那优美的嗓音打动所有人，一举获得金奖。此后，阿幼朵逐渐攀上歌坛高峰。表 6-3 是笔者搜集的自 1999 年以来阿幼朵获得的部分成就和奖项。

表 6-3　民间歌手阿幼朵所获部分奖项及成就

时间	级别	活动项目	奖项/成就
1999 年 10 月	国家级	第四届中国民间艺术节	优秀表演奖
1999 年 11 月	国家级	南宁国际民歌艺术节	活动特别奖
1999 年 11 月	国家级	第九届"群星奖"音乐比赛	铜奖
2000 年 07 月	省级	迎接新世纪民族民间歌手选拔赛	二等奖
2000 年 10 月	国家级	凤凰之声电视大奖赛获	金凤凰杯奖
2001 年 11 月	国家级	第十一届少数民族声乐大赛	通俗组铜奖
2002 年 05 月	省级	中国西部民歌演唱大赛"好猫杯"	专业组第一名
2002 年 07 月	国家级	全国第十届青年歌手电视大奖赛	银屏奖

时间	级别	比赛项目	奖项/成就
2002 年 11 月	国家级	中华民歌演唱大赛	最佳民歌新唱奖
2003 年 08 月	国家级	全国首届艺术新星国际交流大赛	通俗唱法金奖
2003 年 11 月	国家级	第二届中华民歌大赛	二等奖
2004 年 02 月	国家级	中央电视台西部民歌电视大奖赛	银奖
2004 年 09 月	国家级	中国文学艺术基金会	中国文艺公益活动爱心大使
2005 年 01 月	国际	维也纳新春音乐会	演唱《苗岭飞歌》
2005 年 02 月	国家级	中央电视台春节联欢晚会	演唱《干一杯》
2006 年 02 月	国家级	第八届共青团精神文明建设"五个一工程"	优秀文化新人奖
2006 年 08 月	国家级	全国第十二届青年歌手大奖赛	最佳人气奖
2006 年 09 月	国家级	第三届全国少数民族文艺会演	优秀演员奖
2007 年 02 月	国家级	中央电视台春节联欢晚会	演唱《干一杯》

从阿幼朵获得的这些奖项与荣誉中可以看出，作为苗族现代歌师，阿幼朵在以主流民族艺术文化为主导的现代社会中获得了较高的认同与评价，那些只在本民族文化语境中演唱传统歌谣的歌师与之相比，无论是在受众面、知名度还是在经济收益等方面都有较大差距。

从民俗学的角度分析，笔者认为阿幼朵之所以能成为一位成功的现代歌师，主要有以下几个原因。

首先，内涵丰富的苗族文化是阿幼朵成功转型的基础。阿幼朵出生在贵州省黄平县，苗族人口占多数，当地流传着各种各样的苗族口传艺术经典，例如《苗族古歌》《苗族理词》《飞歌》《酒歌》等，这些传统歌谣在当地的鼓社祭、婚丧活动、亲友聚会和节日等场合中经常被人们传唱。另外，阿幼朵的妈妈也是苗族文化的重要传承人，在这样的文化氛围中，阿幼朵从小受到民族文化的熏陶，这为后来阿幼朵的成功转型奠定了坚实的基础。对此，阿幼朵回忆道：

我是妈妈的第九个孩子，是最小的一个，按苗家人的说法，我就是"阿幼"，我们寨子基本上是苗族，会唱苗歌的人特别多，有时有的人家做仪式，请一些歌师来唱歌，我和伙伴们就去听，有时还学着哼上几句。

除此之外，阿幼朵的妈妈还是寨上著名的歌手，这对阿幼朵更是产生了潜移默化的影响。如今，黄平县各级部门对民族文化的传承和保护极为重视，从下面的一则报道中，我们可以看出该县的苗族情歌的传承情况。

黄平：多举措加强苗族情歌保护传承

一是启动苗族情歌抢救工程。按照"保护为主，抢救第一，合理利用，继承发展"的工作方针，组织人力深入 40 多个民族村寨，寻访 100 多名民间苗族歌师，记录搜集苗族情歌 150 多首，整理编译出版《苗歌情歌》（苗汉双语版），变传统的口头文化为书面的文字文化，有效"堵塞"苗族情歌大量失传，促进民族文化的保护与传承。

二是开展苗族文化"四进"活动。大力推动苗族文化进课堂、进社区、进机关、进企业，进一步让全社会关注苗族文化、熟悉苗文，运用苗文学习苗歌、记录苗歌、搜集苗歌、编创苗歌，通过大家互教互学，以一传十、十传百的方式，形成人人学苗歌，人人唱苗歌的氛围，多渠道地抢救、保护、传承传统民族文化，着力打造黄平民族文化品牌，提升黄平民族文化品位。

三是推出《苗歌大家唱》电视栏目。借助广播电视平台，利用电视覆盖面广的优势，发挥电视宣传功能，组织优秀的民族歌手、苗族歌师，通过兴办《苗歌大家唱》栏目，深入探讨苗族情歌的文化内涵，发掘苗族文化潜力，加大民族文化宣传力度，推进民族文化发展。①

另外，阿幼朵转型成功的一个重要因素在于她演唱的众多歌曲中，以苗族文化为主题的歌曲占据了很大一部分，如《太阳鼓》《醉苗乡》《苗岭飞歌》《飞向苗乡侗寨》《美人的故乡》《又一朵花开》《阿妈的泪》，都巧妙地将民族文化元素和现代流行音乐结合起来。例如《飞向苗乡侗寨》一歌的歌词极富民族气息。

清甜甜的米酒，姊妹的饭，滋养着苗乡人，千万年的爱，风雨中的花桥，鼓楼明月，见证着侗家人，不变的誓言；雷公山的飞歌，天上飘来，远古的浪漫传说到现在，月亮山的大歌，飘向云外，落在那心里是幸福花开。飞向苗乡，飞向侗寨，带着你的梦，一起来。醉在苗乡，醉在侗寨，让心灵回归，回归自然。

在这首优美的现代民歌中，阿幼朵用"米酒""姊妹饭""苗乡人""花桥""鼓楼""侗家人""雷公山""月亮山""大歌"等唱词勾勒出了黔东南苗族、侗族的文化意象。又如《美人的故乡》：

美人的故乡，几等哟——几等哟，几等哟——美人哟，几等哟——几等哟，美人的故乡，我凝望的方向，这里有千山相聚，还有万溪流淌，啊咧——香哎——香哎；美人的故乡，我思念的地方，这里有天外苗歌飞，花香银装的姑娘（啊咧——香哎），这里有最美的晨光，这里有飞瀑落千丈，这里有天造地洞，漂流到天上，飞

① 《黄平：多举措加强苗族情歌保护传承》，https://wenku.baidu.com/view/de84801048d7c1c709a14553.html?_wkts_=1678264126114&bdQuery=%E9%BB%84%E5%B9%B3%3A%E5%A4%9A%E4%B8%BE%E6%8E%AA%E5%8A%A0%E5%BC%BA%E8%8B%97%E6%97%8F%E6%83%85%E6%AD%8C%E4%BF%9D%E6%8A%A4%E4%BC%A0%E6%89%BF，最后访问时间：2022年3月8日。

歌唱来幸福的时光，几等哟——几等哟。神奇的地方我的故乡，那扁九那门能噢，那奶省那罗能噢，省那搞伙能哇能噢，羊搞伙能夜能噢；美人的故乡，我思念的地方，这里有天外苗歌飞，花香银装的姑娘（啊咧——香哎），这里有最美的晨光。这里有飞瀑落千丈，这里有天造地洞，漂流到天上，几等哟——几等哟，飞歌唱来幸福的时光，几等哟——几等哟，神奇的地方我的故乡，那扁九那门能噢，那奶省那罗能噢，省那搞伙能哇能噢，羊搞伙能夜能噢。

最后，对现代民歌艺术市场的熟悉和运作也是阿幼朵实现转型成功的重要因素。

结　语

前文以唐德海及其传承人为对象，厘清了苗族民间文化传承人的成长历程和其所传承的苗族民间文学的发展脉络及其与多元复杂的民族文化、社会生态网络的诸多渊源，从传承、守望、转型等角度分析了苗族民间文学的发展趋势，得出了如下结论。

一　歌师传承民间文化与自然生境有密切相关性

苗族是一个历史悠久、文化底蕴深厚的民族，在我国的历史文献中，关于苗族及其先民的记载极多，不仅谈到民族的形成与发展，更记录了丰富的生活文化，世代相承的古歌、史诗和传统技艺等。苗族没有文字，因此，古歌、服饰、节日、舞蹈等都成为苗族先民传承本民族历史的载体，这些载体中，最重要就是包括古歌、神话、传说等在内的苗族民间文学。

苗族歌师作为民间文化的传承主体，会受到国家政策的影响，但最重要的是自然生境的影响，即该民族所处的空间，以及使该民族文化得以传承和发展的各个现实因素。

二　歌师在"他者"眼中的群体刻板印象

尽管唐德海的形象在不同年龄段的村民眼中截然不同，但歌师给年轻一代抑或是年老一辈留下的印象并未有所不同，已然形成了诸如能唱歌、能喝酒、能沟通神灵等的群体刻板印象。但年老一辈与年轻一代在继承传统文化上有较大差别。

年轻一代对物质财富的追求，导致他们虽保留着苗族传统文化的娱乐功能，但诸如文化功能、宗教功能、法律功能等能增强团体内聚力的其他功能均丧失殆尽。

在年老一辈眼中，唐德海是极具影响力的苗族歌师，但仍然难以被看作个体，而是歌师群体的重要代表。事实上，尽管当前苗族社会在婚丧嫁娶、红白喜事等方面仍沿用传统习俗，但已经不局限于传统习俗，而是坦然接受了外来文化对传统习俗的冲击，甚至普遍认为"一切从简"，抑或是"找钱第一"。

三　歌师传承民间文化的方式多种多样

苗族悠久的历史和文化大多是通过口耳相传的方式保留下来的，是由传承人的口头传授而得以传递、延续和发展的。口传心授的传承方式使苗族文化表现出顽强的生命力。作为民族文化的重要传承人，歌师受到一方民众的尊重与称颂。现实生活中的歌师、巫师、理老、寨老都是本地区村寨的族长和智者，他们都是苗族古歌的保存者、传播者和再创造者，他们传承民间文化的方式主要有家族传承、师徒传承和政府传承。

四　歌师具有诸多社会功能

众多的苗族歌谣蕴含着丰富的历史、天文、地理、宗教、教育、法律和人伦等知识。在苗族传统社会生产生活中，歌师在人们的心目中占有很重要的地位。

歌师至少具有文化传承、教育、娱乐和宗教等社会功能。因此，歌师不仅是苗族文化的传承者、教育者，也是宗教的布道人、闲暇娱乐的参与人，他们无论走到哪里，都会受到人们的热情款待。

五 国家力量对歌师传承有重要影响

歌师作为传统的苗族文化精英，在现实生活中，既拥有内在身份又拥有外在身份。

歌师传承面临诸多难题，如现存歌师年龄偏大，传承后继无人；相关运动对苗族文化传承人的冲击；外来文化冲击了苗族歌师原有的传承体系；不尽如人意的生存环境、艰难的人生境遇以及在学歌过程中的各种艰难困苦。

事实上，歌师群体内部亦存在竞争，演唱唱词细微的差异以及对歌谣演唱技术的掌握往往可以决定一个歌师在苗族演述群体中的地位。

六 歌师是"传统-现代的连续体"的"过渡人"

随着社会的发展变迁，苗族歌师的演唱场域也在发生着深刻的变化，逐渐由乡村到城市，演唱活动发起者也由民间变成官方等，整个演唱过程增添了许多现代性元素。

随着外来文化的进入、经济的快速发展、文化的迅速融合以及旅游开发的需要，在国家力量的引导下，当地为了满足游客和文化猎奇者的需求，使活生生的民族文化由以往的严格性、谨慎性和神秘性向现在的公开性、表演性和娱乐性转变，尤其是在政府力量的主导下，原本属于某个民族在特定时间、特定场域、特定人群中展演的苗族歌谣被搬到公共舞台上，俨然成为一场不折不扣的民族文化表演，或者说民族文化娱乐表演。

参考文献

著作、资料类

〔美〕阿尔伯特·贝茨·洛德:《故事的歌手》,尹虎彬译,中华书局,2004。

〔美〕阿兰·邓迪斯编《世界民俗学》,陈建宪、彭海斌译,上海文艺出版社,1990。

〔美〕阿兰·邓迪斯:《民俗解析》,户晓辉编译,广西师范大学出版社,2005。

〔法〕爱弥尔·涂尔干:《宗教生活的基本形式》,渠东、汲喆译,上海人民出版社,2006。

〔葡〕安文思:《中国新史》,何高济、李申译,大象出版社,2006。

岑应奎、唐千武主编《蚩尤魂系的家园——走进中国苗族文化中心雷山》,贵州人民出版社,2005。

〔英〕查·索·博尔尼:《民俗学手册》,程德祺、贺哈定、邹明诚、乐英译,黄才贵校补,上海文艺出版社,1995。

朝戈金：《口传史诗诗学：冉皮勒〈江格尔〉程式句法研究》，广西人民出版社，2000。

陈泳超：《中国民间文学研究的现代轨辙》，北京大学出版社，2005。

达力扎布主编《中国边疆民族研究》，中央民族大学出版社，2009。

〔日〕大林太良：《神话学入门》，林相泰、贾福水译，中国民间文艺出版社，1989。

〔美〕丁乃通：《中国民间故事类型索引》，郑建威、李倞、商孟可、段宝林译，华中师范大学出版社，2008。

〔法〕E. 杜尔干：《宗教生活的初级形式》，林宗锦、彭守义译，中央民族大学出版社，1999。

杜文铎等点校《黔南识略·黔南职方纪略》，贵州人民出版社，1992。

（清）段汝霖：《楚南苗志》，伍新福校点，岳麓书社，2008。

（清）鄂尔泰等编《雍正朱批谕旨》，北京图书馆出版社，2008。

〔德〕恩斯特·卡西尔：《神话思维》，黄龙保、周振选译，中国社会科学出版社，1992。

范文澜：《中国通史简编》，江苏人民出版社，2019。

范文澜：《中国通史简编》，商务印书馆，2010。

范祥雍订补《古本竹书纪年辑校订补》，上海古籍出版社，2011。

（宋）范晔：《后汉书》，中华书局，2012。

〔美〕费孝通：《乡土中国》，北京出版社，2009。

〔美〕费孝通主编《中华民族多元一体格局》（修订本），中央民族大学出版社，2003。

费宗惠、张荣华编《费孝通论文化自觉》，内蒙古人民出版社，2009。

〔美〕弗朗兹·博厄斯：《原始艺术》，金辉译，上海文艺出版社，

1989。

（清）傅恒等编纂《皇清职贡图》，殷伟、徐大军、胡正娟点校，广陵书社，2008。

顾颉刚编著《孟姜女故事研究集》，上海古籍出版社，1984。

贵州民族出版社编《苗族理辞》，吴德坤、吴德杰搜集、整理、翻译，贵州民族出版社，2002。

贵州省丹寨县地方志编纂委员会编《丹寨县志》，方志出版社，1999。

贵州省民间文学工作组编印《民间文学资料》，1962。

贵州省民间文学组整理，田兵编选《苗族古歌》，贵州人民出版社，1979。

贵州省民族事务委员会编《苗族文化大观》，贵州民族出版社，2009。

贵州省少数民族古籍整理出版规划小组办公室编《苗族古歌》，燕宝整理、译注，贵州民族出版社，1993。

贵州省统计局、国家统计局贵州调查总队编《贵州统计年鉴 2021》，中国统计出版社，2021。

贵州省文史研究馆点校《贵州通志》，贵州人民出版社，1988。

贵州省文史研究馆点校《贵州通志·土司土民志》，贵州人民出版社，2008。

过竹：《苗族神话研究》，广西人民出版社，1998。

〔德〕黑格尔：《逻辑学》，杨一之译，商务印书馆，1976。

（清）蒋良骐：《东华录》，鲍思陶、西原点校，齐鲁书社，2005。

〔德〕康德：《判断力批判》，邓晓芒译，人民出版社，2007。

〔美〕克利福德·格尔茨：《文化的解释》，韩莉译，译林出版社，2008。

〔法〕克洛德·列维-斯特劳斯：《结构人类学》，张祖建译，中国人民大学出版社，2009。

雷山县志编撰委员会编《雷山县志》，贵州人民出版社，1992。

李锦平：《苗族语言与文化》，贵州民族出版社，2002。

李立：《寻找文化身份：一个嘉绒藏族村落的宗教民族志》，云南大学出版社，2007。

〔美〕理查德·鲍曼：《作为表演的口头艺术》，杨利慧、安德明译，广西师范大学出版社，2008。

梁启超：《饮冰室合集》，中华书局，2015。

辽宁省档案馆编《清圣训》，中国档案出版社，2010。

〔法〕列维-布留尔：《原始思维》，丁由译，商务印书馆，2010。

（清）林溥：《古州杂记》，民国贵阳文通书局据原刻本排印。

凌纯声、芮逸夫：《湘西苗族调查报告》，民族出版社，2003。

〔日〕绫部恒雄编《文化人类学的十五种理论》，中国社科院日本研究所社会文化室译，国际文化出版公司，1988。

刘介：《苗荒小纪》，商务印书馆，1928。

刘守华：《民间文学教程》，华中师范大学出版社，2009。

刘守华：《中国民间故事史》，商务印书馆，2017。

刘锡成：《二十世纪中国民间文学学术史》，河南大学出版社，2006。

（西汉）刘向整理《战国策》，时代文艺出版社，2008。

〔日〕柳田国南：《传说论》，连湘译，中国民间文艺出版社，1985。

（清）陆次云：《峒溪纤志》，台北：成文出版社有限公司，2017。

〔美〕露丝·本尼迪克：《文化模式》，何锡章、黄欢译，华夏出版社，1987。

马昌仪编《中国神话学文论选萃》，中国广播电视出版社，1995。

马国君编著《平苗纪略研究》，贵州人民出版社，2008。

〔英〕马雷特：《心理学与民俗学》，张颖凡等译，黄杉校，山东人民出版社，1988。

〔英〕马林诺夫斯基：《巫术科学宗教与神话》，李安宅译，中国民间文艺出版社，1987。

〔法〕马赛尔·莫斯：《论馈赠》，卢汇译，中央民族大学，2002。

马学良、今旦译注《苗族史诗》，中国民间文艺出版社，1983。

孟慧英：《西方民俗学史》，中国社会科学出版社，2006。

《苗族简史》编写组：《苗族简史》，贵州民族出版社，1985。

〔日〕鸟居龙藏：《苗族调查报告》，"国立"编译馆译，黄才贵校补，贵州人民出版社，2019。

〔美〕欧文·戈夫曼：《日常生活中的自我呈现》，冯钢译，北京大学出版社，2008。

潘晨光主编《中国人才发展报告（2012）》，社会科学文献出版社，2012。

潘定智、杨培德、张寒梅编《苗族古歌》，贵州人民出版社，1997。

祁连休：《中国古代民间故事类型研究》（修订本），河北教育出版社，2007。

黔东南苗族侗族自治州地方志编纂委员会编《黔东南苗族侗族自治州志·人物志》，贵州人民出版社，1990。

黔东南苗族侗族自治州文化局文学艺术研究室编印《民族民间艺人会议诗歌创作选集》，1962。

黔东南州民族研究所编《中国苗族民俗》，贵州人民出版社，1990，第523页。

〔法〕萨维纳：《苗族史》，立人等译，贵州大学出版社，2009。

三都水族自治县十大文艺集成志书办公室编发《中国歌谣集成 贵州省黔南自治州 三都县卷》，内部资料，1990。

（明）沈德符：《万历野获编》，黎欣点校，文化艺术出版社，1992。

（明）沈庠修，（明）赵瓒等编（弘治）《贵州图经新志》，西南交通大学出版社，2018。

（明）沈瓒编撰，（清）李涌重编，陈心传补编《五溪蛮图志》，伍新福校点，岳麓书社，2012。

石朝江：《世界苗族迁徙史》，贵州人民出版社，2006。

（汉）司马迁：《史记》，中华书局，1982。

〔美〕斯蒂·汤普森：《世界民间故事分类学》，郑海等译，上海文艺出版社，1991。

〔英〕泰勒：《原始文化》，蔡江浓编译，浙江人民出版社，1988。

（清）檀萃：《楚庭稗珠录》，杨伟群校点，广东人民出版社，1982。

陶立璠：《民俗学》，学苑出版社，2003。

（元）陶宗仪：《南村辍耕录》，齐鲁书社，2007。

（清）田雯：《苗俗记》，道光十三年吴江沈氏世楷堂。

（清）田雯：《黔书》，贵州人民出版社，2019。

万建中：《民间文学引论》，北京大学出版社，2006。

王凤刚搜集、整理、译注《苗族贾理》，贵州人民出版社，2009。

王辅世、毛宗武：《苗瑶语古音构拟》，中国社会科学出版社，1998。

（明）王士性撰《五岳游草　广志绎》（新校本），周振鹤点校，上海人民出版社，2019。

王桐龄：《中国民族史》，江西教育出版社，2018。

王孝廉：《岭云关雪》，学苑出版社，2002。

王孝廉：《中国的神话世界》，作家出版社，1991。

〔美〕J.韦克斯：《性，不只是性爱》，光明日报出版社，1989。

〔意〕维柯：《新科学》，朱光潜译，人民文学出版社，2008。

（清）魏源：《圣武记》，韩锡铎、孙文良点校，中华书局，1984。

乌丙安：《民俗学原理》，辽宁教育出版社，2001。

乌丙安：《中国民俗学》，辽宁大学出版社，1985。

吴正光：《郎德上寨的苗文化》，贵州人民出版社，2005。

伍新福、龙伯亚：《苗族史》，四川民族出版社，1992。

夏建中：《文化人类学理论学派——文化研究的历史》，中国人民大学出版社，1997。

谢贵安：《明实录研究》，上海古籍出版社，2013。

谢晖：《法律的意义追问——诠释学视野中的法哲学》，商务印书馆，2003。

（清）谢圣纶辑，古永继点校《滇黔志略点校》，贵州人民出版社，2008。

（清）徐家干：《苗疆见闻录》，贵州人民出版社，1997。

（清）严如煜：《苗防备览》，岳麓书社，2021。

〔美〕扬·哈罗德·布鲁范德：《新编美国民俗学概论》，李扬译，上海文艺出版社，2011。

杨庭硕、潘盛之编著《百苗图抄本汇编》，贵州人民出版社，2004。

杨元龙搜集、整理、译著《祭鼓辞》，贵州民族出版社，2011。

杨正文：《苗族服饰文化》，贵州民族出版社，1998。

〔俄〕叶·莫·梅列金斯基：《神话的诗学》，魏庆征译，商务印书馆，2009。

（清）佚名氏编《苗疆屯防实录》，伍新福校点，岳麓书社，2012。

（清）奕䜣：《钦定平定贵州苗匪纪略》，中国书店出版社，1985。

尹昌龙：《重返自身的文学——当代中国文学思潮中的话语类型考察》，广东人民出版社，1999。

余未人主编《苗人的灵魂——台江苗族文化空间》，黑龙江人民出版社，2005。

俞志慧：《〈国语〉韦昭注辨正》，中华书局，2009。

苑利主编《二十世纪中国民俗学经典·神话卷》，社会科学文献出版社，2003。

〔美〕约翰·迈尔斯·弗里：《口头诗学：帕里-洛德理论》，朝戈金译，社会科学文献出版社，2000。

云南省历史研究所：《清实录》，云南人民出版社，1986。

臧艺兵：《民歌与安魂——武当山民间歌师与社会、历史的互动》，商务印书馆，2009。

〔英〕詹姆斯·乔治·弗雷泽：《金枝》，台北：久大文化股份有限公司，1991。

张君仁：《花儿王朱仲禄——人类学情境中的民间歌手》，敦煌文艺出版社，2004。

张澍：《续黔书》，中华书局，1985。

（清）赵尔巽等：《清史稿》，中华书局，2020。

政协雷山县文史资料委员会编印《唐德海故事歌谣选编》，2008。

中共贵州省铜仁地委档案室整理《铜仁府志》，贵州人民出版社，1992。

中国民间文艺家协会主编《亚鲁王》，中华书局，2011。

中国民间文艺研究会贵州分会翻印《民间文学资料》，1986。

中国人民政治协商会议黔东南苗族侗族自治州委员会文史资料工作组编印《黔东南文史资料选辑》，1983。

中华人民共和国国家统计局编《中国统计年鉴2021》，中国统计出版社，2021。

钟敬文：《民俗文化学——梗概与兴起》，中华书局，1996。

钟敬文主编《民俗学概论》上海文艺出版社，1998。

周星主编《民俗学的历史、理论与方法》，商务印书馆，2006。

（元）周致中：《异域志》，陆峻岭校注，中华书局，2000。

（清）周作楫修，萧琯等纂（道光）《贵阳府志校注》，巴蜀书社，2006。

期刊论文类

安学斌：《民族文化传承人的历史价值与当代生境》，《云南民族大学学报》（哲学社会科学版）2007 年第 6 期。

陈紫灵：《非遗视野下粤北瑶族民歌的传承与创新》，《艺术大观》2021 年第 10 期。

杜新燕：《民间文学传承方式简论》，《大理学院学报》2010 年第 5 期。

杜卓：《苗族古歌的潜文本解读——以黔东南苗族古歌为个案》，《贵州民族学院学报》（哲学社会科学版）2009 年第 3 期。

樊华：《文化转型与中国少数民族艺术的分化》，《思想战线》2009 年第 6 期。

丰滢：《社会变迁视域下左江流域壮族民歌的转型与适应——基于左江壮族民歌代表性传承人韦志莲口述史的研究》，《文化产业》2022 年第 11 期。

高丙中：《民间的仪式与国家的在场》，《北京大学学报》（哲学社会科学版）2001 年第 1 期。

韩焰：《试探威信县韩姓苗族的传统文化习俗》，《昭通师范高等专科学校学报》2003 年第 3 期。

侯芸莉：《"十四五"背景下河北民歌文化遗产保护传承创新研究》，《今古文创》2021 年第 41 期。

胡小东：《发展的有意识，保护的"无意识"——西江苗寨非物质文化遗产传承保护现状调查》，《贵州民族学院学报》（哲学社会科学版）2012 年第 2 期。

贾曦葶：《少数民族音乐与大众文化的互为作用——"父爱如山"音乐会歌手周丽珍演唱特点评述》，《北方音乐》2017 年第 8 期。

孔妮：《非遗视域下四川民歌的传承与创新——以四川民歌改编钢琴

曲为例》，《四川戏剧》2021 年第 11 期。

郎雅娟：《侗族说唱文学中歌师的叙事者身份研究——以〈秦娘美传奇〉为例》，《贵州民族学院学报》（哲学社会科学版）2009 年第 2 期。

李桂梅：《地理环境嬗变下陕北民歌传承与保护现状分析——兼谈陕北民歌手演唱行腔与音色》，《中国民族博览》2021 年第 19 期。

李济桐：《少数民族民歌艺术传承困境及对策》，《当代音乐》2021 年第 10 期。

李建军：《苗族理词文化与功能》，《中央民族大学学报》（哲学社会科学版）2007 年第 6 期。

李天翼：《苗语使用情况调查研究——以贵州省雷山县开觉村为个案》，《四川民族学院学报》2011 年第 4 期。

廖明君、巴莫曲布嫫：《田野研究的"五个在场"——巴莫曲布嫫访谈录》，《民族艺术》2004 年第 3 期。

刘锡诚：《传承与传承人论》，《河南教育学院学报》（哲学社会科学版）2006 年第 5 期。

刘兴禄：《试析〈苗族古歌〉整理本中的民间信仰表述》，《湖北民族学院学报》（哲学社会科学版）2018 年第 5 期。

刘亚虎：《黔东南苗族神话古歌的独特价值》，《凯里学院学报》2008 年第 2 期。

龙初凡：《侗族大歌知识产权保护探讨与法律保护分析》，《贵州民族研究》2005 年第 5 期。

龙先琼：《关于少数民族传统文化现代转型的思考》，《吉首大学学报》（社会科学版）1996 年第 3 期。

罗彬彬：《当代少数民族文化符号的消亡研究》，《贵州民族研究》2016 年第 7 期。

罗丹阳：《"歌花"与"歌骨"——苗族古歌传承的变异性与稳定性

刍议》,《重庆师范大学学报》(哲学社会科学版) 2011 年第 2 期。

罗正副:《神人体系与祭祖信仰——〈苗族古歌〉的信仰世界解读》,《当代文坛》2011 年第 3 期。

欧阳文风:《论文艺与宗教的共同特质》,《玉林师范学院学报》2003 年第 1 期。

欧阳治国:《苗族招龙习俗的文化解读》,《长江大学学报》(社会科学版) 2012 年第 1 期。

潘定智:《苗族古歌三议》,《思想战线》1987 年第 6 期。

彭玉屏:《非遗传承视野下湘西土家族民歌的创新与发展》,《戏剧之家》2021 年第 24 期。

石朝江:《苗族历史上的五次迁徙波》,《贵州民族研究》1995 年第 1 期。

苏晓红、胡晓东:《代表性传承人保护与培养机制的多元构建——以苗族民间文学为例》,《贵州师范大学学报》(社会科学版) 2010 年第 4 期。

苏晓红:《民族民间文学的现代意义与发展路向——以〈苗族古歌〉为例》,《作家》2010 年第 2 期。

王红、李静静:《生命的共同体:〈苗族古歌〉中的动物形象研究》,《贵州民族研究》2020 年第 7 期。

王庆成:《晚清华北的集市和集市圈》,《近代史研究》2004 年第 4 期。

王志鲲:《弘扬民俗文化精髓　打响民俗文化品牌——浅谈翔安区民俗文化的传承与发展》,《群文天地》2013 年第 4 期。

魏国彬,万晓萍:《中国少数民族艺术的现代转型》,《艺术百家》2007 年第 6 期。

吴佳妮:《从神话思维看苗族古歌〈仰阿莎〉的审美意识》,《贵州民族研究》2017 年第 5 期。

吴平:《关于培育苗侗民族文化传承人的调查研究》,《贵州大学学报》（社会科学版）2012 年第 2 期。

吴天婉：《云南文山瑶族度戒舞刍议》，《民族艺术研究》1993 年第 1 期。

杨敬娜：《苗族信仰与其生计方式的相关性分析——以〈苗族古歌〉"蝶""鸟"为研究中心》，《湖北民族大学学报》（哲学社会科学版）2020 年第 3 期。

杨伟兵：《由糯到籼：对黔东南粮食作物种植与民族生境适应问题的历史考察》，《中国农史》2004 年第 4 期。

尹梦伟，林胜：《新疆库车维吾尔民歌的传承与保护》，《艺苑》2021 年第 4 期。

袁国兴：《中国现代"革命"文学叙事倾向》，《北方论丛》2005 年第 1 期。

张晟：《新媒体语境下山西民歌的传播机制创新研究》，《艺术家》2021 年第 9 期。

赵琦：《文化生态视域下满族民歌的活态传承与创新教学研究》，《山东艺术》2021 年第 1 期。

钟国富、王鸿俊、陈龙：《鄂伦春族民歌的传承困境与对策研究》，《黑龙江民族丛刊》2021 年第 4 期。

朱姝亭：《彝族民间歌手快手歌唱：自我和民族的呈现》，《长江丛刊》2020 年第 28 期。

朱玉江、瞿亚：《从泥瓦匠到非遗传承人——大别山民歌国家级传承人余述凡艺术生涯侧记》，《当代音乐》2022 年第 3 期。

博硕士论文类

阿拉坦图雅：《戈壁歌王——记阿拉善民间艺人巴德玛》，硕士学位论文，内蒙古师范大学，2009。

杜卓：《苗族古歌的社会功能研究》，硕士学位论文，贵州民族学院，2010。

符红宇：《当代湘西苗族歌师研究》，硕士学位论文，中南民族大学，2011。

黄沙浪：《仡佬族民歌传承人研究——以贵州省石阡县毛呈祥为例》，硕士学位论文，西南大学，2018。

李薇：《论黔东北苗族民歌的审美特征》，硕士学位论文，贵州大学，2007。

卢翱：《"河州花儿"的演唱习俗与传承——以甘肃临夏松鸣岩"花儿会"为例》，硕士学位论文，山东大学，2008。

罗丹阳：《苗族古歌传承的田野民族志——以黔东南双井村"瑟岗奈"（Seib Gangx Neel）为个案》，博士学位论文，中央民族大学，2011。

罗正副：《调适与演进：无文字民族文化传承——以布依族为个案的研究》，博士学位论文，厦门大学，2009。

潘琼阁：《民间故事活态传承中的主体个性——以侗族民间故事传承人张海为个案》，硕士学位论文，中央民族大学，2009。

文江涛：《柳城壮族歌师传承研究》，硕士学位论文，广西师范大学，2007。

徐媛：《民间故事传承人保护方案研究——以民间故事传承人刘德方为例》，硕士学位论文，华中师范大学，2008。

附录一

唐德海故事歌谣摘录

道理歌

甲：我们听锄唱，
　　我们听锄讲。
　　用锄去挖土，
　　秃了配上钢，
　　才能成好锄，
　　才能挖土方。
　　我们找锄头，
　　扛锄上山岗。
　　挖了山梁梁，
　　又挖山岗岗，
　　挖去刺根根，

锄掉树桩桩。
平整好土地，
把小米撒上。
到了七月间，
满山小米黄，
满坝谷子黄，
家家不缺粮。
听再往下唱，
听雕来唱唱，
听鹰来唱唱。
什么东西喂，
他们才聪明，
他们会歌唱。
唱遍全村寨，
唱遍全地方。
布不能纺织，
他们教纺织；
姑娘嫁不出，
他们心有方；
小伙娶不了，
他们有法邀。
哪个是爹娘，
来把他们养，
他们话会说，
他们理会讲，
才窜遍村寨，
理讲遍四方。

首首我会唱，

这首我糊涂。

请教客人们，

教我往下唱。

乙：客人好服装，

客人穿漂亮，

为不丢面子，

要给客人唱。

来唱雕和鹰，

唱说理的嘴，

摆窜寨的嘴。

他们谁娘生，

他们哪娘养。

你们听我讲，

你们听我唱。

他们山岗生，

他们山坡养，

才会走四方，

道理才会讲。

教人把布织，

教人把棉纺。

教姑娘出嫁，

教小子娶妻，

天空鸟成对，

地下人成双。

我的好客人，

你说对不对，

唱歌不会累，

也不拿钱买，

不合我再唱。

这首唱过了，

又唱第二首，

大步向前走，

唱得心欢畅。

夏天烧包谷，

要吃新鲜的，

嚼着甜如蜜，

吃着甘如糖。

歌如萤火虫，

光点小如豆，

夜中点点亮。

理有七尺高，

理有九尺长。

谁的妈妈生，

谁的娘娘养，

理才七尺高，

理才九尺长？

首首我会唱，

这首我糊涂，

恳请贵客人，

请唱给我听。

甲：你们说的准，

你们唱的对，

你们真会唱，

对准我心肝，

正合我心房。

理有七尺高，

理有九尺长，

是谁妈妈生，

是哪娘娘养，

客人请注意，

客人听我唱。

像猫注视耗，

像狗撵山羊。

理有七尺高，

理有九尺长，

是嘎两妈生，

是嘎两妈养，

我不骗你们，

我不能乱唱。

这首搁下来，

我们往下唱。

一首接一首，

就像菜园叶，

一张挨一张；

就像上楼梯，

上去又返回。

唠叨误时时，

唠叨天快黑，

请客给我唱。
我要往下唱。
艺在嘎两处，
歌在嘎两嘴，
在嘎两心房。
嘎两关门窗，
嘎两关心房，
不准理下来，
不准传四方。
是谁好心计，
半夜把鸡杀，
到嘎两灶房，
去把嘎两哐：
"天上少纠缠，
地下纠纷多，
请理走下去，
解地下纠纷，
人人少纠缠，
个个心欢畅。"
其他我知道，
这点我不明，
请求贵客人，
能否给我讲？

乙：是谁好心计，
　　谁去哐嘎两，
　　让理天上来，

解人间纠缠？
请客听我讲，
请客听我唱：
冤家好心计，
半夜里杀鸡，
手脚快如风，
走到嘎两处，
到嘎两灶房，
哐理响嘎嘎，
叫理声声应，
"天上少案子，
地下多纠纷，
让理走下来，
解人间纠纷，
人人心欢畅"。
这首唱过了，
二首过接来，
来听那柜子，
四五层石磊，
关理在里头，
不让道理走。
哪个手艺好，
能开启柜子，
关理在里边，
不让道理走？
条条我能讲，
首首我会唱，

这首我糊涂。
请客给我讲，
请客为我唱，
让我弄明白，
让我心理亮。

甲：你们跌倒了，
　　我把你扶起；
　　我摸黑走路，
　　你给我点亮。
　　大家携手走，
　　不让丢路旁。
　　听说那柜子，
　　四五层垒叠，
　　关理在里头，
　　不准道理行。
　　这个我知道，
　　他名叫拉当。
　　拉当手艺好，
　　打成好柜子，
　　关理在里头，
　　不让道理行。
　　是还是不是？
　　象（像）还是不像？
　　这首唱过了，
　　二首又来接。
　　一首挨一首，

一理接一理。

就不会错乱。

哪个手艺好，

他吃一只鸭，

要银一两七，

大声叫道理：

"快给我断案，

解决我纠纷，

我心才能放！"

条条我知道，

首首我能唱，

这首我糊涂，

请求贵客人，

给我讲一讲，

为我唱一唱！

乙：我接客人唱，

这首我知道，

我晓得那人，

他名叫播秋。

播秋手艺好，

他吃一只鸭，

要银一两七，

他对道理讲：

"快给我断案，

解决我纠纷，

让我把心放。"

这样是不是？
这样像不像？
放下你的理，
来读我的理，
大步大步走。
来听听凳子，
来听听桌子，
凳子和桌子，
住嘎对地方，
住嘎两家房。
理在上面住，
艺在上面养。
什么手比凳，
才成讲理凳？
什么手比桌，
才成讲理桌？

甲：你的歌真好，
　　正扣我心房；
　　你的话真对，
　　正合我心意。
　　一首对一首，
　　鼓捶真相当。
　　肉汤要放盐，
　　放够汤才香。
　　用什么手比，
　　用什么料做，

才成说理桌，

才成说理凳。

这你不知道，

我来给你讲：

凳脚木料做，

桌面刨得光，

才成说理凳，

才成说理桌，

放在嘎对地，

放在嘎两房，

道理来休生，

道理来休养。

这样是不是？

像还是不像？

会唱就来唱，

会讲就来讲。

放你们的理，

来说我的理，

相唱才成歌，

共商才成理。

唱完再来唱，

就像赶山路。

有事问客人，

请你给我讲：

嘎对九条街，

是哪位老人，

打锯像穿枋，

打剪木板大，

锯天屑屑响，

黑白两边天，

推白往一边，

推黑往一边。

理从天上落，

艺从天上落，

歌从天上落。

处处我知道，

条条我晓得，

这条我糊涂，

请客来一首，

唱歌告诉我，

让我心理亮，

我们往下唱。

乙：你问得很准，

你唱得很对，

打动我心肝，

扣动我心房。

你问的问题，

我来告诉你：

是天狗老人，

打锯像穿枋，

打剪如木板，

锯天屑屑响，

把白推一边，

把黑推一边，

中间有空当，

理从天落下，

艺从天落下，

歌从天落下。

细粑像雀蛋，

歌儿大家唱，

不知合不合，

不知象不象。

宾主在一起，

只要心欢畅。

这首唱过了，

二首又接来，

今天我们聚，

今天我们唱。

现我问客人：

理在嘎两寨，

艺在嘎两寨，

歌在嘎两寨，

嘎对九条街，

何索放下理？

何索放下鼓？

何索放下艺？

首首我得知，

这首我忘记，

请客人来唱，

请客人来讲。

让我能知道，
把它传四方。

甲：理在嘎两寨，
艺在嘎两寨，
歌在嘎两寨。
嘎对九条街，
何索把理放？
何索把鼓放？
何索把艺放？
客人不知道，
请听我来唱。
是孟劳搓索，
搓了九股索。
孟劳把理放，
孟劳把歌放，
孟劳把艺放，
放到广场上，
理随索下来，
歌随索下来，
艺随索下来，
下来到广场，
下来到地下。
千百个汉子，
等着学讲理，
等着学手艺，
等着学歌唱。

事情是这样，

我已给你唱。

这首唱过了，

二首又来唱。

你唱的含心，

你讲的合意。

理来一程程，

歌来一道道，

艺来一路路，

来到草坪上，

翻身成匹马，

吃草刷刷香，

跑起得得响。

谁从东方来，

头像马脑壳，

嘴如弯铧口，

嘴巴大大张。

理看见心慌，

歌看见心慌，

气看见心慌。

理跳进河中，

歌跳进河中，

艺跳进河中。

首首我会唱，

这首我忘记，

请求贵客人，

能否给我讲，

能否给我唱？

乙：哪个老人家，
　　他来自东方，
　　额门像马头，
　　嘴巴如铧口，
　　要吃理忙忙，
　　要吃歌忙忙，
　　要吃艺忙忙？
　　榜香由东来，
　　额门像马脑，
　　嘴巴像铧口，
　　要吃理忙忙，
　　要吃歌忙忙，
　　要吃艺忙忙，
　　吓理心头慌，
　　吓歌心头慌，
　　吓艺心头慌，
　　理跳到河中，
　　歌跳到河中，
　　艺跳到河中。
　　你们怎么唱，
　　我们不知道；
　　我们这样唱，
　　一点不走样。
　　这首唱过了，
　　二首又来唱。

理跳到河中，

歌跳到河中，

艺跳到河中，

是哪位老人，

炼出黄铜来，

打成铜钩钩，

把理钩出水，

把歌钩出水，

把艺钩出水，

理才到岸上，

歌才到岸上，

艺才到岸上？

其他首能唱，

这首我忘记，

请客人带路，

教我一起唱！

甲：其他我不知，

这首我会唱，

你问这老人，

他叫故养伏，

他不怕辛苦，

翻山越岭来，

跋山涉水来，

炼起大黄铜，

打成四齿钩，

用钩来拉理，

用钩来拉歌，

用钩来拉艺，

理才到岸上，

歌才到岸上，

艺才到岸上。

道理真不假，

真的是这样。

这首唱过了，

二首又来唱。

唱歌如走路，

理来一程程，

歌来一程程，

艺来一程程。

来到半山岗，

看见凳一条，

看见桌一张。

这是讲理桌，

这是说理凳。

理来理休息，

歌来歌休息，

艺来艺休息。

是谁用尺码，

打成这张桌？

是谁用墨线，

量成这条凳？

首首我会唱，

这首我忘记，

请客人教我，

我们继续唱。

乙：客人问得准，

客人说得对，

这首我会唱，

我来给你唱。

地龙手艺好，

有尺码来比，

用墨线来量，

打成讲理桌，

制成讲理凳，

理来理休息，

歌来歌休息，

艺来艺休息。

这样是不是？

这样象不象？

不是花钱买，

不象我再唱。

这首唱过了，

二首又来唱。

理来一程程，

歌来一程程，

艺来一程程，

理到何地方？

歌到何地方？

艺到何地方？

富贵在何方？

命运在何方？

首首我会唱，

这首我生疏。

我请教客人，

望能教我唱。

甲：客人要我唱，

这首我能唱。

理来到场上，

为纠纷解结，

案断人欢畅；

艺传人手上，

给一把斧子，

建成吊脚房；

富跳到田里，

只要人勤快，

谷丰粮满仓；

命跳在家中，

儿孙生满堂，

幸福如花开。

虽不同地方，

穿不同衣裳，

唱歌不一样，

道理都一样。

端起酒杯来，

酒干心欢畅。

> 把歌留心里，
>
> 明天咱再唱，
>
> 后天咱再唱。

　　注：这首歌，是盘歌形式的道理歌，一般理老或老年歌手都爱唱。在走客喝酒或调解纠纷之后，都要唱这首歌。唱时分主客或甲乙两方对唱，若唱不出则罚酒。歌词里的雕、鹰都是以禽喻理老的口才；歌里的嘎对是指天宇；嘎两是天上的人；而拉当、天狗、榜香、故伏养、地龙等都为古代苗族的理老和艺人。①

婚姻纠纷理词

> 从前的时候，
>
> 过去的年代，
>
> 男人要娶妻，
>
> 请媒人说亲。
>
> 午日请媒吃鲫鱼，
>
> 子日请媒吃腌鱼。
>
> 席上边吃边谈，
>
> 桌上边喝边叙。
>
> 媒人去说合，
>
> 媒人讲好了，
>
> 用青杠抬鸡，
>
> 用竹竿抬鸭。
>
> 预定赶场天，

---

　　①　以上摘自《唐德海故事歌谣选编》，第89～99页。

约好赶场日。

双方来议商。

到吃新过年,

选择好日子,

佳期象鼓圆,

团团象簸箕。

娶亲那边六十人,

嫁女那边一百八。

男女两边迎和送,

吃肉三天,

喝酒三夜。

开成了亲,

结成了戚。

堂屋摆猪肉,

灶房煮鸡鸭。

肉还没吃完,

就要破砧板;

酒还没喝完,

就砸破碗碟。

他们心大如牛,

胆大过马,

来骗我家媳妇,

叨唆嫁给别人。

诱惑被麻醉,

怂恿把心迷。

骗螃蟹跳进水井。

诱青蛙跃入田中。

这样杉木才下冲，
松树才触岩。
山羊落虎口，
鱼虾进龙喉。

从前的时候，
过去的年成，
在寨脚吹木叶，
在寨边打口哨。
寨脚游方，
寨边谈爱。
坐在那青石板，
同声相应，
同心相求，
男爱女，
女爱男。
敲鼓声音一致，
割谷意见同一，
才约定接亲的日子，
己日去接亲，
午日转回来。
头发梳得很漂亮，
穿戴得很鲜艳。
一心向往男家，
要来做男家的活路。
到来举办了三天的酒，
设了三天的宴。

结婚了三整年，
只晓得缝背带等儿子，
缝帽待婴孩。
哪知媒雀引诱，
金鸡花心。
骗螃蟹进水塘，
诱青蛙下田里。
水牛翻过坡，
铜鼓越过场，
你为什么不通知追赶？

兽在交情地方，
鱼在交密地方，
要捕兽造好弓箭。
要打鱼先制鱼叉。
追兽要上山，
打鱼要下河。
你们做新娘，
你们做舅子，
做父亲的都管不了。
拿我的肉喂狗，
拿我的酒养猪。
你拆我的桥，
你丢我的脸。

不是我拆桥，
是她不跟我后走。

不是我丢你脸，

是天上的太阳做来，

是从前的月亮做起。

错处往错处行，

亏负就道个歉，

错了事就赔礼，

大错大赔，

小错小赔，

照地下古规，

依天上古理。

镶鱼鹰的尾巴，

补蝙蝠的翅膀。

寅时做的寅时了，

卯时扯的卯时完。

事情完了，

隔远相见要笑，

近处相遇要问。①

离婚理词

一、男方理老的说理词(在女不愿男的情况下)

我跟你家开亲，

和你家结戚，

---

① 以上摘自《唐德海故事歌谣选编》，第 111~113 页。

挑柴要有根好扁担，

开亲要有个好媒人，

脚来踩火坑，

头来顶炕架，

背上靠壁头，

胸口靠桌子，

老人问头钱，

青年问财礼，

客方欢喜，

主方同意。

杀鸡看眼睛，

蒸饭看出气，

鸡眼圆如鼓，

饭气如阳光。

我们照理应该开亲，

我们开亲是件好事。

一钉耙就掘成我的田，

一锄头就挖成我的地，

成了我的爱侣，

成了我的爱妻。

捡粪娃娃都知道，

挑水女孩也明白，

寨脚来拴带，

寨头来送鸡。

樟树还不能做鼓，

杉树还不能造船。

九月莫忘午日，

十月莫忘子日。

午日好接媳妇，

子日好娶晚辈。

提笼才捉鱼，

过了财礼娶媳妇。

一边三十人送就成了姑妈，

一边三十人接就成了媳妇。

成了媳妇就来到我家，

水路过了九十九个鱼滩，

旱路过了七十七个雀鸟坳。

经过了大河，

经过了大路，

来到了走廊，

遇见了水牛，

遇见了黄牛；

来到了堂屋，

遇见了公公，

遇见了婆婆；

来到灶房里，

遇见在肩上挑水的扁担，

遇见用脚踩的舂米碓，

遇见量米的升子，

遇见了量米的斗，

成了长尾马，

是个发富的主妇。

来了一整年，

来了一周岁，

十五个寨子和睦，

十六个寨子友好，

未遇青苔塘，

未遇杂草池。

来了两整年，

来了三周岁，

出了青苔塘，

遇见杂草池。

你把家看似棺材，

你把丈夫看似老虎，

你刚从走廊走进来，

你又从灶边跑出去。

你象夹尾巴的母牛，

你是个夹裙子的妇人。

你脚不踩我的席，

你头不进我的被，

论理你错了，

论道你输了。

老来老明白，

少来少知道，

理老心肠好，

理老是好意，

一头请来两头用，

一头叫来两头说。

说了才能明白，

称了才知轻重。

带我的话去说，

拿我的话去讲。

告诉她的母亲，

告诉她的父亲。

退我的虾放在塘里，

退我的鱼放在田里，

摔倒不要遗失，

跌倒了不要丢掉，

不要遗失在半坡，

不要丢掉在半路，

费你们老人的心，

把我的话说到，

把我的意思谈清。

　　注：词中的"看鸡眼"，是苗族婚姻中的一种习俗，即婚前杀鸡看眼睛是否吉祥；词中的"夹裙子""夹尾巴"，指女的不愿同男的同房。

二、女方理老的说理词(在男不愿女的情况下)

我本来和你家开亲，

我本来和你家结戚。

我烧火只烧在一个火坑，

我开亲只开一处。

客也欢喜，

主也乐意。

才用牛祭鼓，

才嫁女到客边。

她才进你家的门，

才到们家的屋。

做了你的媳妇，

成了你家的晚辈。

来了一个整年，

来了一个周岁，

和睦十五寨，

友好十六村。

没遇青苔池。

到了两个整年，

到了三个周岁，

公公做雷公打谷仓，

婆婆做暴风吹晒架。

米不给我舂，

水不让我挑；

先前还给我面子，

以后就怀恨；

象母牛丢犊牛，

象母猪拱崽崽。

公公装耳厚，

婆婆做脸黑。

我站在你家大门，

我住在你家屋里，

实在坐不安，

实在待不住。

我才回到自己家，

我才跑到自己屋；

回来哭给妈妈，

回来哭给爸爸。

我上山找大树，

出门找理老。

老人们知道，

年轻人明白；

老人耳朵灵，

年轻人心里亮；

你们来听两边的话，

你们来听两头的理。

你们听哪一角重，

你们听哪一碰疼？

头一碰碰鼻子，

后一碰碰下颚。

论情是你错，

论理是你输。

事情要带回去给你家里的人讲，

道理要带回去给你家里的人说。

公公错了公公知道，

婆婆错了婆婆明白。

理老好心肠，

理老好心意，

你们拿我的话去说，

拿我的理去讲，

费你们老人的心。①

① 以上摘自《唐德海故事歌谣选编》，第113~117页。

刻竹筒词

这根竹子是嘎亮栽，

这根竹子是嘎兑种。

生在太阳里的田坎脚，

长在月亮里的塘坎边，

一些拿去做牛鞭子。

一些拿去做晒衣杆。

一些拿去做子孙树。

这根枝叶茂，

这根尖尖好。

用银刀去砍，

用金刀去划，

拿来做刻筒，

拿来断事情，

拿来记事情。

一半边竹筒象杉木，

一半边竹筒象老树。

不为高来不为低，

只为青年男女的事情。

原是一对好夫妻，

一个愿嫁，

一个愿娶。

互相爱。

互相好。

一个愿跟，

一个愿要。

过了三年，

过了两载，

男的被别人迷惑，

女的上别人的当，

鸡不愿归一笼，

牛不愿做一圈，

你别扭，

我怄气。

青年人做了，

就闹到老年人。

老年人做了，

就涉及银子。

我们说来说去，

用银子来送鬼，

用银子来断事。

现在女方赔男方20元，

拿两元酬谢理老中人。

这银子原在东方，

在国王的大门口。

这金子原在西方，

在国王的大门边。

用龙王粪来煮才成。

用雷公粪来煮才熟。

才成银子一两一两的。

才成金子一钱一钱的。

放在大椅子上，

放在白铜盆中洗。

八人扶才起，

八人放才睡。

白象东方王，

红象东方王。

水路用船运才来。

陆路用马驮才到。

走过九十九岭，

翻过七十七坳。

经过大官家，

经过大城市，

来到长雄地方，

来到长举地区。

这银子是好意的银子，

这金子是心直的金子。

拿它送给理老，

经它送给中人。

捆水不着，

就捆沙子。

就捆树枝，

捆大枫香树，

捆直的杉树，

给中人。

送理老，

理老中人吃了就作证。

双方青年吃了要当得起。

哪个也不要捣鬼。

惊动理老。

哪个也不闹纠纷。

再找中人。

哪个闹纠纷，

二天哪捣鬼，

再找中人，

再心动理老。

我们当得起，

我们去作证。

要捞油锅，

我们在锅边；

要打官司，

我们进衙门。

我们就整他象捶泥，

捶他象舂火药。

九人捶九捶，

七人推七推。

不痛不明白，

不死不知道。

再加倍处罚。

教乖十五寨，

警告十六村。

要敬神有灵，

鬼不作崇（祟），

事不翻悔。

二天女的另嫁别处，

男的另讨别人，

生儿女，

养子孙，

九男七女，

个个英俊，

姑娘美丽，

儿子聪明，

子孙明理，

子命长，

孙健康，

两个白头到老，

百岁以上。

我们理老中人；

断清你们的纠纷，

办完你们的官司，

得了你们的酬谢，

吃得喝得，

身体健康，

断千事万事，

能砍能断，

能理能清，

与汉人相处得来，

与苗家相亲互爱。

回到寨里，

转到家中，

老来健康，

百岁以上。

青年人，

生儿女，

养子孙，

儿漂亮，

孙俊美，

儿懂事，

孙明理，

子长命，

孙健康，

个个日子过得好。

人人发财又安康。

　　注：刻竹筒是苗族处理男女离婚案中，理老用竹筒刻几划，然后交给离异的男女各一半，令其不能再反悔。子孙树：苗俗，把竹子砍来敬神后，放在堂屋中，挂在柱上或壁上，叫子孙树，说这竹子能给带来子孙。①

祝酒词

不说到天上，

不谈论地下，

讲点过节的话，

唱点祝酒的歌。

年初做活路，

八月庆丰收，

你们地方吹芦笙。

---

① 以上摘自《唐德海故事歌谣选编》，第117~120页。

十月过苗年，

你们踩铜鼓闹热。

我们喜欢跳芦笙，

才跨进主人家的门。

我们喜欢踩铜鼓，

才走进主人家的房屋。

主人家心宽阔意，

想得周全，

杀了十头猪，

开了百坛酒；

招待百处亲戚，

宴请千处朋友。

吃肉养精神，

喝酒升威望。

肉堆像雷公山石头，

酒多像清水江一样。

高坡要算雷公山，

主人盛情比雷公山还高；

河长算清水江，

主人厚意比清水江还长。

我们吃主人家的肉，

要传扬主人家的名气；

我们喝主人家的酒，

要宣扬主人家的名声。

为着公的名气，

我们来说点酒理话；

为着公的声誉，

我们来唱点祝酒歌。

祝愿主人家老人，

坐到九十岁，长寿一百年。

祝愿人家，

坐象香固乐，

站象爸固养，

稳如南良巨岩永世屹立，

坚如南留桥磴永世不崩；

象山冲大杉木挺拔，

象山上松树永远长青；

象中午太阳一样光明，

象十五月亮一样明亮。

祝愿主人家男、女、孩子，

今后生九男，

育七女。

九男九匹马，

七女盛银花。

九男刷马在头屋，

七女扮装在后房。

九男勤生产，

九男九仓谷。

七女会绣花，

衣裙堆满箱。

九男明贯理，

天天去说理，

夜夜去判案。

七女手艺巧，

绣成花朵围腰，

绣成飞鸟蝴蝶。

客家见了很喜欢，

苗家见了多羡慕。

天天挑银来求亲，

夜夜请媒来盘戚。

不让牯牛翻过坳，

不让铜鼓离家门。

不让别人抢走鸡半腿，

不让别人拈鱼脊背。

要维护住两头，

聚拢在中间，

九男是我们的女婿；

七女是我们的儿媳。

要和山岭相依，

山坡相连，

穿枋相接，

柱直相对，

开亲千年，

结戚万代。

各位老人，

各位朋友，

多方客人，

兄弟爷崽，

伯伯叔叔，

姑嫂妯娌。

酒在杯里，

富在碗底，

喝干得发财，

饮尽才发富。

来！唷！噫！干杯！①

祝婚喜庆歌

一年三个好季节，

一月三个好吉日！

百六十午子！

最好要算这辰日，

太阳如鼓圆，

月亮如簸箕。

春天鱼上游，

吉日官建城，

争选好季节。

小辈想得到，

选得好季节。

别家抢选不传名，

咱家抢选传佳音！

惊动东海大龙王宫，

龙王听了心喜欢，

---

① 以上摘自《唐德海故事歌谣选编》，第140~143页。

运金运银逆河来，

运金一程程，

运银一程程。

运来到寨边，

来到妈屋前。

妈开门迎接，

金满爹箱柜，

银满妈箱柜。

银子什么样？

打成项圈戴，

踩笙银铃响四处。

金子什么样？

金子买田地，

买牛马来到。

耕田在大坝。

骏马跑得快，

骑马中方寨。

好的就这样，

发财也得到。

发财大家有，

不单讲你我。

要发在全体。

老人在何方？

年青在何处？

老人快过来，

年青快过来。

过来接杯酒，

分饮太勇河，
分富大家得。①

祝贺立房歌

一年三个好节庆，
一月三个好吉日，
各个龙日都平常，
这个龙日特别好。
超过以往的辰日，
月亮赛过簸箕圆，
河谷山川亮堂堂，
太阳好比铜鼓圆，
江河深潭照辉煌。
妈妈选择吉祥时，
才把木材运到屋，
建造房屋遇天良。
塘水暖和鱼嬉游，
吉日官府铸章模，
今天爹妈运木材，
根根柱子直又直。
爹妈造屋为儿孙。
冬天到来蔽风雪，
夏天到来乘凉风。

---

① 以上摘自《唐德海故事歌谣选编》，第 144~145 页。

九天才有一早好，

九夜才数一晚良。

爹妈选中建新房。

田地跟着来多多！

马匹跟着来多多！

黄牛水牛来多多！

发财发富全来到！

发财发富大家得，

得周全给大家分，

不许让人空手足。

主人长辈坐何处？

主人长辈请进堂，

双手快快接龙杯，

喝干财富大家得。①

祭师指引亡灵按祖宗路线归阴祭词

某某公：（或）某某奶

今天是吉日，

今晚是良辰，

你九十超不过，

你一百越不了，

灵魂不稳，

生命不宁，

---

① 以上摘自《唐德海故事歌谣选编》，第146~147页。

灵魂沉水中，

生命钻土坡，

跟着爹妈老路行，

沿着公奶旧道走。

你孤身一路走，

你单个一路行，

你生儿育女，

你儿孙已满堂，

送你大棺材，大肥猪，

带路鸡，

买水银，所得物品，

样样齐全，

你全满意，

心无悬念，

前拿拐棍探路走，

后砍棘棘把道拦。

你沿公奶老路走，

跟着旧道行，

到了雷公坪，

过翻雷公山，

走到小丹江，

走到郎洞，

翻过柄妹。

越过广西，

走到广东，

走到清水塘，

看到泉水坑，

上坑不能钻，

下塘不能喝，

中间泉井才能喝。

你走过山坡。

巫水河上挽发结。

去到芦笙场，

走拢铜鼓堂。

跟着祖奶跳，

伴随祖公舞，

去跳亡灵舞，

去跳冰冻鼓。

三步往东跳，

得姑娘漂亮，

得小伙英俊，

儿明贾，孙懂理；

三步往西跳，

获得寨脚田，

得金银满柜。

你越山梁，

你涉过大江，

去到一片水连天，

来到一片天连水，

钻进一层，

上到二层，

上到三层，

钻进四层，

上到五层，

钻进六层，

上到七层，

钻到八层。

上到九层，

钻到十层，

上到十一层，

钻进十二层，

走到西天楼，

钻进宝堂。

西天公问你：

"你为啥来了呢？"

奶应声回答："我九十超不过，

一百到不了，

无奈我才来。

我生育儿女满堂，

子孙满寨，

买得肥田沃土，

起成房屋粮仓，

送给儿女儿孙，

我来也得到大棺材大肥猪。

公鸡带路，白银买水，

件件完整，样样齐全。"

天庭公公答是！是！

行！行！

你沿陌生道，

跟着死路行。

钻进十二层，

下到十一层，

钻进十层，

下到九层，

钻进八层，

下到七层，

钻进六层，

下到五层，

钻进四层，

下到三层，

钻进二层，

下到一层，

来到长衰故地，

来到德勒鼓场，

来变成三个阴魂神灵，

一个去阴间芦笙鼓场，

一个去安居于坟茔（茔）墓门，

一个转回家屋住于神龛护佑子孙，

冬天不少糍粑，

夏天不少棕（粽）粑，

冬天不少酸汤鱼，

夏天不少清汤煮鱼，

祭你吃！

倒你喝！①

① 以上摘自《唐德海故事歌谣选编》，第147~152页。

丧　歌

古时生万物，

古代生人类。

妈生女孩子，

妈育男婴儿；

六年妈喂奶，

全靠妈养育，

十六岁长大。

女十六岁绣花，

男十六岁砍柴。

男孩找媳妇，

帮妈挑水吃。

帮爹砍柴烧，

爹妈腰挺直。

不出工生产，

坐着不知老。

春多烂碓槽，

捶多谷桶薄，

干多人背跎（驼）；

老多也厌烦。

树生在山梁，

年长树倒伏；

人老腰背驼，

睡倒起不来，

长病医不好，

昨天逝世了。

妈丢大瓦房，

爹丢大良田，

爹妈丢孩儿，

丢下贾理言。

儿孙悲痛哭，

哭声动寨脚。

到了安葬日，

喊批青年人。

挖土坑来埋，

抬四块棺木，

安成个棺槽，

抬妈去安埋，

哭声动山河。

盖棺一声"咚"，

天地阴沉沉。

妈不知什么。

她拿身睡木槽，

她拿头枕山梁；

与野生打亲戚，

跟柴草做玩。

沉睡在坡头。

千年不回来，

万年不归宿。

她到阴间芦笙堂，

跳在东方场，

得万亩良田；

跃在西方场，

得到九男孩。

七女便拢来。

你爬上一重天，

你爬上二重天，

你爬上九重天，

遇上天庭王。

救世天庭王，

送你好田园，

送你九男孩。

七女赛仙人。

老人得长寿，

年青繁子孙，

富贵大家得。

斟若干杯酒，

老人喝了得寿长，

青年饮了得昌繁。

主家老人快接杯！

主家青年快接杯！①

抬木头呼号子歌词

木头大嘞！（唉哟嗬！）

---

① 以上摘自《唐德海故事歌谣选编》，第 152～154 页。

弟兄们嘞！（唉哟嗬！）

我喊号嘞！（唉哟嗬！）

众人听嘞！（唉哟嗬！）

整齐呼嘞！（唉哟嗬！）

齐步移嘞！（唉哟嗬！）

木头走嘞！（唉哟嗬！）

大杉木嘞！（唉哟嗬！）

如不走嘞！（唉哟嗬！）

甩你身嘞！（唉哟嗬！）

在深山嘞！（唉哟嗬！）

生青苔嘞！（唉哟嗬！）

长菌毛嘞！（唉哟嗬！）

杉木走嘞！（唉哟嗬！）

它大大嘞！（唉哟嗬！）

它泡泡嘞！（唉哟嗬！）

它轻轻嘞！（唉哟嗬！）

到栈道嘞！（唉哟嗬！）

滑溜溜嘞！（唉哟嗬！）

杉木走嘞！（唉哟嗬！）

到施洞嘞！（唉哟嗬！）

到码头嘞！（唉哟嗬！）

卖好价嘞！（唉哟嗬！）

得银两嘞！（唉哟嗬 ｜）

置家产嘞！（唉哟嗬！）

打银饰嘞！（唉哟嗬！）

赏儿女嘞！（唉哟嗬！）

最幸福嘞！（唉哟嗬！）①

嘎别福歌

卓敢和阿闹

二百多年前，巴拉河边有个郎德寨，有两个美丽勤劳的姑娘，一个叫卓敢，一个叫阿闹。在一个阳光灿烂的日子里，她俩手拿鱼腰箩，挽着裤脚，下到巴拉河里水浅，且流量较慢的乱石滩中，扒石块捉捞小鱼和螃蟹。她俩边捉鱼边嬉笑着，就像仙女般的自由快乐，此时，从老丹江顺坡路走下来刚给官府当差役不久的两个青年男子，一个叫你嘎、一个叫保吴，他俩身穿差役服，腰挂腰刀，显出一副威风凛凛的样子。看样子是要出差走凯里。当他俩来到河边，正准备要挽裤脚过河时，突然见到河中有两个姑娘弯着腰，露着白嫩的腿脚。他俩顿时起了邪心，互相对视做了个鬼脸，同时喊了一声"喂！"惊得两个姑娘猛一抬头。他俩立刻认出是郎德寨的卓敢和阿闹。便笑着说："卓敢和阿闹，我俩唱一首歌给你俩听好吗？"卓敢和阿闹俩姑娘便直起腰笑着答："唱吧！"

于是你嘎和保吴便唱了起来：

"嗬！嗬！嗬！……

卓敢和阿闹！

你俩虽美丽，

确实太可怜，

---

① 以上摘自《唐德海故事歌谣选编》，第170~171页。

串大河小河。

扒岩捉小鱼，

不是石砸腿，

就是蟹夹手；

我俩撤腰刀，

也算很威风，

你俩跟咱走，

闯大小官府；

尽穿丝绸衣，

吃肉和豆腐，

菜经过油炒。"

卓敢和阿闹听后，互相对视笑了笑，就答唱道：

"嗬！嗬！嗬……

你嘎和保吴，

卓敢和阿闹，

辛苦过惯了。

跟爹妈干活，

穿土布衣裳，

吃酸汤舒服。

好处说不完。

若跟你俩走，

闯大小官府，

吃着油豆腐，

穿着丝绸衣，

皮肤怕生疮，

　　　　肚子怕拉稀，

　　　　你俩自去啦！"

　你嘎和保昊听后，非常生气，板着面孔，接着唱道；

　　　　"嗬！嗬！嗬！……

　　　　卓敢和阿闹，

　　　　扒虫在下游，

　　　　不在水急流，

　　　　滚石头伤脚，

　　　　死来哪个埋？

　　　　伤了嫁不走。

　　　　还是跟咱俩，

　　　　风流闯一闯。"

　　卓敢和阿闹听后，既生气又认真的说："两位哥哥还是听我俩唱几句吧！"于是又唱道：

　　　　"嗬！嗬！嗬！……

　　　　你嘎和保昊，

　　　　鱼在瀑布潭，

　　　　能跃九层瀑，

　　　　还是落在漏竹箩；

　　　　鹰在悬岩山，

　　　　一飞九重坡，

　　　　还是陷在粘毛胶；

　　　　走狗差役兵，

恶如虎狼般，

还是遭官吏杀身；

雄如官大人，

骑马和抬轿，

还是在皇帝手中。

世上百事通，

智慧超人多。

仍被官降服他。

你嘎和保吴，

你们眼像猫头鹰，

脑想贪图财。

正心可保肚不饥，

歪心绳索捆在身，

肩头压个青杠枷，

关在臭牢中，

马尿淋一身，

心中不想正经事，

你俩马上就遭殃。”

你嘎和保吴听后，不敢再说什么，唏虚（嘘）而去。①

---

① 以上摘自政协雷山县文史资料委员会编《唐德海故事歌谣选编》，第 171~175 页。

附录二

阿幼朵访谈记录

访谈对象：阿幼朵（下面简称"朵"）

采访人：刘笑玲（下面简称"刘"）

刘：我们看了材料，你的妈妈也是苗族文化的传承人，是不？

朵：国家非物质文化的古歌传承人。

刘：那你觉得，你在小的时候有没有受到她的影响，影响大吗？

朵：因为我跟大家不一样，就是说，在农村嘛，因为我家里本来是很热闹的家庭，最后，就只剩下我和妈妈两个人。她每天都在唱，每天都在唱，一边唱一边掉眼泪。她是用歌的形式去释放自己内心的那种情感。其实，我出来之前，我就很害怕听到这种旋律。但是，从小这种旋律就已经烙印在你的脑子里面了，你听也得听，不听也得听。

小时候，你也知道，特别小的时候，就觉得，家里爸爸不在了，哥哥不在了，姐姐她们都出嫁了，家里没有人了。因为我还小，妈妈每天就忙这忙那。一大早，特别恐怖的是每天早上天还没有亮，她就开始唱。

你在这边的屋，她在那边的屋，她一边煮猪食，一边掉眼泪，唱着唱着就哭。所以，小时候我就被她的那种旋律和她内心释放的那种声音从梦中唤醒。所以，从小就特别害怕这种感觉。长大以后，突然有一天我就不让她唱。我说："妈，我不许你这样子唱。"不是说她唱得很难听，而是她一唱就哭，我也很难受。所以，从那以后，从上小学开始，一回到家，我就"啊……啊……"地跟她唱反调。她要唱苗歌的时候，我就唱："啊……太阳当空照，花儿对我笑……"然后在家里面跟她"对抗"。但是，在我内心里面这些旋律一直都在，虽然说，我没有跟妈妈一起去唱苗歌，而是在用从学校里面学到的歌去跟妈妈对着唱、唱反调。突然有一天，我就骂她，我就吼她，我说："你别唱了，你唱唱唱一会儿你就哭了，不让你唱。"然后，我妈妈就觉得，嗯！这么长时间我居然敢吼她了，而且，吼她是不让她唱歌。我居然制止我妈妈唱歌，不让我妈妈唱。我说，最主要是她一唱以后，整个屋子里面都是那种旋律，然后，就觉得，因为我们家房子还算大，然后两个人，一个大人一个小孩在家里面还是觉得比较凄凉，特别特别地害怕。但是，自从懂事以后，我自己出来以后，我才知道，妈妈唱的这些旋律的可贵的地方，然后，我就慢慢地回忆。所以，就从小还是受到妈妈的影响。就像我唱的"诶呀啊……呀啊……"好多人都做不了，但是，我为什么做得了，因为我从小就觉得这个滑音很难找得到的。但是，我就觉得很轻松，很多人是"诶呀啊"（声音短促），他（她）就没有"诶呀啊"（声音悠长），他（她）是那个声音这样（做从上往下滑的手势），这个滑音滑下来了。

那，人家说阿幼朵"迷"，其实，我的普通话也很不好。但是，我通过这么多年的努力，比如说我在大学里面，我是工作了 10 年以后才考的大学——北师大嘛，然后，下课以后，人家说："雷阿幼朵，你要吃什么呀？""我要吃蛋炒饭。"很典型的这种（贵州普通话）。因为苗语它没有"m"音，没有"m"音的话，你就是，没有，那个"归"就全是在外面。"我要吃蛋炒饭"，对吧！"今天下午我们要去哪里？"（贵普话）

"我们要去天安门玩。"（贵普话）它的那个"归"音就没有。我从来就不忌讳，因为我（跟）同学在一起时，我说："我说不对（不准）的时候，你们就，那个（提醒我）。"后来，有一段时间，我就认识了那个谭盾，然后，说了所以说不准，谭盾。然后，我的朋友、我的同班同学就说："我给你组织了一个绕口令，你每天都去'绕'吧！"我说："哦！好！""阿幼朵，端着盘子，装着蛋炒饭，拿着小板凳，到天安门去找谭盾。"（音不准）这样就很不标准，但是，叫"阿幼朵，端着盘子，装着蛋炒饭，拿着小板凳，到天安门去找谭盾。"（音准）它就是……但我就不忌讳。因为有很多人这样，应该是这样。包括我现在，我现在在家里面也一样，包括我的先生呀，我的公公婆婆呀，我说："唉！妈妈、爸爸，我这样说得不对吧？"他们说："哦！朵，你这个又错了啊！"但是，其实，现在我一说错，一张嘴，我就知道错了，但是，我会改，我马上就要又多说一遍，然后，一家人就笑了。比如说，我的第一首歌——《太阳鼓》。《太阳鼓》的话，"亮光光的太阳"，"太阳"它就没有"m"音，所以录音的时候，就是在，也是在同学这么多年的，跟这些汉族的同学在一起的时候，大家都在帮我纠正，就说"太阳"（音准），你归不了的时候，你就闭一下嘴，然后你再读出来。"太阳"（音准），不是"太阳"（音不准）。所以，我现在就，就慢慢地，你得，以前它是，是感性的，你现在要理性地去那个，不是做不到，只是说你的注意的程度。

那我们出来的时候，不是说我们就一出来就把苗歌唱得很好呀！其实，出来的都会受到外界的一些影响。然后，再回过头来，才觉得，哦！我们家的苗歌确实是很好，而且外面是没有的，独一无二的。那你能唱得到别人唱不了的，那我们为什么不自己弘扬弘扬？然后你……所以人家说阿幼朵现在唱的歌曲，你都唱什么类型的歌？阿幼朵的唱法是什么？叫民族美声。阿幼朵的唱法就是民族美声。你说你归纳为什么唱法，那很难去说，因为唱歌它不是说就那几种唱法，每一个人的声线，每一个人都不一样的，包括我的《醉苗乡》也好，都是从那首歌开始的，所以，我才有之后这么多的歌。一听了以后，这些歌，哦！如果说我不加一些苗族的元素在里面的话，一听就是一般的流行歌曲，但是我一加这苗族的一些灵魂在里面，它就跟苗族很贴近了。

刘：那么，你一开始从事这个职业的时候，就唱苗歌，还是唱学校教的歌曲？

朵：一开始。我在初中的时候，我唱是唱歌比赛，也是唱的汉语歌曲。我初一、初二都得了全校的第一名。然后，因为我为什么当时，因为从我在小学我就一直在跟妈妈唱反调。因为在小学里没有这样的机会去唱歌，上台去比赛。那会儿我们的条件很差，就是一上去没有伴奏，都是清唱的，然而，在学校里面就得了一等奖，这样子。

刘：那么，你说了，就是苗族的你创立了这个阿幼朵唱法。

朵：不是阿幼朵唱法，是民族美声唱法。

刘：那么，你觉得，传统苗歌对你的演唱风格有多大的影响？

朵：影响太大了，我有本事把流行歌曲唱成苗味儿。刚从发音开始，现在你从苗家里揪一个孩子出来唱歌，他（她）完全把流行歌曲，一唱就是苗味儿。他（她）不会归"m"音，他（她）归不了这个音，这个味儿他（她）归不回去，所以，现在，之前，我是大学毕业以后，我才去找到老师帮我上课，老师上课，"你的这种味道，我们不去那个的，我永远不去把你抹掉，我不要把你塑造成所有人都是一种唱法，所以，你阿幼朵的味道我给你留着"。也包括彭丽媛，彭丽媛她不管唱什么歌，她都还是带着他们家乡的味道在里面，她从小她就发音，她那种味道还是在，所以，现在你说光是唱，我把我们的苗歌比喻成一颗珍珠，今天我跟吴老师说了，我说："我们苗族的这个（音乐）文化是一颗珍珠，但，它永远是关在贝壳里面的。"它关在贝壳里面，大家都看不见，那我们自己永远是在贝壳里面去唱，我们觉得这颗珍珠是很好看的，但是，它永远是在贝壳里的。但现在，我们把贝壳打开了，拿出来了，光拿出来还是不行，我们怎么样才把这颗珍珠给抛光啊，弄得更漂亮一点儿啊，苗歌也就是这样。但是，你光一颗珍珠，它也不好看啊，你得接在那个绳子上面，你才串起，才成一条很漂亮的项链，或者弄个耳钉，你得把它接在那个耳钉上面，或者金桂上面，你才能够体现出这颗珍珠的价值，苗歌也是这样。因为一下子，现在给你一大把珍珠，你拿了确实没有什么用，苗歌也是这样的地位。我们自己去采风，收集了很多苗族的这样的歌曲，但我们放在电脑里面，放在录音机里面，它是很好听的，但是，它拿不上台演，上不了大雅之堂。上不了大雅之堂的时候，那我们就得介入这个绳子，或者说我们用金项链或者银项链给串起来，那，现在我的歌就是把它，把苗歌，因为珍珠它不要多，我整条项链里面只要一颗小小的珍珠就够了。这样的话，你就觉得，整条项链里面，这个珍珠在这里是很闪亮的，那我的歌曲也是这样的。我的歌曲，比如说《太阳鼓》，一开始，一张嘴，就"哒呀"，这一听，虽然别人听不懂，但这几句话就是一颗珍珠，抛出来，它是告诉大家，它是苗族的韵味在里面，那这个金项链里面的这颗珍珠，它不光是金项链，它是以珍珠为点缀。所以，我是这么认为的。又比如说《醉苗乡》也好，我们的李再勇市长，我们以前的李州长。工作人员让我去浮克家录音，当时是杨钰莹唱的。杨钰莹唱完后，她已录好音了，然后让我去里面分一点苗族的歌，我一去以后呢，因为那个浮克老师呢，他是不说话的，话特别不多的人。但是，他人很好。但你第一次见到他的时候，你会害怕，你对他不了解。他的脸没有表情的时候，你就觉得这个人特别地严肃。他说："哦！来了啊！你就在前面坐，你听一下你就加一点苗歌在里面。"我听完："哦！我就……"既然是《醉苗乡》的话，我们就把雷山的敬酒歌放在里面。那敬酒歌，因为它通俗，敬酒歌它本身是一个非常好听的一首流行歌曲，如果说你太原生态的那种唱法的话，在（整首歌曲）里面它完全是一个噪音，它就不好听了。但是，人家浮克写的那个旋律里边，它是"米酒甜，米酒香"，是很抒情、很流行、很轻松的感觉。然后，你敞着嗓子去把苗歌加在里面，它就融不进去了。但是，我一听那音乐的时候，我怎么样能够把苗歌融在里面，所以，一定要让这颗珍珠在这条金项链里面更加地闪亮。那我就得想一想，用我的理解——对现代音乐的理解和苗族民间的这种感觉去融在里面。那，其实，因为在苗歌里面，因为它，那是喝得多、喝得热闹的时候，我们可以放声地歌唱。但是，《醉苗乡》这首歌里面，你就不能用那么奔放的、那么豪放的，而是用我已喝得差不多的时候，兴致很高的时候的感觉去唱，那你，其实，苗歌也可以温温柔柔地（唱）。我用这种述说的感觉，说情话唱情歌的感觉去唱敬酒歌也不是说不可以的，所以，我觉得我的《醉苗乡》，就是用这种感觉融到这个比较流行的这种感觉当中去的，所以，我觉得这首《醉苗乡》融得很成功，而且，包括李州长，这是李州长的词，他说："《醉苗乡》有阿幼朵的声音才是《醉苗乡》，没有阿幼朵的声音，它就是一首普通的流行歌曲。"这是原话。所以，你可以不用"哒呀"（高），那么强，你可以很美，可以用这种情歌的感觉去融入进去。因为，如果说，你从头到尾都是"嗬咚嘣噢流"，那，因为你要融入这个社会，融入这个时代，融入这个大城市里面，那年轻人都喜欢，"哼哼哈兮，我使用双节棍"，反正，就是喜欢这种感觉，多是跟着时代的节奏去走，那你的民族、你原有的文化，你得要这样编的时候变个法，让大家来接受。所以，这是我的理解。我也不知道对不对，但是呢，我觉得，通过这十几年下来，我觉得还是挺好的，这也是我的尝试，也算是成功。然后，我觉得有很多人能够接受。因为我们的歌不会像北京啊，或者是香港、台湾啊，那些的那么火，那是因为我们的平台不一样。如果说我们有他们的平台的话，我相信我们的《醉苗乡》比他们还要火。但是，那是没办法，因为我们的后台，我们的背后，我们的媒体，就仅限于我们现在这样的基础，所以，我觉得，不如说，我上了"春节联欢晚会"，你说，苗家人有几个上了"春节联欢晚会"，阿幼朵上了两年，两年"春节联欢晚会"，唱同一首歌，你想想，有几首歌能连续唱上两届"春节联欢晚会"。我觉得，杨胜文——我们的苗族大哥，杨胜文，他写的这首歌，是很成功的，而且我把这首歌，也是我把这首歌唱出来的。但是，有人写，也需要有人唱。所以，他这首歌也很成功地上了两年的"春节联欢晚会"，这个是没有的。而且，像"春节联欢晚会"，别人是花了多少工夫，我们谁都没有，我们没有任何背景，没有任何的包装，我们是靠着我们民族的文化的魅力而上的"春节联欢晚会"。所以，他这个《干一杯》，也是取决于咱们苗族的元素。"苗家的牛角杯，举起来耶！"我唱的这种感觉，就是阿幼朵的风格，同时，也是黄平的这种飞歌的感觉。它的基调来源于黄平的，所以，阿幼朵有今天，不是说阿幼朵一个人，比如说像杨胜文他们，这些人贡献可大了，就是，包括我刚出来，我唱他的《苗岭谣》，也是唱杨胜文的《苗岭谣》出来的。但是，你说，没有人写，那，因为如果不写的话，这些歌永远上不了大雅之堂。正因为苗族有这样一些人才去，类似杨胜文他们的时代写的歌曲，我来演绎。那，等到阿幼朵成长了，成熟了，阿幼朵又用阿幼朵的感觉去展现苗歌。你看像苗族的《苗岭飞歌》。《苗岭飞歌》，我唱了 13 年了，你说，而且，《苗岭飞歌》上了多少的大雅之堂，那是，也是需要改编，需要时代的节奏，如果说，我是光在那里清唱，没有现代的这种手法的话，大家也很难接受。

刘：那么，还有一个问题，就是，你觉得，就是说，我们苗族那边不是有什么传统歌师吗，其实，在我们苗族人看来，你是一个现代歌师，你觉得你和他们之间的不同在什么地方？

朵：我跟他们不同的地方，因为他们就是，现代的歌师呢，他们把原始的东西记在了脑子里面，那我呢，我呢，我把他们的东西拿出来融入更时代的节奏里面，更流行的节奏里面，让年轻人容易接受。因为像我们的老歌师，城里的年轻人是没机会去听的，而且，老歌师也出不来，因为他们局限在家乡。那，我是走出来，我是把他们老一辈流传下来的这些东西，把他们这些旋律带出来了。当然了，我觉得我做的应该是一些皮毛的东西。那一个时代要进步，一个民族的进步，你如果说，永远关着门，你如果说很完整很完美地去展现，我觉得你要融入这个时代，是不可能的。当然，阿幼朵的这些融入会有一些很多的，有一些遗憾在里面。但是，没有办法，你如果很完整地那个的话，我们没有这样更多的机会和平台让你去展现更完美的苗族文化，那比如说人家，现在很多人了解阿幼朵，就知道阿幼朵会唱很多的歌，美声也去，也能够发一点，民族、流行等什么都可以来一点，虽然说不是所谓的那种标准的那种唱法，但是，阿幼朵什么都可以去尝试、去表演。但是，不了解我——阿幼朵的人，都以为阿幼朵只会唱苗歌。那是，因为没有办法，阿幼朵，如果说我今天我要上中央电视台了，上中央电视台我只有 3 分钟时间，那我肯定是唱苗歌了，我干吗要去唱流行歌曲啊？因为我把自己定位为我是一个苗族的文化的传播使者、传播者。苗族文化的传播者的话，那你只有局限的，传播给谁啊？你要传播给这个时代的人们，那，你现在只有这么一点点时间的时候，那我就肯定选择演唱苗歌，所以，我也不忌讳人家说我只会演唱苗歌。所以，现在，从现在，很多人对阿幼朵的定位，就是，你会唱什么歌啊？我说我唱什么什么，然后，最后，外面的人都给阿幼朵定位说，你唱的都是家乡的旅游广告歌。我说，OK 啊！这就是我的目的，让大家记住我的家乡就 OK 啦！是不是？我觉得是一件很幸福的事情。能够让家乡人认可，那就够了。但是呢，真正会苗歌的人，哦哟！阿幼朵其实她不会唱苗歌。说实话，我唱的也就是皮毛的东西。我不是说，真的几路几路歌我都会，我不会，但是呢，我只是说，把一些，这些经典的东西摘出来，放大给大家。那是因为我有很多，很多工作。我又要工作，又要生活。阿幼朵的精力不可能说只为去唱苗歌。所以呢，我要在这个社会上去立足的话，阿幼朵要做很多的事情，她不仅仅是唱苗歌，所以呢，我觉得，我不是说，会唱很多很专业的，真正的是一个苗族的歌师，我不是，我只是一个苗族文化的传播者而已。真正的歌师，是我妈妈的那一辈，但是，我妈妈的那一辈，她现在也没办法了，年纪大了以后，也糊涂了，所以，这就是我们危机的地方。再过

10 年、20 年，这些歌师们全部把好的东西全带走了，给我们留下什么？所以，也值得我们去深思，在我们能做的时候，我们每一个苗族的人都为苗族做点什么。

刘：那么，还有一个问题，就是你原来唱的那个《苗岭飞歌》，就是说，你觉得，它和咱们传统的这个《苗岭飞歌》有什么不同？

朵：我把它融入了几个……几个县的飞歌，还有说唱。"哒呗嘶啰呜嘞，哒呗嘶啰呜嘞；哒呗嘶唷央嘞，哒呗嘶唷央嘞"，这个实际上是一个芦笙的旋律，我自己用黄平的苗语融进去了，因为别的地方的语言我说不清楚，那我只有……飞歌前面那一段是没有变的，前面那一段，没有任何改动，只有，我往中心加一点，因为那个年轻人最喜欢 rap 嘛，说唱嘛，黑人那种说唱的感觉。那，苗族不是没有啊，有，你听不到。但，比如说像那种跳大绳，"哒喱嘞"，一跺脚，一拍，一拍手，口哨一吹，就出去了。你说这个是属于什么唱法呢。其实，苗族里面有，但是，没有人去整理，那我，我不是说能够把所有的东西都融在里面，但是，我要根据，不能……不能太离谱地跳过这个飞歌，如果你，你弄得太离谱了，当然了，你能够编得更好，那肯定更好了，但是，现在就是说，在那个基础上，我加上说唱在里面，然而，中间加了黄平的飞歌，这是咱们凯里，我们雷山这边的飞歌，"姬嘿嘿啊昂 biang，喔啊哎"，那，你光是从头到尾，这么唱也不好，人家，听不懂的人，他就会听腻了；那，也包括自己的苗族人，你听多了，你也觉得腻了。那，那中间要丰富一点的话，那我就加上一点快节奏的。它本来是一个芦笙的曲，"哒呗嘶啰呜嘞，哒呗嘶啰呜嘞；哒呗嘶唷央嘞，哒呗嘶唷央嘞"。我就"嘞"，我是用现代的所谓流行的这种说唱的感觉，用苗语去唱，而且，它也没有跳过，没有脱离苗族的文化。一听，"哒呗嘶啰呜嘞，哒呗嘶啰呜嘞；哒呗嘶唷央嘞，哒呗嘶唷央嘞"，这就是我们黄平的大家、民间的说法。只是说，我用了咱们凯里、我们雷山或者是台江这边的芦笙的曲子，把黄平的话（苗语）融到了这个芦笙曲子里面，然后，最后，飞歌的结尾是用"哎呀啊"，这是典型的黄平飞歌，在山里喊的，就是，这就是我，我这首歌成功的地方，把两个地方的飞歌融得天衣无缝。

刘：那么，就是说在苗族里面它有很多，就是你也创作很多歌曲吗？根据苗族的这种传统歌，改了很多歌，就是说，咱们，你第一次上那个维也纳音乐……音乐节吗，是什么？

朵：嗯！这个是，那个维也纳金色大厅，那个新春音乐会，中央电视台的新春音乐会。

刘：那为什么，当时你选的是《苗岭飞歌》，而不是选别的（歌曲）？

朵：因为我觉得那首歌是最成熟的，而且是，这首歌是代表苗族，它是，"姬嘿嘿啊昂biang，喔啊哎"，这是苗族的代表（元素），不是别的地方不是，不是不代表，因为大家都不熟悉，这首歌大家听得最多，大家最熟悉，所以就选了这首歌。而且，这首歌呢，也是当时我自己唱了这么多年而且唱得挺成熟的。

刘：那么，你觉得，就是说啊，作为一个成功的、很有名气的民族歌手，你觉得，就是说，你转型成功是什么，如果说我们把它看作一种转型的话，你现在很耀眼的一个苗族歌星，或者说是民族歌星，你觉得，成功的秘诀在哪里？

朵：我觉得，我觉得我……你用"成功"这两个字放我身上的话，我觉得不对。我觉得，我还正在成长的过程当中，我觉得，就像这棵树一样，我还，还正在成长。

刘：现在，我觉得，你已经相当成功了。

朵：怎么说呢？因为我觉得也是要感谢我们的民族，感谢我们的民族文化赋予我的这个"外形"。你说，把阿幼朵放在街上是没人……人家是看不见我的。但是，只要是，我一把民族的符号放在我自己的身上的时候，我真的就觉得我特别光鲜亮丽。以前，阿幼朵，因为她是比较小巧玲珑的。以前走到一些大舞台的时候，看到很多，因为你在贵州还不觉得，你一走到外省以后，你就觉得特别的自卑。你各方面的条件，你不如别人。不是说，你（的）嗓子不如别人，你，不是说那个，就是说因为我们是属于南方来的小巧玲珑的女孩子，一般，都很难引人注意。可是，一当你把苗族的符号装扮上以后，你就是所有人当中最亮丽的。这就是，这么多年，为什么阿幼朵在那些人，再高个子的演员面前，没有自卑感。那是因为我们的民族文化赋予我的……所以，你说转型成功吗？这个我觉得，我做好，我觉得我不算是转型成功，我的，我一直也没有转过型，我只觉得从小到大，一直到今天，我觉得，我做好我们苗家、苗族姑娘的本分，做好我们苗族姑娘的该做的那一份，就 OK 啦！因为，我，我不是说，嗯……那个，如果说你，你连你自己民族的形象也好，自己民族，作为你本民族赋予你的文化，你都没做好，你怎么能做到别的，所以，我觉得，这么多年，我，我不叫成功，我只是觉得，我自己一直坚持做好我作为苗家的姑娘、苗家的女孩子该做的那一份。所以，我并不是说，我要附加什么才让我这么所谓的成功，所以，其实不是。每个人，就是说，你，我阿幼朵这么多年来，我只是做好自己，做好了苗家姑娘该做的。所以，坚持，就一路走来，就是坚持。坚持相信我们民族，我们的民族是最好的。因为，不是说，我们民族最好，而是说我是属于这个民族，我是最好的，对，因为民族跟民族之间没有可比性。所以，就是民族美声。那，我是我们苗族的民族的美声。所以，我觉得，你做好自己，这就是最大的成功。

刘：那么，就是说，你现在也经常有一些演唱活动喽？这种演唱活动，是政府安排的，还是，主要还是咱们公司这边去对接的？

朵：阿幼朵这么多年来都是自生自灭，也就是说，我没有拿过，虽然说我现在是那个什么歌舞团的，凯里市歌舞团的演员，但是，我这么多年来我没有拿过一次工资。然后，我这么多年来，走到今天，我都是靠的自己的市场，走市场，怎么成长，这样子。嗯！当然了，家乡的，家乡的父老乡亲一直都特别地关心和爱护阿幼朵，但是，我觉得，这么多年来，还是靠自己去，怎么说呢，这个怎么讲？就是说，还是依

（有）公司这个方面去运作。当然，政府也给了很多的成长舞台，这是离不开的。但是，就是说，你要搭上政府的这个平台的话，首先自己得成长，所以，可能是，这方面抓的还可以吗？那只是说我赶上了好的时代。嗯！赶上了好的时代。

刘：那咱们现在好像成立了一个阿幼朵……叫作文化传播公司？

朵：是，贵州阿幼朵文化传播公司。

刘：那，咱们这个公司对你的这个未来大概有什么规划？

朵：规划是有，但是呢，因为阿幼朵还没有做成的事情，一般都不讲，我只希望大家来看到阿幼朵的结果。因为这个过程是一个很漫长、很艰难、很艰辛的，嗯！所以呢，既然成立了这个公司，目的也是要把阿幼朵的这个品牌维护好。因为，这个品牌是家乡人民给阿幼朵的。所以呢，就要维护好这个品牌。所以呢，希望大家看阿幼朵的结果，就可以了。

刘：也就是说，你既是一个歌星，也是一个妈妈了吗，就是说，如果说你，在将来，你愿意让自己的小孩学唱苗歌啊，学说苗话吗？

朵：嗯！我家宝宝现在两种话都会说，他才一岁半。然后我说："拿手手来妈妈亲一下。"然后他就伸出这只手；然后，"di ji nong da, di ji nong da"（苗语，音译），然后，他就哦。他就，用苗语，他就换一只手来给我；"gui luo luo da ma ma ku"（苗语，音译），"gui luo luo da"（苗语：把你的脚抬起来。音译），就，然后，他就一下子把脚抬得高高的。然后，他现在，他从小……他4岁半，我把他4岁半的声音弄成了一首歌，弄成一首歌。然后呢，他从小就能听到。然后，我就唱一些童谣在里面。他现在，我说："na ni ni, mo mo a（苗语，音译）。"他就接着："na ni ni, na ni ni（苗语，音译）。"他自己会唱的，特别，特别的可爱。然后，因为他，他现在只会叫一家人的名（字），就是"爸爸""妈妈""爷爷""奶奶""阿姨"，然后，外婆来了以后，因为"外婆"他不会发这个音，然后，我说："你喊外婆。"他就说："wu ka i（苗语，音译）。"他用苗语去喊外婆，就会好发音。所以呢，就是我，我是用汉语让他说，你喊外婆，他不会，因为他不会叫，哦，外婆，他不会喊，他会"wu ka i"（苗语，音译），这就是苗语，就是，所以，但是，我会让孩子从小能够受到咱们的（教育），会接受咱们的民族的这些文化。不是说他将来成不成什么，做什么也好，不管他将来他的工作做什么，那是等他长大以后，他自己的爱好，他自己去选择，但是，在他成长的过程当中，我会赋予他一些苗族的这些语言啊，苗族的歌谣啊，肯定从小到大都会让他受到这方面的影响。

刘： 那么，就是还有一个问题，就是说，从你这个走出来后，到现在，你觉得哪个阶段是你觉得最艰难的时刻？就是在你的这个演唱的，成功的道路上。

朵： 最艰难吗？我觉得每一种都很艰难。我到 2005 年以后，才稍微地那个……因为我出来十多年了，十多年快二十年了。十几岁出来，然后，我就觉得，就是出来十年之前都很艰难。然后现在吧，就是 2005 年以后，就稍微，说不艰难的，因为你想，我们从农村出来，艰难跟不艰难的定位是，也还是关系到你的自己的个人的生活。十年前，如果你一直坚持唱苗歌，你是没饭吃的。阿幼朵（曾经）端过盘子、洗过碗、扫过地、拖过地，然后，到那个客房里面给人家铺床、换被单……这些工作我都做过。那是，为了你的生存。你能生存了以后，你才有机会去唱歌。你连生存都顾不了，你哪有机会去唱歌？那这些，但是我觉得，能够走到今天最大的窗口，能够让阿幼朵能够走到大家的眼前，更多的是感谢很多的比赛，因为，你想我们从农村走出来的孩子，你没有任何背景，没有任何背景的时候，那只有比赛的舞台给你这样的机会，才能让更多的人去认识你，所以，我就一直特别地珍惜。我，这么多年来，大大小小的比赛都几十上百次比赛，我的奖项有挺多的，十多个二十个，二三十个奖，都记不清了。但是，在我们成长的那个时候，不像现在，媒体这么好，对吧？那个时候的媒体不会像现在，一唱，然后，各大媒体都给你报道。还有，那会儿，但是，我觉得，不管怎么样，还是非常感谢这个比赛的平台。

刘：你说，还有就是同样是这种民族歌曲，你看像《侗族大歌》，它的受众面就比较窄，你唱的歌，受众面就比较宽，你觉得，是什么原因造成的？

朵：《侗族大歌》是非常美、非常的精品。但是呢，因为，你，也就是这样，我觉得，它一样是一颗闪亮的珍珠，你看它是放在哪里。你放在一个盒子里面、柜子里面还是金盒子里面？就是看怎么样放。那我们的苗歌，我是认为我是把它放在金项链上面，金项链人家也就直接放在脖子上面，人家看得见，我是这么感觉的。然后还有，苗歌它可以独唱，《侗族大歌》因为它有很多人唱，那就很难出得来。那一个人唱《侗族大歌》的话，可能没有人去唱，不是因为阿幼朵不会唱侗歌，只是说跟大家在一起"打嗹嗹"还是可以的。但是呢？你说单独拿出来唱的话，我觉得，因为没有，你苗族的歌你都还没有唱清楚，你还去搞侗歌，那就希望有更……再有另外一个侗族姑娘去把侗歌给唱出来，那是，希望有这么一个人把侗族文化宣传出去，因为都是我们家乡的文化嘛，也希望，有这么一个人去做这样一件事情。

图书在版编目（CIP）数据

国家在场与地域文化：歌师唐德海及其传人研究／
刘笑玲著.--北京：社会科学文献出版社，2023.8
ISBN 978-7-5228-2064-4

Ⅰ.①国… Ⅱ.①刘… Ⅲ.①苗族-民族文化-研究
-中国 Ⅳ.①K281.6

中国国家版本馆 CIP 数据核字（2023）第 164446 号

国家在场与地域文化：歌师唐德海及其传人研究

著　　者／刘笑玲

出 版 人／冀祥德
责任编辑／郑庆寰
文稿编辑／柴　乐
责任印制／王京美

出　　版／社会科学文献出版社·历史学分社（010）59367256
　　　　　　地址：北京市北三环中路甲29号院华龙大厦　邮编：100029
　　　　　　网址：www.ssap.com.cn
发　　行／社会科学文献出版社（010）59367028
印　　装／三河市东方印刷有限公司

规　　格／开　本：787mm×1092mm　1/16
　　　　　　印　张：20　字　数：277千字
版　　次／2023年8月第1版　2023年8月第1次印刷
书　　号／ISBN 978-7-5228-2064-4
定　　价／98.00元

读者服务电话：4008918866